ein Ullstein Buch

ÜBER DAS BUCH:

Dieses Buch breitet die Liebes-Weisheit der klassischen Tantra-Meister vor uns aus. Es zeigt, wie sich Mann und Frau in den »sieben Nächten des Tantra« Schritt für Schritt über die wachsende Sensualisierung ihrer Körper, durch die Fülle spielerischer Liebesrituale zu einer Erlebnisfähigkeit erheben können, die sich auf andere kreative Lebensbereiche übertragen läßt. Vor allem aber bietet es Mann und Frau verblüffende Wege zu körperlich und geistig erfüllter Partnerschaft.

Ashley Thirleby

DAS TANTRA DER LIEBE

Eine Einführung
in die altindische Liebeskunst

ein Ullstein Buch

ein Ullstein Buch
Nr. 22166
im Verlag Ullstein GmbH,
Frankfurt/M – Berlin
Titel der amerikanischen
Originalausgabe:
Tantra – The Key to Sexual
Power and Pleasure
© 1978 by Ashley Thirleby
Einzig berechtigte Übersetzung
aus dem Amerikanischen
von Ulli Olvedi

Ungekürzte Ausgabe

Umschlagentwurf: Th. Bayer-Eynck
unter Verwendung einer
zeitgenössischen Illustration
Foto: Blacker Calmann Cooper Ltd., London
Alle Rechte vorbehalten
Mit Genehmigung des Scherz Verlags,
Bern und München
Gesamtdeutsche Rechte beim
Scherz Verlag, Bern und München
Printed in Germany 1989
Gesamtherstellung: Ebner Ulm
ISBN 3 548 22166 1

Oktober 1989

CIP-Titelaufnahme
der Deutschen Bibliothek

Thirleby, Ashley:
Das Tantra der Liebe: eine Einführung in die altindische
Liebeskunst / Ashley Thirleby. [Einzig berechtigte Übers. aus
d. Amerikan. von Ulli Olvedi]. – Ungekürzte Ausg. –
Frankfurt/M; Berlin: Ullstein, 1989
(Ullstein-Buch; Nr. 22166)
Einheitssacht.: Tantra < dt. >
enth. außerdem: Tantra-Reigen der vollkommenen Lust
[Einheitssacht.: The Tantra circle < dt. >]
ISBN 3-548-22166-1
NE: Thirleby, Ashley: [Sammlung < dt. >]; GT

Inhalt

Tantra – Einheit von Körper und Geist

Die Bedeutung der tantrischen Sexualität 7
Das Mantra 16
Das Yantra 18
Die Ein-Stunden-Regel 19
Das Tantra sagt 20
Über die Rituale 23

Rituale für die Frau

Das Mantra der Wahrnehmung 25
Erweckung 25
Yantrische Wahrnehmung 29
Der yantrische Körper 29
Sammlung der Konzentration 30
Vertiefte Sammlung der Konzentration 33
Körperliche Sammlung der Konzentration 34
Kontrolle der Lust und der Kraft 35
Kanalisierung der Kraft und der Energie 39

Rituale für den Mann

Das Mantra der Wahrnehmung 43
Erweckung 43
Yantrische Wahrnehmung 45
Der yantrische Körper 46
Sammlung der Konzentration 47
Vertiefte Sammlung der Konzentration 50
Körperliche Sammlung der Konzentration 51
Kontrolle der Lust und der Kraft 52
Kanalisierung der Kraft und der Energie 55

Rituale für das Paar:
Die sieben Nächte des Tantra

Einführung 61
Die erste Nacht des Tantra 63
Die zweite Nacht des Tantra 68
Die dritte Nacht des Tantra 71
Die vierte Nacht des Tantra 78
Die fünfte Nacht des Tantra 87
Die sechste Nacht des Tantra 96
Die siebte Nacht des Tantra 103
Eine Weiterführung 111

Besondere Rituale und
Erläuterungen zur tantrischen Sexualität

Einführung 115
Neue Partner 117
Tantra und das Alter 118
Der mehrfache Orgasmus der Frau 120
Erektion 124
Die tantrische Vagina 129
Der vaginale Orgasmus 132
Der verlängerte Orgasmus 135
Oraler Sex: Fellatio 140
Oraler Sex: Cunnilingus 143
Anale Stimulierung 144
Menstruation 148
Tantrisches PSI 148
Tantrisches Yoga 149
Verhütung 151
Das Setting für die sexuelle Begegnung 152
Chakrapuja: Die tantrische Orgie 153
Das Studium des Tantra 154
Formale Studien 157
Schlußwort 158
Literaturverzeichnis 159
Bildlegenden der Farbtafeln 160

Tantra – Einheit von Körper und Geist

Die Bedeutung der tantrischen Sexualität

Die tantrische Sexualität ist ein uralter Schlüssel zu unvorstellbarer sexueller Freude und psychischer Kraft. Man erlangt sie durch eine Reihe besonderer Rituale, die im »Hinduistischen Ekstase-Kult« praktiziert werden. Dieser Kult ist eine Art »sexuelle Magie«, die einem Lust, Energie und Kontrolle schenkt.

Obwohl es diese Rituale schon seit Jahrtausenden gibt, sind sie in der westlichen Welt so gut wie unbekannt geblieben.

Sie ermöglichen es jedem, der danach strebt, unbeschreibliche Höhen sexueller Lust zu erreichen, während sie gleichzeitig die sexuelle Energie zum kreativen Gebrauch in anderen Lebensbereichen freisetzen.

Erst in jüngster Zeit hat die moderne Psychologie entdeckt, was die tantrischen Meister seit eh und je wußten: daß alle Tiere, einschließlich des Menschen, sich in der sexuellen Begegnung im intensivsten Zustand bewußter und unbewußter Konzentration befinden. Mit seinen Ritualen lehrt Tantra, diese intensive Konzentration auf alle Bereiche des Lebens auszudehnen.

Die Rituale ermöglichen es einem, die sexuelle Freude öfter, länger und lustvoller zu genießen, als man sie je zuvor erlebt hat. Und je häufiger man die sexuelle Kommunikation pflegt, desto schneller und kraftvoller wird sich die sexuelle Energie erneuern.

Das Wort *Tantra* ist ein Sanskritbegriff, der soviel wie das innerste Wesen, der Kern, die Essenz bedeutet. Es ist von dem Verb *tantori,* »weben«, abgeleitet; *Tantra* bedeutet daher das Gewebe oder das Wesentliche.

Von Anfang an wurden die tantrischen Lehren von einer Generation zur nächsten weitergegeben, zunächst in einer ungeschriebenen Form als Rituale selbst und später durch Schriften, die man einfach »Tantras« nannte. Die Tantras wurden in Sanskrit verfaßt und bestehen aus Dialogen zwischen *Shiva,* der Personifikation der männlichen Kraft, und *Shakti,* der Personifikation der weiblichen Kraft. In diesen grundlegenden Texten spricht Shiva über den tantrischen Ursprung des Universums, über die Rituale, Übungen und über die esoterischen Lehren, die unsere stets sich wandelnde sichtbare Welt und das gesamte Universum als »schöpferische Lust« der göttlichen Mutter Kali darstellen; und er erklärt die Notwendigkeit der rituellen Übungen, die zur Verwirklichung der essentiellen Einheit des Selbst, der sichtbaren Welt und der Gottheit führen.

Grundsätzlich hat Tantra die Funktion, uns zu unserem eigenen Ursprung zurückzugeleiten – uns zu helfen, zu unseren eigenen Wurzeln der Identität zu gelangen. Tantra läßt uns »die Wahrheit erfahren, die wir selbst sind«, indem wir uns bestimmten Ritualen unterziehen, die es uns ermöglichen, uns selbst in einer ganz neuen Weise kennenzulernen. Dies geschieht durch äußerste Anstrengung – auf psychischer, intellektueller, emotionaler und sexueller Ebene.

Wenn wir gewisse Wahrheiten über uns selbst aufdecken, erken-

nen wir die Wahrheiten der Welt, des Universums und unserer psychischen Kräfte der Erleuchtung. Das ist nur durch die tantrische *Erfahrung* möglich. Man muß die Geheimnisse und die psychische Magie des Tantra mittels der Praxis der Rituale *erfahren* haben, um sie zu verstehen. Auf intellektueller Ebene allein können sie nicht erfaßt werden.

Tantra lehrt uns, für unsere Entwicklung Energien und Kräfte einzusetzen, die von den meisten Menschen bei der Jagd nach dem Vergnügen vergeudet werden. Was immer man vorher gehört haben mag – das Vergnügen wird mit dem tantrischen Weg nicht etwa ein Ende haben. Im Gegenteil, man wird zu den höchsten Ebenen der Lust gelangen und dann diese ungeheure Energie dazu verwenden können, alle Kräfte zu fördern.

Die Grundideen des Tantra sind in der hinduistischen Schöpfungsgeschichte zu finden, wie sie in den tantrischen Schriften überliefert ist. Darin wird berichtet, daß es »vor dem Universum, vor aller Zeit nur einen einzigen Punkt schöpferischer Kraft gegeben hat. Diese Kraft war weiblich, und aus ihr ging das gesamte Universum hervor. Die Göttin der Zeit stand in der Mitte des Universums, das sie hervorgebracht hatte. Ihre schöpferische Kraft war verbraucht, und es war in ihr ein Gefühl der Leere. Als sich ihre schöpferischen Kräfte erneuert hatten, beschloß sie, noch mehr zu erschaffen, denn allein darin lag all ihre Lust. So schuf sie die Erde, Land und Meere, Pflanzen und Tiere. Sie brachte alle Dinge zum Sein und ordnete sie in einem gleichgewichtigen Verhältnis zueinander, so daß sie sich fortpflanzten und verbreiteten.

Nachdem sie die Schöpfung vollendet hatte, empfand sie große Freude darüber, aber ihre Energie war noch immer nicht erschöpft.

So ersann sie die weibliche Form des Menschen und nahm sie selbst an. Und sie nannte sich selbst *Kali* und teilte sich in zwei, wodurch *Mahakala,* die männliche Form, entstand. Und sie lehrte Mahakala die tantrischen Freuden und die Erneuerung seiner eigenen schöpferischen Kräfte.

Gemeinsam brachten diese Gottheiten des Tantra die ersten Menschen hervor und gaben an sie die tantrischen Rituale weiter, auf daß auch sie des Glückes der vollkommenen Freude und der unbegrenzten Macht über das Universum teilhaftig würden.«

Die Schöpfungsidee liegt allen tantrischen Ritualen zugrunde. Mann und Frau werden als eine einzige Einheit gesehen, so eng vereint und so tief miteinander verbunden, daß sie sich keiner Unterschiede bewußt sind. Mann und Frau sind *eins* in den Augen des Tantra. Und Mann und Frau müssen sich darum bemühen, die transzendentale Erleuchtung zu erlangen, die sie dann innehaben, wenn sie erneut die »Ganzheit« erleben, die sie eins sein läßt. »Denn«, sagt Tantra, »in dieser Ganzheit liegt die höchste Wahrheit, die vollkommene Erleuchtung.« Auf der irdischen Ebene verbinden sich Mann und Frau sexuell im tantrischen Ritual und entwickeln dabei die Kraft, sich spirituell zum kosmischen Ganzen zu erheben, zum Eins-Sein, das sie zurückführt zu der vollkommenen Kraft kosmischer Erleuchtung, die sie innehatten, als sie noch eine Einheit waren, jenseits von aller Zeit miteinander verbunden.

Tantra ermöglicht es uns, diese transzendentale sexuelle Vereinigung mittels der Ritualistik, die in diesem Buch dargelegt ist, zu erleben. Es will eine Übungsform eröffnen, die den Menschen mit der Kraft seiner Sinnlichkeit und sexuellen Energie in Verbindung bringt. Es will ihn von Ich-Fixierungen und Hemmungen befreien. Es will lehren, die ungeheuren sexuellen Energien des Menschen in alle Lebensbereiche zu leiten.

Tantra kennt weder sexuelle Frustration noch Hemmungen. Tantra integriert die Sexualität in die ganze Person. Es gibt dem Körper, dem Geist und den Emotionen die Möglichkeit, zusammenzuarbeiten, um uns die Macht und die Kontrolle über unser Leben und unser spirituelles Wachstum zu verleihen.

Tantra ist frei von der Heuchelei der meisten westlichen und hinduistischen religiösen Systeme, die Erleuchtung und Wahrheit mittels Askese (grundsätzliche sexuelle Selbstverleugnung) anstreben. Tantra geht davon aus, daß der Pfad zur Erleuchtung in erweiterter sexueller Aktivität zu finden ist. Tantra lehrt, daß der *asketische* Weg zur Ganzheit und Wahrheit selbstzerstörerisch sei, ein nutzloser Kampf.

Im Tantra werden alle Fähigkeiten des Menschen – die körperlichen, geistigen und emotionalen – so stark wie möglich angeregt und dann kontrollierbar gemacht, um immer neue Freuden zu ermöglichen. Eine Parabel aus einem der frühesten tantrischen Texte, vor etwa zweitausend Jahren in Sanskrit geschrieben, erzählt von dem einsamen Pilger, der auf der Suche nach *Parasamvit,* der »Höchsten Wahrheit«, allen Freuden den Rücken kehrte. Aber wie weit er auch reiste, wie lange er auch meditierte und fastete, wie vollkommen seine Enthaltsamkeit auch sein mochte und wie unerträglich seine selbstauferlegte Qual – in seiner spirituellen Entwicklung erreichte er niemals diese intensive Konzentration, die es ihm ermöglicht hätte, all seine Energien zum Erkennen der »Höchsten Wahrheit« einzusetzen. Desillusioniert und frustriert von den Jahren unbelohnter Mühe, machte er eines Nachmittags an einem Flußufer Rast. Zu diesem Fluß kam eine tantrische Meisterin, um zu baden und ihren Körper für die kommende Nacht der Lust zu salben. Sie sprach den Pilger an, und nachdem sie seine Geschichte gehört hatte, verführte sie ihn, »indem sie seine Sinne durch die tantrischen Freuden zur Ebene der höchsten Erweckung geleitete, auf der er die Kraft fand, nach der er gesucht hatte. Und er fand sie in dem, was er sich so lange versagt hatte.«

Durch die Rituale der Wahrnehmung lernt man, wie diese sexuelle Energie erzeugt und auf hoher Stufe aufrechterhalten werden kann. Durch die Rituale der Kontrolle lernt man, wie Sinnlichkeit und sexuelle Energie eingesetzt werden, um sexuelle Lust von ungeahnter Intensität zu erzeugen. Durch die Rituale der Kanalisierung lernt man, wie diese sexuelle Energie so gelenkt wird, daß sie die alltäglichen Aktivitäten, den Geist, die Emotionen und den Körper beherrscht. Damit erlangt man die Fähigkeit, die Quelle der schöpferischen Energie anzuzapfen und diese Kreativität zu nutzen, um Probleme zu lösen oder neue Ideen hervorzubringen.

Tantra hat eine Reihe von spezifischen geistigen und körperlichen Ritualen auf der Grundlage einer wohlüberlegten psychologischen Konzeption entwickelt, die dazu dienen, die sexuelle Konzentration zu vertiefen. Auf dieser vertieften Konzentration bauen weitere, komplexere sexuelle Rituale und Techniken auf, die zu verlängerter Lust und Befriedigung führen.

Aber Tantra geht noch weiter. Seine Rituale erzeugen eine

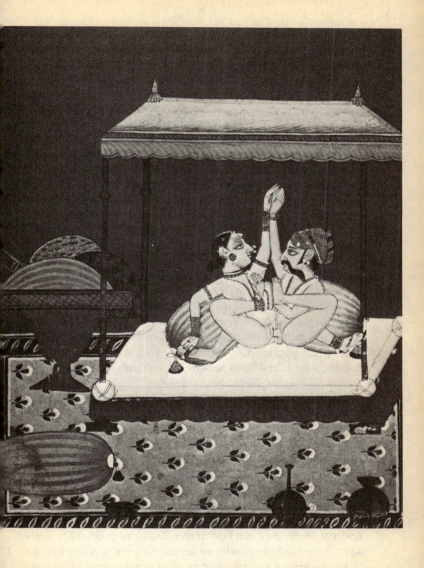

durch und durch sexuelle Lebenseinstellung. Zunächst war ich skeptisch, was den Wert der Prozedur betraf, mich wieder mit meinem Körper vertraut zu machen. Gewiß, die Wahrnehmungsrituale waren angenehm anregend, aber ich bezweifelte, daß sie mir irgend etwas Neues vermitteln würden. Schließlich kannte ich meinen Körper ja recht gut. Doch die zunehmende Erweiterung der Wahrnehmung mittels der Grund-Rituale überzeugte mich bald davon, daß ich tatsächlich andersartige Erfahrungen machte. Es war derselbe Körper, den ich immer gekannt hatte, aber jetzt erfuhr ich ganz Neues über meine Sinne und entsprechend auch über meine Gefühle. Sexuelle Erlebnisse, die ich nie zuvor gekannt hatte, wurden Teil meiner täglichen Freuden. Und durch die tantrischen Rituale wurde ich in die Lage versetzt, meine sexuelle Energie nutzbar zu machen und sie überströmen zu lassen, so daß Lebenskraft und Genuß das Alltagsleben durchdrangen. Durch diese selbsterneuernden tantrischen Rituale wurde meine Existenz mit Selbstvertrauen und innerem Frieden erfüllt.

Um zu erklären, was tantrische Sexualität ist und wie sie wirkt, will ich zuerst beschreiben, was sie *nicht* ist!

Tantra hat wenig mit Yoga zu tun, obwohl bestimmte tantrische Ideen in manche Formen des Yoga aufgenommen wurden. Es gibt zwar einen sogenannten »Tantra-Yoga«, aber Yoga strebt ja danach, Körper und Geist zu befreien, indem sie getrennt werden. Tantra dagegen versucht, sie zu vereinen.

Wie im »Tantra-Yoga« haben tantrische Ideen ihren Weg auch in viele andere Lehren gefunden. Das *Kama Sutra* ist ein gutes Beispiel, ebenso der »Tantrische Buddhismus« *(Vajrayana)*, die tibetische Übungen und Teile der tantrischen Mythologie mit buddhistischen Aspekten verbinden.

Tantra ist nicht »meditativ«. Tantra vermeidet nachdrücklich die üblichen Formen der »Meditation«, die als »repressiver, passiver Vorgang« betrachtet wird. Obgleich das tantrische *Yantra* eine Art von geistigem Bild darstellt, ist es eine aktive, *agressive* Form der Konzentration, die einen bestimmten Zweck verfolgt: die Sexualität entweder anzuregen oder sie zu kontrollieren und ihre Energie zu kanalisieren. Es ist weit entfernt von dem passiven »Entleeren und Füllen des Geistes«, das Meditation genannt wird. Doch wird es, weil die Imagination des Yantra mit geschlossenen Augen in einem Zustand tiefer Konzentration vollzogen wird, oft mit Meditation verwechselt. Wie wir jedoch sehen werden, ist es eine andersgeartete Form geistiger Zentrierung.

Tantra sollte also weder mit Yoga, Meditation noch Religion verwechselt werden. Mit anderen Worten: Tantra ist ein Prozeß, der das Individium auf sexuellem Weg erneuert – indem der Geist, der Körper und die Emotionen von allen Hemmungen befreit werden; indem vollkommene Beherrschung der Sexualität entwikkelt wird, die es uns ermöglicht, sexuelle Freuden in einem ungeahnten Maß zu erleben, und indem wir die sexuelle Energie kanalisieren und für alle Lebensbereiche verfügbar machen. Ohne Meditation, ohne Yoga und ohne festgelegte Dogmen einer Religion sind wir in der Lage, mit Hilfe der tantrischen Rituale all das zu erreichen, was Meditation, Yoga und so viele Religionen versprechen – und wir haben während dieses Prozesses bei weitem mehr Vergnügen.

Durch Gebrauch des geistigen Bildes des Yantra, des Klanges des Mantra und der sexuellen Rituale ermöglicht es Tantra, die transzendentale sexuelle Ebene eines kosmischen inneren Orgasmus zu erreichen, die reine männlich-weibliche Sexualität zu erleben – eine Rückkehr zur Essenz des Universums, zur Schöpfung selbst.

Die Kraft der Sexualität ist das Herz des Tantra; allesdurchdringende Sexualität – oft und lange. Und dank der Fähigkeit der Frau zu verlängerter sexueller Aktivität und wiederholtem Orgasmus ist sie – wie im Schöpfungsakt – immer das Zentrum der tantrischen Lehre gewesen. In den frühesten tantrischen Texten war es die Frau, die in die Rituale einführte. Alle organisierten tantrischen Gruppen wurden von Frauen geleitet. Im Laufe der Jahre, als ein großer Teil der tantrischen Literatur von Männern geschrieben wurde – gereinigt vom Geist gelehrter Brahmanen und anderen –, wurden die Rollen vertauscht. Doch sind im reinsten Sinn tantrischer Sexualität Mann und Frau nicht nur gleich, sondern sie sind eins. Sie können einander belehren oder gemeinsam lernen.

Es gibt noch viele andere Aspekte des Tantra, genug, um die ungezählten Bücher zu füllen, die darüber geschrieben wurden –

Bücher, die sich nicht nur mit den originalen tantrischen Texten befassen, sondern auch die Einflüsse des Tantra auf Yoga, den Buddhismus und andere Philosophien.

Dieses Buch bezieht sich in erster Linie auf die einfachste und reinste Form der tantrischen Sexualität, das heißt auf die grundlegenden körperlichen, geistigen, psychischen und sexuellen Rituale.

Den Ritualen liegen andere Forschungen und Erfahrungen auf dem Gebiet tantrischer Studien zugrunde. Sie sind in modernen Sprachgebrauch übersetzt, wobei ein großer Teil der Sprache östlicher Mystik beiseite gelassen wurde.

Es gibt getrennte Teile für weibliche und männliche Rituale, die unabhängig vom Partner vollzogen werden. Diese Rituale allein lehren schon alles Nötige im Hinblick auf Wahrnehmung, Kontrolle und Kanalisierung.

Das Buch führt dann weiter zum Teil der Rituale für Paare, »Die sieben Nächte des Tantra«. Obwohl die Rituale der sieben Nächte für heterosexuelle Paare geschrieben wurden, können sie ebensogut auch von homosexuellen Paaren verwendet werden.

Die Rituale beinhalten die Tendenz, Lust zu vermitteln, denn Tantra ist immer positiv in seiner Methodik. Der tantrische Weg wird ebensoviel Freude bereiten wie das Erreichen seines Ziels. Dieser ritualistische Weg zu sexueller Lust und Erfüllung liefert einen immer weiter anwachsenden Fluß sexueller Energie, die jedem Verlangen im Leben zur Befriedigung verhilft.

Mit den Worten des Tantra-Meisters: »Mögest du von mir sinnliche Wahrnehmung, sexuelle Ekstase und die Kraft des Lebens empfangen.«

Das Mantra

Ein *Mantra* ist ein besonderer Laut ohne Wortsinn, der in tantrischen Ritualen verwendet wird, um geistige Bilder, Gefühle oder Kontrolle zu bewirken. Es ist ein vitaler Teil des Konditionierungsprozesses der Rituale.

Der klassische mantrische Laut ist OM – der »Klang der Erleuchtung«. Die frühesten Tantriker waren sich bewußt, daß selbst die schwersten und dichtesten Objekte in unserer physischen Welt in Wirklichkeit »schwingende Substanzen« waren (die Bewegung der Atome und Moleküle). In ähnlicher Weise basiert die Struktur aller Lebensformen auf einem »Schwingungsrhythmus«.

Das Mantra stimmt den Geist in die Schwingungen der Körper – *Chakras* – ein, der natürlichen Pforten, durch die jegliche psychische Energie fließt. Der mantrische Laut kann Körper, Geist und Gefühl so konditionieren, daß sie unwillkürlich reagieren, und er kann selbst die fundamentalsten Emotionen, Gedankenmuster und Körperfunktionen ansprechen.

Die Mantras werden in Verbindung mit den Yantras, den geistigen Vorstellungsbildern, verwendet. Sie werden während der tantrischen Rituale gesungen oder geflüstert oder stumm wiederholt. Sie können auch »geschrieben« mit dem Yantra-Bild visualisiert werden. Die »Konditionierung« bedient sich auf diese Weise der Sinne des Sehens wie des Hörens.

Konditionierung bedeutet, einen natürlichen, unkonditionierten Reiz mit einem zusätzlichen konditionierten Reiz zu verknüpfen.

Wenn man also bewußt die Mantras zusammen mit den körperlichen Stimuli und Kontrollmethoden übt, erzeugt man einen »Auslösemechanismus«, der eine unbewußte Reaktion verursacht. In moderner psychologischer Terminologie würde man sagen, daß die Rolle der Mantras im tantrischen Ritual die ist, sexuelle Energie zu konditionieren, damit man sie dann kontrollieren kann.

Obwohl tantrische Mantras keinen Wortsinn haben, halten sie sich doch an eine spezifische Form; im allgemeinen enden sie mit einem nasalen Klang, mit »-OM« oder »-AHM«.

Die tantrischen Meister lehren, daß der Klang der Mantras Energiefelder erzeugt, wobei Schwingungsmuster entstehen, die kontrolliert werden können.

Dir Rituale, die in diesem Buch dargestellt werden, sind mit drei Mantras verbunden:

Das Mantra der Wahrnehmung
Das Mantra der Kontrolle
Das Mantra der Kanalisierung.

Jedes wird zu Beginn eines entsprechenden Rituals vorgestellt. Sie sollten nur in Verbindung mit den Ritualen gebraucht werden, zu denen sie gehören.

Das Yantra

Der Mensch hätte es schwer, ohne die wunderbaren Möglichkeiten, die ihm seine Einbildungskraft gibt, zu überleben. Das tantrische Ritual ist ganz besonders auf den kontrollierten Gebrauch der Einbildungskraft angewiesen.

In den alten Schriften des Tantra sind viele Yantras als symbolische Bildwerke dargestellt. Sie sollen die Konzentration auf bestimmte mentale Bilder richten, um eine Anregung oder Kontrolle der Sinne hervorzurufen.

Doch wichtiger als die Ikonen und Bildwerke ist die eigene Einbildungskraft des Menschen, der sich mit ihrer Hilfe eigene geistige Bilder schafft. Bei der Wahrnehmungsübung ist es das Bild des Yantra, das die sexuelle Erregung verursacht. Allein durch die Projizierung des Yantra-Bildes auf die Leinwand unseres Geistes und der Anwendung des mantrischen Lautes der Wahrnehmung können viele Tantriker sich selbst bis zum Punkt des Orgasmus bringen und dann den Orgasmus kontrollieren – so wird eine außerordentlich hohe Ebene sexueller Energie aufrechterhalten –, ohne daß sie irgendwelche körperliche Stimulierungen benötigen.

Die Kontrolle der Stimulierung – genauer: Kontrolle des Orgasmus – wird durch den Klang des Kontroll-Mantras in Verbindung mit dem Kontroll-Yantra erreicht. Diese rein geistige Stimulierung wird »abgestellt«, indem man das Wort des Mantra auf die schwarze Leinwand seines Geistes »schreibt« und sich auf diese Projektion konzentriert.

Das Yantra der Kanalisierung, das zusammen mit dem Mantra der Kanalisierung verwendet wird, ermöglicht es uns, die Kraft der sexuellen Energie in andere Lebensbereiche zu lenken: um Probleme zu lösen, Kreativität zu fördern oder um Spannungen und Ängste zu beseitigen.

Die Ein-Stunden-Regel

Die folgenden Rituale sind ganz und gar sexuell orientiert. Im Tantra werden weder sexueller Verkehr noch Masturbation abgelehnt. Der grundlegende Schlüssel zur tantrischen Sexualität ist jedoch die kontrollierte Lust. Man muß immer wieder die Kontrolle üben, um die Ebenen der Lust erreichen zu können, die das Tantra zu bieten hat. Schon die frühesten Tantriker wußten um die Schwierigkeit, sich davon zurückzuhalten, jedes Ritual zu seinem logischen, ersehnten Abschluß zu bringen – zum Orgasmus. Tantrische Texte berichten von vielen Eingeweihten, die wiederholt dem Verlangen nach sexueller Befriedigung nachgaben, bevor sie so weit kamen, daß sie die Rituale präzise ausführen und höhere Ebenen der Lust erreichen konnten.

Wenn man mit den Ritualen beginnt, so wird man feststellen, daß sie schnell einen sexuell äußerst erregten Zustand hervorrufen. Mit jedem weiteren neuen Ritual wird der Reiz intensiver werden. Und durch diese Intensität wird größere sexuelle Energie erzeugt. Diese *Energie* ist es, die verwendet wird, um zu ungeahnten Freuden und Kräften zu gelangen.

Weil die Kontrolle über die sexuelle Energie so wichtig ist, wurde die Ein-Stunden-Regel aufgestellt.

DIE REGEL

Eine Stunde vor oder nach jedem tantrischen Ritual sollte man sich weder selbst befriedigen, noch sexuellen Verkehr haben.

Die Regel ist einfach und einleuchtend. Um der ganzen Fülle an Lust und Kraft, die das Tantra mit sich bringt, teilhaftig zu werden, muß sie unbedingt beachtet werden.

Das Tantra sagt

DIE HÄNDE

Tantriker legen besonderen Nachdruck auf die Pflege der Hände, »die Berührungsinstrumente, die Lust spenden«. Die Rituale verlangen oft den spezifischen Gebrauch des Daumen und des Zeigefingers sowohl der rechten als auch der linken Hand. Tantrische Texte weisen den Tantriker an, die Nägel des Daumen und Zeigefingers so kurz wie möglich zu schneiden, um Schmerzen und Hautreizungen zu vermeiden.

Die Nägel sollten kurz genug geschnitten sein, um Daumen und Zeigefinger »eine weich gerundete Kuppe – eine Basis für die Lust der Berührung« zu geben. Viele Tantriker erkennen einander auch tatsächlich an den besonders manikürten Nägeln von Daumen und Zeigefingern.

DIE GENITALIEN

Tantrische Texte sprechen ausführlich von der Pflege und Sauberkeit der Genitalien. Die hygienischen Gründe dafür sind ebenso offensichtlich wie die ästhetischen. Aber es ist auch noch von einem anderen Grund die Rede: Der Gebrauch eines feuchten, warmen Lappens zur Reinigung der Genitalien ist eine weitere wirksame Methode, um die Wahrnehmung der eigenen Sexualität zu entwickeln. Die Logik wird klarer, nachdem man mehr Erfahrung mit den Wahrnehmungs-Ritualen hat. Viele Tantriker machen ihre Reinigung zu einem Ritual. Ein Bidet ist zum Beispiel dafür sehr geeignet. Aber auch ohne diese Bequemlichkeit ist ein sorgfältig geplantes Programm für die genitale Reinlichkeit notwendig.

DAS LICHT

»Tantra verabscheut die Dunkelheit.«

Alle tantrischen Rituale sollten bei Licht praktiziert werden – nie in der Dunkelheit.

Die tantrischen Rituale sind so geartet, daß sie alle Sinne stimulieren, auch die visuellen.

Empfehlungen für die Beleuchtung sind in der Einleitung zu den Paar-Ritualen, »Die sieben Nächte des Tantra«, enthalten.

ERNÄHRUNG

Tantra legt kein besonderes Gewicht auf eine bestimmte Ernährung, außer daß es empfiehlt, sich an *den* Nahrungsmitteln zu erfreuen, die im allgemeinen in den oberen Kasten der Hindu-Gesellschaft verboten sind: Fleisch, Alkohol, Fisch und Getreide. Tantra geht davon aus, daß jeder die Freiheit hat, sich auf alle Aktivitäten des Lebens einzulassen, und daß man tun sollte, was möglich ist, um alle Sinne bis zum höchsten Grade anzuregen. Anregung wird vom Tantra als eine ganz und gar individuelle Angelegenheit betrachtet.

EINVERSTÄNDNIS UND HINGABE

Der Tantriker erreicht das Epizentrum der Erleuchtung nur nach dem ritualistischen Aufstieg.

Tantra verbietet, daß von einem Tantriker irgendeine Tat begangen wird, die gegen die menschlichen Rechte eines anderen verstößt. Ein tantrischer Meister wird nicht einmal versuchen, einen Nicht-Tantriker zu *überreden,* sich tantrischen Ritualen zu unterziehen.

Das Einverständnis muß von innen kommen. Niemand soll zu tantrischem Denken oder tantrischen Aktivitäten bekehrt werden.

Wenn man sich auf den Weg der Rituale begibt, muß das mit dem Einverständnis des ganzen Wesens, mit voller Hingabe geschehen.

DIE BEDEUTUNG DER »LIEBE«

In den meisten Sprachen und besonders im Deutschen ist das Wort »Liebe« nur sehr schwer zu definieren.

Im tantrischen Sinn jedoch ist die Bedeutung des Wortes ganz klar. Denn Tantra ist frei von Hemmungen, es gibt keine neurotischen Knoten, um romantische oder soziale Beiklänge in den Gebrauch eines einfachen Wortes hineinzuflechten.

Tantra bedeutet innerstes Wesen, Essenz.

Liebe im tantrischen Sinne bedeutet einfach: »Ich erkenne und akzeptiere dein innerstes Wesen.«

Über die Rituale

Die Kraft, so sagt das Tantra, entspringt dem angesammelten Wissen, das sich auf Erfahrung gründet, man beginnt mit den einfachsten Ritualen und fährt bis zu den schwierigsten fort, ohne die einfachen Grundlagen zu vergessen.

Einige der Rituale, vor allem diejenigen der Wahrnehmungsübung, sind trügerisch einfach. Aber sie dürfen nicht übergangen werden. Wahrnehmung ist der wichtigste Teil der tantrischen Entwicklung.

Jeder Teil eines jeden Rituals muß so geübt werden, wie es auf den folgenden Seiten beschrieben ist. Es mag am Anfang unklar sein, warum bestimmte Anweisungen notwendig sind, und ihre Bedeutung wird wohl auch niemals ganz »logisch« sein. Aber jede Anweisung ist ein integraler Teil des tantrischen Rituals.

Die Übungen bilden eine konsequente Folge: *Wahrnehmung* und sexuelle Lust; sexuelle Kontrolle; und die *Kanalisierung der sexuellen Kraft*. Jeder Tantra-Schüler erreicht die Ebenen der Vervollkommnung in unterschiedlicher Geschwindigkeit, je nach der

Intensität der Praxis. Manche sind mit der Entwicklung der Wahrnehmung, des erhöhten sexuellen Vergnügens und der Kontrolle zufrieden; andere ringen um die höchste Fähigkeit, ihre sexuelle Erregung, Kraft und Konzentration in ihr Alltagsleben, in ihre Entscheidungen und in ihre kreativen Prozesse zu lenken. Jeder sollte sich sein eigenes Ziel setzen.

Bevor man mit den Ritualen beginnt, sollte dieses Buch ganz gelesen werden, erst dann kann man wissen, wie weit man sich mit dem Tantra einlassen möchte. Abgesehen von den offensichtlichen körperlichen Unterschieden enthalten die Allein-Rituale für den Mann und die Frau weitgehend dieselben Informationen.

Will man sich nur mit den allein zu übenden Ritualen befassen, führen sie zu einer völlig neuen Wahrnehmung der eigenen Sinnlichkeit und Sexualität. Zugleich lernt man, wie man die sexuellen Kräfte durch die Kontrolle stärken und die sexuelle Energie in andere Lebensbereiche kanalisieren kann.

Beherrscht man erst einmal die Allein-Rituale, kann man zu den Paar-Ritualen übergehen. Dies verlangt das Einverständnis und das Engagement sowohl von einem selbst als auch von dem Partner, der ebenfalls die Allein-Rituale beherrschen sollte. Es wird eine Woche oder länger dauern, um die Allein-Rituale zu beherrschen, je nach Zeit und Mühe, die darauf verwendet wird. Die Allein-Rituale sollen auch weiterhin, nachdem man zu den Paar-Ritualen übergegangen ist, geübt werden; genaugenommen sollte man die Rituale sein Leben lang üben.

Die Paar-Rituale werden »Die sieben Nächte des Tantra« genannt. Nach Möglichkeit sollten diese Rituale an sieben aufeinanderfolgenden Nächten praktiziert werden.

Man sollte sie in jedem Fall in kurzer Folge durchführen, etwa zwei Wochen lang in jeder zweiten Nacht. Und es ist nötig, sie in der beschriebenen Ordnung zu vollziehen.

Man wird feststellen, daß die sexuelle Energie mit der Praxis der Wahrnehmungs-Rituale außerordentlich zunimmt. Die Kontrolle der sexuellen Energie wird mit jeder Wiederholung des Kontroll-Rituals wachsen. Und man gewinnt mehr Selbstvertrauen, Ruhe und umfassende Kraft, je öfter man die Kanalisierungs-Rituale übt.

Rituale für die Frau

Das Mantra der Wahrnehmung

Die Laute: OMMM. AHDI. OMMM.

Lerne und verwende sie nur in Verbindung mit diesen Ritualen. Sie können kaum hörbar gesprochen, im stillen wiederholt oder laut gesungen werden. Das Yantra der eigenen Vorstellung sollte das Mantra immer begleiten.

Erweckung

Am Anfang, als die Göttin der Zeit, Kali, weibliche Form annahm, war diese neu für sie. Sie war nun nicht mehr nur eine schöpferische Kraft, die Energie aus sich verströmte, um stets von neuem zu erschaffen. Sie verlieh sich Sinnlichkeit und Sexualität, und sie fand ihre Lust in der Entdeckung ihres neuen Selbst.

Wir alle kennen unseren Körper, doch im tagtäglichen Leben mißachten wir seine große Sinnlichkeit. Das Tantra beginnt damit, uns zu lehren, wie wir unseren Körper in tantrischer Weise neu kennenlernen können, das heißt in einer intimeren, ungehemmteren sinnlichen Weise.

Man stellt sich nackt vor einen großen Spiegel und konzentriert sich auf sein Spiegelbild. Zuerst werden die Lippen betrachtet, dann berührt man sie leicht mit den Zeigefingern, wobei die Finger ihre Konturen nachzeichnen. Man spürt, wie die Lippen beben und auf die Berührung antworten, als wären es die Finger eines anderen, die diese Empfindung hervorrufen.

Nun berührt man mit der linken Hand die rechte Brust. Dabei konzentriert man sich auf die Form der Brust und der Brustwarzen und übt genügend Druck aus, um eine angenehme Empfindung hervorzurufen. So erfährt man die Sensibilität der Brust. Die Brustwarze versteift sich, wenn man mit dem Streicheln fortfährt. Dabei wird zweimal das Wahrnehmungs-Mantra mit hörbarem Flüstern wiederholt. Dann wird die linke Brust sanft mit der rechten Hand stimuliert, und das Wahrnehmungs-Mantra wird zweimal wiederholt. Das Aussprechen des Mantra intensiviert die sanfte Lust des Berührens oder Knetens der Brust und der Brustwarze. Jetzt werden die Hände verschränkt, und man läßt sie etwas unterhalb des Nabels ruhen. Wieder wird das Wahrnehmungs-Mantra gesprochen, die Hände werden gelöst und man streicht mit den Fingern und Handflächen über den Bauch hinunter zum Schamhaar, zur Vagina und übt gerade so viel Druck aus, daß man das warme Gefühl einer Liebkosung hat.

Während die Hände sanft auf die Schamlippen gedrückt werden, wird zweimal das Wahrnehmungs-Mantra wiederholt. Schließlich läßt man beide Hände an den Körperseiten ruhen.

Das ist die erste Phase des Rituals.

Dann schließt man die Augen und konzentriert sich auf den Körper, bis man im Geist eine klare Wiedergabe des eigenen Spiegelbildes (Yantra) vor sich sieht. Wenn man Schwierigkeiten

hat, das Bild entstehen zu lassen, sollte man die Augen öffnen und einen langen Blick auf seinen Körper werfen. Die Lippen, Brüste und die Vagina werden noch einmal berührt. Das Wiederholen der Berührung wird helfen, das Bild im Geist zu festigen.

Das Ritual wird mit geschlossenen Augen wiederholt. Man hebt die Finger wieder an die Lippen und konzentriert sich auf die Erregung, wobei man sich vorstellt, daß die Lippen sanft von Händen des Partners berührt werden. Das Wahrnehmungs-Mantra wird im stillen wiederholt, während die Finger die Lippen nachzeichnen.

Dann mit geschlossenen Augen und dem Vorstellungsbild, daß die Hände jemand anderem gehören, die Brust kneten und die Lust steigern. Man bleibt bei der Vorstellung der Hände als zu einer anderen Person gehörig, wenn sie sich nach unten bewegen und gegen die Vagina drücken.

Behalten Sie während jedem Schritt des Rituals das Yantra der Hände eines anderen im Geist und wiederholen Sie zweimal das Wahrnehmungs-Mantra. Wiederholen Sie jetzt das Ritual noch einmal mit geschlossenen Augen, diesmal jedoch mit dem Vorstellungsbild, daß die beiden Hände die eigenen sind, die Lippen, Brüste und die Vagina, die berührt werden, jedoch jemand anderem gehören. Man stellt sich vor, daß die Fingerspitzen die Umrisse der Lippen, der Brüste und Brustwarzen einer anderen Person fühlen, auch das weiche Schamhaar, durch die die Finger und die Handflächen streichen, und die Lippen der Vagina, so, als würde man sanft die Bereiche eines anderen Körpers erforschen. Wiederholen Sie das Wahrnehmungs-Mantra immer wieder während des Rituals.

Dieses einfache Ritual ist sowohl angenehm als auch entspannend, es sollte das erste sein, das morgens vorgenommen wird. Es regt den Körper zu sinnlicher Lebendigkeit an und wird einem für den Tag positive Energie geben. Am Abend beruhigt es und löst die Spannung des Tages auf.

Es sollte zweimal täglich ausgeführt werden.

Yantrische Wahrnehmung

Es wird berichtet, daß der Schüler die tantrische Meisterin fragte: »Wo liegt das Zentrum meiner Lust? Ich fühle sie in allen Teilen meines Wesens. Doch wie das Universum, so muß auch ich ein Zentrum haben. Ist das nicht so?«

Und die tantrische Meisterin legte ihre Kleider ab und sagte zu dem Schüler: »Sieh meinen Körper an, als hättest du deinen eigenen vor Augen. Erkenne, daß der Körper eins ist mit dem Universum und daß das Zentrum aller Freuden sich in keinem physischen Teil befindet. Das Zentrum ist der Geist. Unsere Lust ist das, was der Geist als lustvoll erfährt.«

Im Ablauf der alltäglichen Aktivitäten sollte man wenigstens einmal am Tage eine Pause machen (wenn möglich, zwei- oder dreimal) und mit fest geschlossenen Augen das Wahrnehmungs-Mantra wiederholen. Versuchen Sie, sich das Spiegelbild Ihres Körpers genau in Erinnerung zu rufen. Ohne daß man sich tatsächlich berührt, sollte man alle Kraft der Konzentration einsetzen, um die Bilder und Empfindungen hervorzurufen, die man erfahren hat, als man seinen Körper berührte und sich vorstellte, daß man von anderen Händen berührt wurde und selbst einen anderen Körper berührte.

Wenn man diese Rituale täglich übt, hat man bald die Fähigkeit, das Yantra-Bild und die damit verbundenen Empfindungen hervorzurufen, indem man nur die Augen fest schließt und das Wahrnehmungs-Mantra wiederholt.

Der yantrische Körper

Kali gab der Frau eine umfassende Sexualität, die Gabe, über unendlich wiederholbare Lust zu verfügen. Damit schenkte Kali der Frau die Fähigkeit, alle Teile ihres Körpers zum Zwecke ihrer eigenen Lust und der Lust ihres Partners zu kontrollieren. »Weibliche Lust ist der Sitz aller Lust«, sagen die tantrischen Meister. »Wenn die Frau die Fähigkeit ihres Körpers entwickelt, Lust zu erzeugen, so wird sie damit die Fähigkeit erlangen, Lust zu spenden.« Dies ist ein Ritual der Yantra-Imagination, jedoch verbunden mit körperlicher Muskelkontrolle. Es kann jederzeit und überall praktiziert werden. Zuerst das Bild: das Innere der Vagina wird sich als ein Korridor innerhalb der Muskelwände vorgestellt. Ohne irgendeinen Körperteil zu berühren – schließt man die Augen und konzentriert sich auf dieses Yantra, während das Wahrnehmungs-Mantra wiederholt wird.

Wenn das Yantra gefestigt ist, werden die Muskeln der Vagina fest angespannt. Das Wahrnehmungs-Mantra wiederholen, und jedesmal, wenn man die Muskeln anspannt, stellt man sich die Kontraktion jedes einzelnen Muskels vor. Das Mantra sprechen und dabei die Muskeln angespannt lassen, erst dann entspannen.

Dieses Ritual kann so oft wiederholt werden, wie man will, und es kann überall praktiziert werden, sobald man das Vorstellungsbild beherrscht.

Das Ritual selbst ist erregend, und nach und nach wird einem der komplizierte Aufbau der Vagina bewußt werden. Die vaginalen Muskeln werden konditioniert, und man erhält die Fähigkeit, die Anspannung eines jeden Muskelbereiches wahrzunehmen. Das Yantra kann verfeinert werden, wenn man sich die vaginalen Muskeln vorstellt, sobald man sich ihrer bewußt geworden ist.

Sammlung der Konzentration

Im Tantra gibt es keine Anbetung von Gottheiten als solchen. Kali und Mahakala werden »Gottheiten« genannt, doch finden sich im Tantra eindeutige Bemerkungen im Hinblick auf sie:

»Kali, die Göttin der Zeit, existiert nicht als eine Personifikation, die angebetet werden kann. Wir bauen ihr keine Tempel, stellen kein Bild von ihr auf. Denn sie befindet sich im Zentrum aller Freuden; sie ist im Zentrum aller Yantras; sie ist das Zentrum aller schöpferischen Energie. Doch kann sie in allen Frauen erlebt werden, da sie nicht getrennt von ihnen existiert.«

Aufgrund dieser tantrischen Lehre haben alle tantrischen Meister die Anweisung, »dem Schüler die Unterweisung in der Form von Vergnügen vorzunehmen, wie es Kali bei Mahakala tat, da der Aufstieg zur höchsten Wahrheit und Erleuchtung mit anwachsender Lust auf jeder neuen Stufe, die man erreicht hat, verbunden ist«.

Das folgende Ritual sollte allein auf einem Bett vollzogen werden, vorzugsweise bei Nacht. Obwohl es sexuell außerordentlich erregend ist, sollte es nicht zur Masturbation oder als Vorspiel zum sexuellen Akt benützt werden. Wir haben es hier zum ersten Mal mit der tantrischen Ein-Stunden-Regel zu tun.

Die Frau legt sich völlig nackt auf den Rücken und zieht die Beine in eine bequeme Lage hoch, wobei die Füße nebeneinander bleiben. Die Knie gleiten langsam auseinander, und die Fußsohlen werden gegeneinandergepreßt. Die Sohlen des rechten und linken Fußes sollten während des ganzen Rituals in Berührung bleiben. In dieser Haltung die Hände locker gefaltet über den Nabel legen.

Wieder stellt man sich vor, daß der eigene Körper der einer anderen ist und konzentriert sich mit geschlossenen Augen auf dieses Yantra-Bild, während man das Wahrnehmungs-Mantra spricht.

Mit dem Zeigefinger jeder Hand fährt man langsam über den Mund. Während man sich vorstellt, was man tut, wiederholt man zweimal das Mantra und streicht sich dabei sanft mit den Zeigefingern über die Lippen, von einer Seite zur anderen. Die Hände werden dann wieder locker über dem Bauch gefaltet.

Als nächstes den Zeigefinger und Daumen jeder Hand an die Basis der linken und rechten Brust legen (linke Hand unter die linke Brust, rechte Hand unter die rechte Brust). Bei jedem Schritt dieser Übung wird das, was man tut, auf die geistige Leinwand projiziert. Mit den Spitzen von Zeigefinger und Daumen nun zu den Brustwarzen hochstreichen. Das Wahrnehmungs-Mantra langsam wiederholen, während die Brustwarzen sanft stimuliert werden, »sie zwischen Daumen und Zeigefinger rollen«. Die Hände wieder auf dem Bauch falten.

Konzentrieren Sie sich wieder ganz auf das Yantra. Dann mit

dem Zeigefinger und Daumen durch das Schamhaar abwärts streichen und die Hände zwischen die Beine die Handflächen zu beiden Seiten der vaginalen Lippen legen. Das Mantra wiederholen, und die Handflächen leicht nach innen bewegen. Die Daumen langsam den Schamlippen nähern und sie öffnen, aber nur so weit, wie es angenehm ist. Die Zeigefinger überkreuzen die Daumen, und die Spitze eines jeden Zeigefingers liegt an der Seite der Klitoris; mit beiden Fingerspitzen etwas Druck ausüben und die Klitoris sanft stimulieren. Während das Mantra wiederholt wird, die Vorstellung auf den Bereich konzentrieren, den man berührt.

Wenn Sie das Mantra zweimal wiederholt haben, kehren Sie mit den Händen zum Bauch zurück. In der gleichen Weise wie beim Wahrnehmungs-Ritual sollte nun das geistige Bild des Rituals gefestigt werden. Stellen Sie sich vor, daß andere Hände Ihren Körper liebkosen, dann, daß Sie einen anderen Körper berühren, wobei in der Vorstellung die Hände zu den Lippen, den Brüsten und der Vagina wandern. Versuchen Sie im Geist wieder das gleiche Yantra zu schaffen, das Sie hatten, als Sie Ihren Körper tatsächlich berührten. Nach einer gewissen Zeit ist man in der Lage, die Hände zu »fühlen«, die Lippen, Brüste und Vagina berühren, ohne daß es irgendeines körperlichen Kontaktes bedarf.

Dieses Ritual hat zwei Teile: erstens das tatsächliche Berühren, während man es sich vorstellt und das Mantra spricht; zweitens die Vorstellung von der Berührung, das Zurückrufen der Empfindung, indem nur das Yantra und das Mantra verwendet werden.

Vertiefte Sammlung der Konzentration

Der Schüler wandte sich an die tantrische Meisterin und fragte sie:

»Warum muß ich die Lust im Alleinsein suchen? Ist nicht die größere Lust in den Armen eines anderen zu finden? Ist nicht der Austausch der Lust jener vorzuziehen, die man im Alleinsein findet?«

Und die tantrische Meisterin antwortete:

»Jegliche Lust wird innerhalb deines eigenen Wesens erfahren. Du bist fähig, jegliche Lust, die es gibt, kennenzulernen, indem du deine eigenen Zentren der Sinnlichkeit findest. Durch Stimulierung und Selbstkontrolle kannst du alle Ebenen der Lust erreichen, die du dir in der Imagination deines Yantra vorzustellen vermagst.

Kennst du erst einmal die Zentren deiner Lust, so wirst du eher in der Lage sein, die Lust mit jemand anderem zu teilen. Das ist Tantra: Du mußt durch die Kenntnis deiner selbst und deiner Lust das empfangen, was du bist; denn nur dann kannst du die Lust geben, die du suchst, und die Lust entgegennehmen, die gegeben wird.«

Dieses Ritual ist eine Vertiefung des Konzentrations-Rituals, das mehrere Tage lang geübt werden sollte und beherrscht werden muß, bevor die folgenden Verfeinerungen hinzugefügt werden.

Nachdem die Klitoris sanft stimuliert worden ist, die Finger entspannen und die Schamlippen sich schließen lassen. Die Hände liegen auf der Vagina. Sprechen Sie das Mantra zweimal und lassen Sie dann die Zeigefinger – indem Sie sich das Bild dessen, was Sie tun, wieder vorstellen – nach unten gleiten, bis sie das Perinäum berühren, den kleinen Raum zwischen dem Ende des vaginalen Spaltes und dem Anus. Mit den Spitzen der Zeigefinger gegen das Perinäum drücken, während das Mantra zweimal wiederholt wird. Dann mit den Händen zur Vagina zurückkehren und sie entspannt darauf liegenlassen. Den ersten Teil dieses Rituals wiederholen, indem mit den Daumen die Schamlippen geöffnet werden und die Zeigefinger die Klitoris sanft stimulieren, während das Mantra zweimal wiederholt wird.

Die Hände sollten wieder auf der Vagina ruhen, während sich das Yantra-Bild festigt und das Mantra zweimal wiederholt wird.

Dann gleiten die Zeigefinger wieder abwärts über das Perinäum hinweg und berühren das Rektum. Zweimal das Mantra wiederholen, während gegen den rektalen Muskel gedrückt wird. Danach die Hände entspannt auf die Vagina legen.

Jetzt wird noch einmal die Klitorisübung wiederholt, wobei das Mantra zweimal gesprochen wird. Dann liegen die Hände wieder auf dem Bauch. Nun sollte sich der gesamte Ablauf des Rituals bildhaft vorgestellt werden; mit den Fingern auf den Lippen, Brüsten und der Vagina beginnen, dann folgt eine Ruhepause, dann der Druck der Finger auf das Perinäum, und anschließend auf die Klitoris. Stellen Sie sich dabei vor, daß die Hände einer anderen Person Sie berühren, und konzentrieren Sie sich anschließend darauf, daß Ihre Hände einen anderen Körper berühren.

Jeder Schritt des längeren Rituals sollte sorgfältig und langsam ausgeführt werden. Die Hauptsache ist natürlich die Wahrnehmung – nicht nur Wahrnehmung der sensiblen Teile des Körpers, die berührt und sich vorgestellt werden, sondern ebenso die Wahrnehmung der unmittelbaren erotischen Verbindungslinien in Ihrem Körper.

Dieses Ritual ist äußerst erregend, doch es muß betont werden, daß die Ein-Stunden-Regel eingehalten werden muß. Sie beginnen jetzt, Ihre sexuelle Energie kontrollieren zu lernen.

Körperliche Sammlung der Konzentration

Der Körper ist der Weg zu aller Lust, aber der ganzheitliche, feinstoffliche Körper existiert im Yantra. Er kann nicht getrennt von dem geistigen Bild existieren.

Alle Funktionen des Körpers sind Teil der tantrischen Lehren. Das ist die Grundidee dieses Rituals, einer einfachen Übung, die mit den »Tantra-Worten« an früherer Stelle in Verbindung steht.

Die tantrische Literatur erkennt den doppelten Zweck des genital-urinären Systems an, aber anstatt die Funktionen voneinander zu trennen, verwendet sie den Vorgang des Urinierens und den Gebrauch der genitalen Muskeln dabei als logischen Teil des

Wahrnehmungs-Rituals.

Das Urinieren und das nachfolgende Reinigen des Vaginabereiches – wenn es möglich ist, mit einem feuchtwarmen Lappen – ist ein sinnlicher Akt, der die Wahrnehmungsebene anhebt. Gleichzeitig beseitigt er Hemmungen, die Sie vielleicht hinsichtlich des Akzeptierens Ihrer normalen Körperfunktionen und ihrer Beziehung zur Sexualität haben mögen.

Kontrolle der Lust und der Kraft

Die tantrische Meisterin sprach zu ihren Schülerinnen in folgender Weise:

»Ihr habt die Ebene erreicht, auf der ihr die Freuden versteht, die euer Körper euch durch die Sinne gewährt. Und diese Freuden sind konzentriert und von Yantra und Mantra durchdrungen. Aber eure Lust ist erst am Anfang. Um weitere Höhen der Erregung zu erreichen, müßt ihr lernen, die Sinne der Lust zu kontrollieren. Darin liegen sexuelle Empfindungen, Energien und Kräfte, die über alles hinausgehen, was ihr euch jemals erträumt habt.« Dies ist das einzige *absolut wichtige* Ritual im Tantra. Es ist der Schlüssel zu allem, was erreichbar ist.

DAS KONTROLL-MANTRA

Die Laute: PAHHH. DAHHH. O-MAHMMM.

Es sollte gelernt werden, indem man es innerhalb des Rituals wiederholt.

DAS KONTROLL-RITUAL

Man legt sich auf ein Bett, die Knie gespreizt, die Fußsohlen gegeneinander, und vollzieht das übliche Konzentrations-Ritual, das in das vertiefte Konzentrations-Ritual übergeht.

Am Ende dieser Rituale, nachdem man das Wahrnehmungs-Mantra gesprochen hat, kehrt man mit den Händen wie zuvor zur Vagina zurück. Man nimmt die Daumen, um die Schamlippen zu öffnen, und die Zeigefinger, um gegen die Klitoris zu drücken. Das Wahrnehmungs-Mantra wird gesprochen, während man mit dem rechten Zeigefinger sanft die Klitoris massiert und mit dem Zeigefinger der linken Hand in die vaginale Öffnung eindringt. Behalten Sie das Wahrnehmungs-Mantra im Geist und stellen Sie sich vor, was Sie tun. Machen Sie es so, wie es Ihnen am besten gefällt. Aber vergewissern Sie sich, daß Sie die Grundposition und das Yantra des Akts der Masturbation oder der Situation, von jemand anderem stimuliert zu werden, aufrechterhalten. Naturgemäß werden weitere sexuelle Bilder aufsteigen. Das ist sogar wünschenswert, solange das Wahrnehmungs-Mantra und -Yantra ebenfalls anwesend und Teil der Lust sind. Sobald Sie sich an der Grenze zum Orgasmus fühlen, sollten Sie augenblicklich mit dem Kontroll-Mantra beginnen. Die Hände locker über dem Bauch falten. Trotz großer Erregung muß man sich vor weiterer Masturbation zurückhalten und das Kontroll-Mantra wiederholen (laut, wenn das hilft). Sobald Sie mit dem Kontroll-Mantra beginnen, müssen Sie gleichzeitig das Yantra-Bild ändern. Konzentrieren Sie sich und beschwören Sie in Ihrem Geist eine große schwarze Leere, auf der die Worte des Kontroll-Mantras – PAHHH, DAHHH, O-MAHMMM – geschrieben stehen. Versuchen Sie alle anderen Gedanken und Bilder aus Ihrem Geist zu verbannen. Diese yantrische Konzentration ist sehr wichtig, sie ist, zusammen mit dem Klang des Mantra, der Schlüssel zur Kontrolle.

Wenn man sich um diese Kontrolle bemüht, wird man feststellen, daß man sexuell erregt bleibt, wobei aber die Erregung unter Kontrolle steht.

Bleiben Sie auf dem Bett liegen, bis Sie das Gefühl haben, die vollständige Kontrolle erlangt zu haben. Dann sollten Sie aufstehen und das tun, wozu Sie Lust haben. Nur dürfen Sie vor Ablauf einer Stunde keinesfalls masturbieren oder sexuellen Verkehr haben.

Wenn Sie sich danach wieder mit anderen Dingen beschäftigen, wird Ihr sexueller Trieb sehr stark sein. Sobald Sie das heftige

Bedürfnis nach Masturbation oder Sexualverkehr haben, wiederholen Sie das Kontroll-Mantra und benützen das Yantra-Bild, um die Kontrolle aufrechtzuerhalten.

Wenn Sie nach Ablauf einer Stunde sexuellen Verkehr haben, werden Sie feststellen, daß Ihre sexuelle Energie mit dem Vollzug des Kontroll-Rituals zugenommen hat. Sie werden zu einer höheren Ebene sexueller Erregung und zu größerer, intensiverer Befriedigung gelangen. Genießen Sie die Zunahme der sexuellen Lust; denn jetzt brauchen Sie sich nicht um die tantrische Kontrolle zu kümmern.

Der erste Versuch mit dieser Übung wird der schwierigste sein. Bei jedem folgenden Mal wird man das Kontroll-Ritual als leichter empfinden. Nach einiger Zeit ist man in der Lage, sich näher und näher an den Punkt des Orgasmus heranzuwagen und sich dann mittels der tantrischen Kontrolle zurückzuhalten. Je stärker die Kontrolle wird, desto länger kann man sich stimulieren. Man kann sich dann unbeschränkt an der Grenze zum Orgasmus aufhalten und hat ihn völlig unter Kontrolle. Das ist natürlich erst nach einiger Zeit und bei regelmäßiger Praxis der Wahrnehmungs- und Kontroll-Rituale möglich.

Es taucht die Frage auf, ob dieses Kontroll-Ritual bei Nacht vollzogen werden sollte, als eine Erweiterung der Konzentrations- und der vertieften Konzentrations-Rituale. Die Antwort ist *ja*. So, wie die Wahrnehmungs-Rituale ein Teil der aufzubauenden täglichen Ordnung sind, so muß dieses allerwichtigste Kontroll-Ritual ein Teil des Konditionierungsprozesses sein. Will man Wahrnehmung, Lust und Kontrolle erhöhen, so muß man zuerst die nötige Ordnung der Rituale aufbauen und täglich praktizieren. Eine andere häufige Frage bezieht sich auf die Kontrollübung und die Menstruation. Die Tantra-Texte betrachten die Menstruation als eine ganz normale Funktion eines gesunden Körpers. Die Wahrnehmungs- und Kontroll-Rituale sollten nachts praktiziert werden, auch während der Menstruation.

Nun wird verständlich, daß die Rituale sich zu einer logischen Reihenfolge zusammensetzen und so angeordnet sind, daß sie stufenweise zu erhöhter Lust führen, die man kontrollieren kann.

Das Kontroll-Ritual ist das wichtigste Allein-Ritual des Tantra. Es mag als das schwierigste erscheinen, aber wenn die Anweisungen sorgfältig beachtet und zielstrebig geübt werden, wird man es bald beherrschen können.

Die logische Folge dieses Kontroll-Rituals ist die Kanalisierung der sexuellen Kraft.

Kanalisierung der Kraft und der Energie

Das Tantra erzählt die Geschichte von den »ersten Menschen«, die von Kali und Mahakala erzeugt wurden:

»Am Anfang waren alle Menschen tantrische Meister. Sie vermehrten sich und weihten alle in das Wissen und in die Freuden des Tantra ein. Aber nachfolgende Generationen ließen sich so sehr von den Freuden gefangennehmen, daß sie das Wissen um den Gebrauch ihrer sexuellen Energie für kreative Zwecke verloren.

Jeder Tantriker war ein Meister der Lust und der Kontrolle, womit er die Lust erhöhen konnte. Aber die sich stets erneuernde Kraft und Energie erfüllte sie mit Furcht, denn sie hatten keine Verwendung dafür, außer im Bereich der Lust.

Das Tantra erzählt auch die Geschichte von jener tantrischen Meisterin, die ihre Sensibilität und Lust täglich steigerte, aber keinen Schlüssel fand, um diese große Energie in andere Seinsbereiche zu lenken. Die Suche danach brachte ihr große Unzufriedenheit. Sie wurde unruhig und traurig – selbst inmitten der sinnlichen Freuden, die sie erfuhr.

Dann, eines Nachts, als sie ihren Geliebten in den Armen hielt und ihre Lust von ihm empfing, erbebte ihr Geist, ihre Gefühle und ihr Körper unter der Vision: sie war von der Zweiheit von Kali und Mahakala umhüllt. Sie ließen ihren Körper zu solchen Höhen der Ekstase erglühen, daß die Tantra-Meisterin in einen traumartigen Zustand verfiel, wo sie an der Grenze zum Orgasmus festgehalten wurde, der nicht stattfand, weil Kali wiederholt das Yantra der Kontrolle in ihrem Geist gestaltete, während Mahakala das Mantra der Kontrolle in ihr Ohr flüsterte.

Im straff gespannten Netz von höchster Lust und Kontrolle hängend, hörte sie plötzlich ein neues Mantra von Mahakala, während Kali auf die Schwärze ihres Geistes ein Bild von all jenen Dingen des täglichen Lebens zeichnete, die eine Frau sich wünschte.

Plötzlich waren Kali und Mahakala verschwunden; aber sie hatten dieser tantrischen Meisterin das große Geheimnis des Tantras geschenkt: kontrollierte Kanalisierung.

Sie hatte das verlorene Geheimnis wiedergefunden. Und sie verriet das Geheimnis ihrem Geliebten und all jenen, die es erfahren wollten. Und sie betete zu Kali und Mahakala und gründete erneut den großen Kult der Ekstase, den man Tantra nennt.«

DAS KANALISIERUNGS-MANTRA

Die Laute: AHH, NAHH, YAHH, TAUNNN.

DAS KANALISIERUNGS-RITUAL

Sie haben das nächtliche Ritual der Wahrnehmung aufgebaut, sind weitergegangen zu den Ritualen der Konzentration und der vertieften Konzentration und haben sie bis zum Kontroll-Ritual durchgeführt. Sie sind an die Grenze zum Orgasmus gelangt und haben durch den Gebrauch des Kontroll-Mantra und -Yantra die Kontrolle über ihn bekommen.

Sie liegen wieder in der Ausgangsposition auf dem Bett: nackt, die Knie auseinander, die Fußsohlen aneinander.

Durch das Kontroll-Mantra und -Yantra haben Sie den Punkt erreicht, an dem Sie Kontrolle über sich erlangt haben. Jetzt kann die tantrische Kanalisierung beginnen:

Bleiben Sie in Ihrer Stellung liegen und hören Sie mit dem Kontroll-Mantra und -Yantra auf. Selbstverständlich können Sie sie wieder aufnehmen, wenn das Verlangen nach sexueller Betätigung übermächtig wird.

Lassen Sie nun in Ihrem Geist ein Bild eines Problems entstehen, das Sie belastet hat.

Stellen Sie sich vor, daß Sie ein ernstes Problem zu lösen oder eine wichtige Entscheidung zu treffen haben, oder daß Sie gereizt und nervös waren. Beginnen Sie über das Problem nachzudenken, sobald Sie die Kontrolle erlangt haben. Isolieren Sie es.

Beginnen Sie mit dem Kanalisierungs-Mantra und wiederholen Sie es immer wieder, während Sie die Worte, die das Problem schildern, in die schwarze Leere Ihres Imaginationsbildes »schreiben«.

Hiermit beginnt ein Konditionierungsprozeß, der die große sexuelle Erregung und die dadurch entstandene Energie zur Lösung des Problems hinlenkt.

Der Prozeß ist einfach:

Man hat die Kontrolle erlangt.

Man ist bereit, die Energie zu kanalisieren.

Die Position auf dem Bett wird beibehalten, und es wird damit begonnen, das Kanalisierungs-Mantra zu wiederholen, wobei man es mit einer isolierten Aussage bezüglich des Problems verbindet.

Zum Beispiel:

»AHH. NAHH. YAHH. TAUNNN. Ich will ruhiger und geduldiger sein; ich will im Frieden mit mir und anderen sein. AHH. NAHH. YAHH. TAUNNN.«

Oder:

»AHH. NAHH. YAHH. TAUNNN. Es kommt mir der richtige Gedanke, um das Problem zu lösen. Ich bin kreativ. Die Antwort wird kommen. AHH. NAHH. YAHH. TAUNNN.«

Dieser Vorgang wird sechsmal wiederholt, wobei man sich jedesmal auf dasselbe Problem (oder denselben Wunsch) konzentriert. Der Geist *kennt* bereits die *Details* des Problems, also bedarf es nur einiger weniger Worte, um die Konzentration darauf zu lenken. Um diese Konzentration zu intensivieren, werden die gesprochenen Worte (einschließlich des Mantras) auf die schwarze Tafel Ihres geistigen Bildes »geschrieben«.

Wenn Sie das Kanalisierungs-Mantra sechsmal wiederholt haben, hören Sie auf und denken nicht mehr an das Problem.

Jetzt sprechen Sie zweimal das Kontroll-Mantra. Dann wiederholen Sie zweimal das Wahrnehmungs-Mantra. Jetzt können Sie sich um andere Angelegenheiten kümmern. Vergessen Sie nicht die Ein-Stunden-Regel. Sie werden sich noch immer in einem sexuell erregten Zustand befinden. Benützen Sie das Kontroll-Mantra zusammen mit dem Kontroll-Yantra, um die Kontrolle während der verlangten Stunde – oder länger – aufrechtzuerhalten.

Viele Tantriker vollziehen das Wahrnehmungs-, Kontroll- und Kanalisierungs-Ritual etwa eine oder zwei Stunden, bevor sie zu Bett gehen. Sie stehen nach der Übung auf, trinken ein Glas Wein, nehmen ein heißes Bad und gehen dann nach Ablauf einer Stunde zu Bett, bereit zum sexuellen Verkehr oder ganz einfach um zu schlafen.

Erwarten Sie nicht, daß die Lösung dieses Problems ganz plötzlich im Geist hochschnellt. Versuchen Sie, nicht weiter darüber nachzudenken; die sexuelle Konzentrationskraft arbeitet jetzt im Unterbewußtsein für Sie. In irgendeinem unerwarteten Augenblick wird die Antwort auftauchen, oder Sie werden feststellen, daß sich die gewünschten Ergebnisse eingestellt haben. Und mit jeder weiteren Nacht der Praxis des Wahrnehmungs-, Kontroll- und Kanalisierungs-Rituals wird Ihre Kraft wachsen.

Rituale für den Mann

Das Mantra der Wahrnehmung

Die Laute: OMMM. AHDI. OMMM.

Lernen und verwenden Sie sie nur in Verbindung mit diesen Ritualen. Sie können kaum hörbar gesprochen oder im stillen wiederholt oder laut gesungen werden. Die beschriebene Yantra-Imagination sollte das Mantra immer begleiten.

Erweckung

Mahakala betrachtete das Spiegelbild des Körpers, den Kali ihm gegeben hatte. Und er berührte seinen Körper, um die Empfindungen der Lust kennenzulernen, die ihm entsprangen. Und Kali lenkte seine Berührungen und lehrte ihn alles, was es zu wissen gab.

Sie kennen Ihren Körper und wissen, wie er aussieht, aber gerade weil er Ihnen so vertraut ist, werden Sie ihn vielleicht nicht als den empfindsamen sinnlichen Organismus würdigen, der er sein kann. Das Tantra beginnt damit, Sie zu lehren, Ihren Körper in »tantrischer Weise« kennenzulernen.

Sie stellen sich nackt vor einen Spiegel und konzentrieren sich auf Ihre Lippen. Zeigefinger und Mittelfinger der rechten Hand werden an die Lippen geführt; stellen Sie sich vor, daß eine andere Person die Empfindungen bei Ihnen auslösen würde, und sprechen Sie einmal das Wahrnehmungs-Mantra. Führen Sie Ihre linke Hand zur rechten Brustwarze. Konzentrieren Sie sich auf die Form der Brustwarze. Sie werden ihrer Empfindsamkeit gewahr und fühlen, wie die Brustwarze sich versteift. Das Wahrnehmungs-Mantra wiederholen und die Hand zurücknehmen.

Nun stimulieren Sie mit Ihrer rechten Hand Ihre linke Brust, wobei Sie zweimal das Wahrnehmungs-Mantra wiederholen.

Dann falten Sie die Hände locker auf dem Bauch, direkt unter dem Nabel. Sprechen Sie das Mantra. Jetzt lassen Sie die Hände nach unten durch das Schamhaar gleiten und umfassen den Penis mit Zeigefinger und Daumen an der Basis. Während Sie das Wahrnehmungs-Mantra sprechen, verengen Sie den Kreis Ihrer Finger. Danach legen Sie Ihre Hände wieder locker an die Körperseiten.

Das ist die erste Phase des Rituals.

Schließen Sie jetzt ganz fest die Augen und konzentrieren Sie sich auf ein detailliertes Yantra-Bild Ihrer selbst, des Spiegelbildes Ihres nackten Körpers. Wenn Sie Schwierigkeiten haben, das Bild entstehen zu lassen, so öffnen Sie die Augen und sehen sich Ihr Spiegelbild noch einmal an. Berühren Sie noch einmal Lippen, Brustwarzen und Penis. Die Wiederholung der Berührung wird Ihnen helfen, das Bild in Ihrem Geist zu festigen.

Wiederholen Sie nun das Ritual mit geschlossenen Augen: Berühren Sie die Lippen mit den Fingern, während Sie sich vorstellen, daß die Hand, die Ihre Lippen berührt, jemand anderem gehört. Wiederholen Sie dabei das Mantra. Führen Sie die rechte Hand zur linken Brust, stimulieren Sie die Brustwarze und lassen Sie dabei das Vorstellungsbild entstehen, daß es die Finger eines anderen sind. Die Lustempfindung steigert sich, wenn Sie das Mantra sprechen.

Gehen Sie bei der rechten Brust ebenso vor und lassen Sie dann die Hände nach unten gleiten, mit dem Yantra, daß die Finger einer anderen Person die Basis des Penis umfassen und Druck ausüben.

Wiederholen Sie jetzt das Ritual noch ein weiteres Mal mit geschlossenen Augen, doch dieses Mal stellen Sie sich vor, daß die Hände Ihre eigenen sind, aber daß sie die Lippen, Brustwarzen und den Penis von jemand anderem berühren: Die Fingerspitzen spüren die weichen Umrisse der Lippen und die Versteifung der Brustwarzen einer anderen Person, sie gleiten durch das weiche Schamhaar und umschließen die Basis des Penis eines anderen.

Dieses einfache Ritual ist sowohl entspannend als auch erregend. Wenn Sie es am Morgen vollziehen, bewirkt es, daß Sie sich den ganzen Tag über sinnlich lebendig und wohl fühlen. Am Abend wiederholen Sie es, damit es Ihren Körper in einen Zustand ruhevoller Entspannung bringt.

Yantrische Wahrnehmung

Es wird die Geschichte erzählt von dem Schüler, der den tantrischen Meister fragte: »Was ist das Zentrum meiner Lust? Da alle Dinge sich in Harmonie mit dem Universum bewegen, muß ein jedes sein Zentrum haben. Und dennoch spüre ich die Lust in meinem ganzen Wesen.«

Und der tantrische Meister antwortete:

»Die Lust liegt nur in dem, was der Geist als lustvoll erfährt. Das Zentrum deines Wesens und deiner Lust liegt in deinem Geist.«

Während eines gewöhnlichen Tagesablaufs sollten Sie wenigstens einmal eine Pause machen (wenn möglich zwei- oder dreimal) und mit fest geschlossenen Augen versuchen, das Bild Ihrer selbst, vor dem Spiegel stehend, hervorzurufen. Versuchen Sie sich mit allen Kräften darauf zu konzentrieren, das Bild und die Empfindungen der Lust zu erzeugen, die Sie beim Berühren Ihres Körpers und bei der Vorstellung, daß Ihre Hände einen anderen Körper berührten, hatten.

Durch tägliche Übung wird Ihnen dieses Yantra leichtfallen. Sie werden bald fähig sein, sowohl das Yantra-Bild als auch die Empfindung allein dadurch hervorzurufen, daß Sie die Augen schließen und im stillen das Wahrnehmungs-Mantra sprechen.

Der yantrische Körper

Als Kali Mahakala die Freuden des Tantra lehrte, wies sie darauf hin, daß er jeder Facette seines eigenen Wesens gewahr werden solle, so daß er alle Lust daraus zu gewinnen vermöge. Er lernte, für sich allein wiederholte Erektionen seines Penis zu erzeugen und sich an den Empfindungen zu ergötzen, die er ihm gewährte. Denn Kali wußte, daß der Mann, so er Lust gewann, nach mehr Lust verlangen und lernen würde, um seiner eigenen Befriedigung willen Lust zu geben.

Dies ist ein Ritual der Yantra-Imagination, jedoch verbunden mit körperlicher Muskelkontrolle.

Zuerst das Bild: Der Penis ist ein Schaft, von Muskeln gestützt, die tief aus dem Innern hervorkommen und das Organ umgeben. Er hat Kanäle, die die Muskeln kreuzen – Kanäle, die darauf warten, sich zu füllen, um eine Erektion zu erzeugen.

Schließen Sie die Augen beim Sitzen oder Liegen – ohne Ihren Körper zu berühren – und konzentrieren Sie sich auf dieses Bild Ihres Penis, wobei Sie das Wahrnehmungs-Mantra wiederholen.

Ist das Bild gefestigt, so spannen Sie alle durch den Penis verlaufenden Muskeln an.

Achten Sie darauf, daß die analen Muskeln und die Muskeln der Oberschenkel und des Magens nicht ebenfalls angespannt werden. Wenn die Muskeln gespannt sind, sprechen Sie einmal das Wahrnehmungs-Mantra und entspannen sich dann.

Wiederholen Sie diesen Vorgang von Spannung-Entspannung

dreimal. Dieses Ritual kann so oft wiederholt werden, wie man will; und man kann es überall praktizieren, sobald man das Yantra beherrscht.

Nach und nach werden die Penismuskeln konditioniert. Man wird fähig sein, die Anspannung einer jeden Muskelgruppe zu spüren, die beteiligt ist, und man wird sich der komplizierten Struktur des Penis bewußt. Das Ritual ist sinnlich erregend und wird sich als Hilfe bei der Kontrolle über die Erektion erweisen.

Sammlung der Konzentration

Der tantrische Meister sprach zu jedem seiner Schüler und sagte:
»Die Rituale in der Einsamkeit erzeugen die Wahrnehmung des Seins. Von der Wahrnehmung in der Einsamkeit wirst du die Freuden deines Körpers erlernen. Denn du mußt zuerst die Sinnlichkeit kennen, die Lust erzeugt, bevor du jemand anderen dazu anleiten kannst, Lust für dich zu erzeugen. Und du mußt deine eigene Lust kennen, bevor du die Macht erhältst, jemand anderem Lust zu geben.«

Dieses Ritual sollte liegend ausgeführt werden, allein und vorzugsweise bei Nacht. Obwohl es sexuell außerordentlich anregend ist, sollte es nicht zur Masturbation oder als Vorspiel zum sexuellen Akt benützt werden. Wir haben es hier zum erstenmal mit der tantrischen Ein-Stunden-Regel zu tun.

Legen Sie sich nackt auf den Rücken auf ein Bett und heben Sie die Knie zu einer bequemen Haltung, die Füße nebeneinandergestellt. Lassen Sie dann die Knie langsam auseinandergleiten, wobei die Fußsohlen aneinandergedrückt werden. Die Sohlen des rechten und linken Fußes sollten während des ganzen Rituals in Kontakt bleiben.

Die Hände über dem Nabel falten und die Augen schließen. Konzentrieren Sie sich – während Sie das Wahrnehmungs-Mantra sprechen – ganz auf das Bild Ihrer selbst, wie Sie in dieser Haltung auf dem Bett liegen, aber so, als gehöre Ihr nackter

Körper jemand anderem.

Heben Sie langsam die Hände und führen Sie die beiden Zeigefinger zum Mund. Während Sie im Geist das Bild dessen, was Sie tun, festhalten, sprechen Sie zweimal das Mantra und streichen dabei sanft mit den Zeigefingern über die Lippen. Dann falten Sie Ihre Hände locker über dem Bauch wie zuvor.

Als nächstes berühren Sie mit Zeigefinger und Daumen jeder Hand beide Brustwarzen (linke Hand an die linke Brustwarze, rechte Hand an die rechte Brustwarze). Mit dem Yantra-Bild Ihres Tuns vor Augen wird nun jede Brustwarze zwischen Daumen und Zeigefinger leicht gerollt, so leicht, bis eine angenehme, erregende Empfindung entsteht, wobei Sie zweimal das Mantra sprechen. Machen Sie eine kurze Pause, um das Yantra in Ihrem Geist zu festigen, und streichen Sie dann mit den Händen nach unten durch das Schamhaar und lassen Sie Ihre Hände zwischen den Beinen zu beiden Seiten des Penis liegen. Beginnen Sie mit der Wiederholung des Mantra, wobei Ihre Hände sanft nach innen rücken. Die Daumen bleiben an der Basis des Penis; die Zeigefinger umfangen ihn am unteren Ansatz. Nun verengen Sie Ihre Finger um die Penisbasis, massieren Sie aber den Penis oder die genitale Zone nicht; wenn Sie dreimal das Mantra gesprochen haben, kehren Sie mit den Händen zum Bauch zurück.

Das visuelle Bild des Rituals sollte nun in der gleichen Weise wie beim Wahrnehmungs-Ritual noch einmal im Geist gefestigt werden. Stellen Sie sich vor, daß die Hände einer anderen Person Ihren Körper liebkosen; und anschließend, daß Sie den Körper eines anderen berühren. Stellen Sie sich die Hände vor, die Lippen, Brustwarzen und Penis stimulieren. Versuchen Sie in Ihrem Geist dasselbe Yantra wieder zu erzeugen, das Sie hatten, als Sie Ihren Körper tatsächlich berührten. Nach einiger Zeit werden Sie die Fähigkeit entwickeln, die Hände, die Ihre Lippen, Ihre Brustwarzen und Ihren Penis berühren, zu »fühlen«, ohne daß ein wirklicher körperlicher Kontakt stattfindet.

Das Ritual hat zwei verschiedene Teile: erstens die tatsächliche Berührung, das Yantra und das Mantra; zweitens die Yantra-Vorstellung der Berührung, die die Empfindung allein durch das

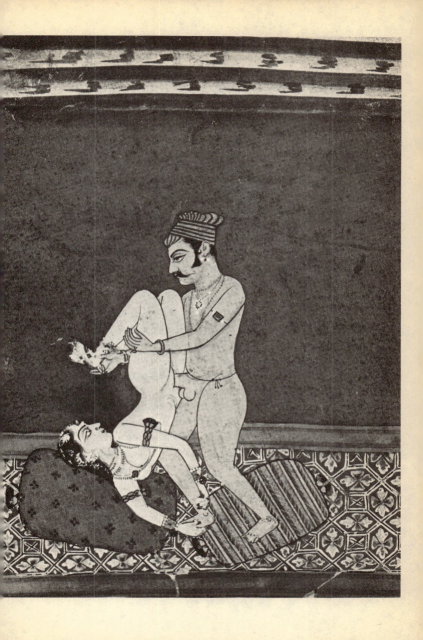

Bild erzeugt, und das Mantra als Hilfsmittel.

Nach einer gewissen Zeit werden Sie allein durch den Gebrauch des Yantra und des Mantra in der Lage sein, diese erregende Empfindung jederzeit und an jedem Ort zu erzeugen.

Vertiefte Sammlung der Konzentration

Der Schüler fragte den tantrischen Meister: »Wie soll ich wissen, daß ich ein Meister der Lust geworden bin? Das kann ich doch gewiß nicht allein feststellen?«

Und der tantrische Meister antwortete: »Jeder Schritt führt dich in neue Bereiche deines Wesens – Bereiche, die du nicht kennenlernen könntest, wenn du nicht zuvor die kleineren, vorausgehenden Schritte unternommen hättest. In dieser Weise wird Lust durch Lust erschaffen – durch die Rituale des Kennenlernens deiner selbst.«

Dieses Ritual ist eine Erweiterung des Konzentrations-Rituals, das mehrere Tage lang geübt werden sollte und beherrscht werden muß, bevor die folgenden Verfeinerungen hinzugefügt werden.

Vollziehen Sie das Konzentrations-Ritual, und wenn die Basis des Penis durch leichtes Pressen stimuliert worden ist, lösen Sie den Griff von Daumen und Zeigefinger. Lassen Sie die Zeigefinger abwärts gleiten, entlang der Penisbasis, bis das tiefste fühlbare Ende der Peniswurzel innerhalb des Hodensacks erreicht ist. Üben Sie gerade so viel Druck aus, um eine angenehme Empfindung zu erzeugen. Sprechen Sie das Mantra einmal, dann entspannen Sie die Zeigefinger und machen eine kurze Pause. Festigen Sie das Yantra.

Jetzt gleiten die Zeigefinger nach unten um die Hoden herum und verharren auf dem Perinäum, dem Bereich zwischen Hodensack und Anus. Üben Sie leichten Druck aus und sprechen Sie dabei zweimal das Mantra.

Lassen Sie die Finger noch weiter gleiten, bis Sie auf die Rektummuskeln drücken und eine angenehme Empfindung damit auslösen. Dieses Drücken sollte während zweier Mantras aufrechterhalten werden.

Dann legen Sie noch einmal Daumen und Zeigefinger um die Basis des Penis und verengen sie. Die Hände werden nun wieder locker auf den Bauch gelegt.

Nun beginnt der zweite Teil des Rituals. Versuchen Sie, ohne daß Sie Ihren Körper tatsächlich berühren, das Vorstellungsbild von den Fingern an den Lippen, an den Brustwarzen, dann auf dem Bauch, um den Penis, abwärts zum Hodensack und zum Perinäum, zu den rektalen Muskeln, um die Basis des Penis und schließlich zurück zum Bauch, zu erzeugen.

Jeder Schritt dieses Rituals sollte sorgfältig und langsam vollzogen werden. Das wichtigste dabei ist natürlich die Wahrnehmung – nicht nur Wahrnehmung der sensiblen Teile des Körpers, die berührt werden, sondern ebenso die Wahrnehmung der erotischen Verbindungslinien in Ihrem Körper. Dies ist ein sehr erregendes Ritual, aber es muß unter Beachtung der Ein-Stunden-Regel durchgeführt werden. Das Ritual und der Zeitraum einer Stunde danach sind der Anfang des Lernprozesses, Ihre sexuelle Energie unter Kontrolle zu bringen.

Körperliche Sammlung der Konzentration

Alles, was existiert, existiert im Geist. Der physische Körper ist nur eine Erweiterung des feinstofflichen Körpers, der im Vorstellungsbild des Yantra existiert. Der Körper und alle seine Funktionen stehen in Beziehung zum Yantra und zur Lust.

Die tantrische Literatur erkennt den doppelten Zweck des genital-urinären Systems an, aber anstatt diese Funktionen voneinander zu trennen, verwendet sie den Vorgang des Urinierens und des Gebrauchs der genitalen Muskeln dabei als logischen Teil des Wahrnehmungs-Rituals.

Nach dem Urinieren fassen Sie mit dem rechten Zeigefinger und Daumen an die Basis des Penis und führen sie unter Ausübung von etwas Druck in einer einzigen langsamen Bewegung bis zur Spitze.

Damit werden noch vorhandene Urinreste aus der Harnröhre entfernt, gleichzeitig die Wahrnehmungs-Rituale gefestigt, und es wird eine erregende sexuelle Empfindung erzeugt. Das ist auch eine Hilfe, um Hemmungen zu beseitigen, die Sie vielleicht hinsichtlich des Akzeptierens Ihrer normalen Körperfunktionen und ihrer Verbindung mit der Sexualität haben mögen.

Kontrolle der Lust und der Kraft

Der tantrische Meister sprach zu seinen Schülern in folgender Weise:

»Ihr habt nun die Ebene erreicht, auf der ihr die Freuden versteht, die euer Körper euch durch die Sinne gewährt. Und ihr habt diese Freuden mit Yantra und Mantra durchsetzt und sie gesammelt. Aber das ist erst der Anfang eurer Lust. Um weitere Höhen der Erregung zu erreichen, müßt ihr lernen, die Sinne der Lust zu kontrollieren. Darin liegen sexuelle Empfindungen, Energien und Kräfte, die über alles hinausgehen, was ihr euch jemals erträumt habt.«

Dies ist das *wichtigste* Ritual im Tantra. Es ist der Schlüssel zu allem, was erreichbar ist.

DAS KONTROLL-MANTRA

Die Laute: PAHHH. DAHHH. O-MAHHH.

Es sollte auswendig gelernt werden, indem man es leise oder laut singt oder im stillen spricht, je nachdem, wie es in den Übungen angegeben ist.

DAS KONTROLL-RITUAL

Legen Sie sich auf ein Bett, die Knie gespreizt, die Fußsohlen gegeneinander, und vollziehen Sie Ihr übliches Konzentrations-Ritual, das in das vertiefte Konzentrations-Ritual übergeht.

Kehren Sie am Ende dieser Rituale, nachdem Sie das abschlie-
ßende Wahrnehmungs-Mantra gesprochen haben, mit den Händen zum Penis zurück und ergreifen ihn wie zuvor fest mit
Zeigefingern und Daumen.

Sprechen Sie das Wahrnehmungs-Mantra, während Sie Druck
auf den Penis ausüben. Gleiten Sie mit den Fingern von der Basis
aufwärts bis zur Spitze und wieder nach unten zur Basis des Penis,
drücken, und wieder zurück zur Spitze. Konzentrieren Sie sich bei
diesen Bewegungen auf das Yantra-Bild dessen, was Sie tun, um
den Penis zur Erektion zu bringen. Und nun beginnen Sie zu
masturbieren, so wie es Ihnen gefällt. Die Position auf dem Bett,
Fußsohle gegen Fußsohle, muß beibehalten werden. Naturgemäß
werden noch andere sexuelle Bilder auftauchen, nur sollten Sie das
Wahrnehmungs-Mantra und -Yantra aufrechterhalten.

Sobald Sie den Orgasmus kommen spüren, sollten Sie sofort das
Kontroll-Mantra wiederholen, den Penis loslassen und die Hände
locker über dem Bauch falten. Sie werden sehr erregt sein, aber Sie
dürfen nicht weiter masturbieren, sondern müssen das Kontroll-
Mantra wiederholen, laut, wenn das hilft. Wenn Sie das Gefühl
haben, daß der Orgasmus dennoch kommen kann, sollten Sie
schnell Daumen und Zeigefinger der rechten Hand benützen, um
die Spitze des Penis fest zusammenzuklemmen, das wird die
Ejakulation verhindern.

Sobald Sie das Kontroll-Mantra sprechen, müssen Sie sofort Ihr
Yantra-Bild verändern. Konzentrieren Sie sich auf eine große
schwarze Leinwand, auf der die Worte des Kontroll-Mantra –
PAHHH, DAHHH, O-MAHHH – geschrieben stehen. Diese yantrische
Konzentration auf die Schwärze ist genauso wichtig wie die
Unterbrechung der Masturbation. Dies ist, zusammen mit dem
Klang des Mantra, der Schlüssel zur Kontrolle.

Wenn Sie sich um diese Kontrolle bemühen, werden Sie noch
immer sexuell stimuliert sein, aber die Erregung unter Kontrolle
haben.

Bleiben Sie weiterhin auf dem Bett liegen, bis Sie das Gefühl
haben, daß Sie vollkommen im Besitz der durch Mantra und
Yantra erworbenen Kontrolle sind. Dann können Sie aufstehen

und tun, was immer Sie wollen. Nur vor Ablauf einer Stunde dürfen Sie weder masturbieren noch sexuellen Verkehr haben.

Wenn Sie nach diesem Ritual gewöhnlichen Beschäftigungen nachgehen, wird Ihr sexueller Trieb noch sehr stark spürbar sein. Wiederholen Sie das Kontroll-Mantra und rufen Sie das Yantra-Bild zurück, um die Kontrolle aufrechtzuerhalten.

Falls Sie sich nach Ablauf einer Stunde in irgendeiner Weise sexuell betätigen, werden Sie feststellen, daß Ihre sexuelle Energie mit dem Vollzug des Kontroll-Rituals gewachsen ist. Sie werden einen höheren Grad der sexuellen Erregung und größere, intensivere Befriedigung erlangen. Genießen Sie die Zunahme Ihres sexuellen Vergnügens; denn jetzt brauchen Sie sich nicht um die tantrische Kontrolle zu kümmern.

Sie werden diese Übung zunächst als die schwierigste empfinden. Doch mit jedem der folgenden Male werden Sie sehen, daß die Kontrolle zunehmend leichter aufrechterhalten werden kann. Nach einiger Zeit werden Sie sich näher und näher an den Punkt des Orgasmus heranwagen und sich dann mit der tantrischen Kontrolle zurückhalten können.

Es wird nicht als ungewöhnlich betrachtet, daß man, wenn die Kontrolle aufgebaut ist, weiter masturbieren kann, wenn man das Mantra und das Yantra einsetzt. Dann ist man in der Lage, sich unbeschränkt an der Grenze zum Orgasmus aufzuhalten, während man ihn völlig unter Kontrolle hat.

Das ist allerdings erst nach einiger Zeit und bei regelmäßiger Praxis der Wahrnehmungs- und Kontroll-Rituale möglich.

Dieses Kontroll-Ritual sollte als eine Erweiterung der Konzentrations- und der vertieften Konzentrations-Rituale nach Möglichkeit bei Nacht vollzogen werden. So wie die Wahrnehmungs-Rituale ein Teil der aufzubauenden täglichen Ordnung sind, so muß dieses allerwichtigste Kontroll-Ritual ein Teil des Konditionierungsprozesses sein. Will man Wahrnehmung, Lust und Kontrolle erhöhen, muß man zuerst die nötige Ordnung der Rituale aufbauen und täglich praktizieren.

Sie werden nun verstehen, daß diese Rituale sich zu einer logischen Reihenfolge ergänzen und so angeordnet sind, daß sie stufenweise zu erhöhter Lust führen, wobei sie gleichzeitig befähigen, diese Lust auch unter Kontrolle zu halten.

Das Kontroll-Ritual ist das wichtigste Allein-Ritual des Tantra. Es mag als das schwierigste erscheinen, aber wenn die Anweisungen sorgfältig beachtet werden, wird man es bald beherrschen können. Die logische Folge dieses Kontroll-Rituals ist die Kanalisierung der sexuellen Kraft.

Kanalisierung der Kraft und der Energie

Das Tantra erzählt die Geschichte von den »ersten Menschen«, die von Kali und Mahakala erzeugt wurden:

»Am Anfang waren alle Menschen tantrische Meister. Sie vermehrten sich und weihten alle in das Wissen und die Freuden des Tantra ein. Aber nachfolgende Generationen ließen sich so sehr von den Freuden gefangennehmen, daß sie das Wissen um den Gebrauch ihrer sexuellen Energie für kreative Zwecke verloren.

Jeder Tantriker war ein Meister der Lust und der Kontrolle, um die Lust zu erhöhen. Aber die sich stets erneuernde Kraft und Energie erfüllten sie mit Furcht, denn sie hatten keine Verwendung dafür außer im Bereich der Lust.

Das Tantra erzählt die Geschichte von jener tantrischen Meisterin, die ihre Sensibilität und Lust täglich steigerte, aber keinen Schlüssel fand, um diese große Energie in andere Seinsbereiche zu lenken. Die Suche danach brachte ihr große Unzufriedenheit. Sie wurde unruhig und traurig, selbst inmitten der sinnlichen Freuden, die sie erfuhr.

Dann, eines Nachts, als sie ihren Geliebten in den Armen hielt und ihre Lust von ihm empfing, erbebten ihr Geist, ihre Gefühle und ihr Körper unter einer Vision: sie war von der Zweiheit von Kali und Mahakala umhüllt. Sie ließen ihren Körper zu solchen Höhen der Ekstase erglühen, daß die Tantra-Meisterin in einen traumartigen Zustand verfiel, wo sie an der Grenze zum Orgasmus festgehalten wurde, der nicht stattfand, weil Kali wiederholt das Yantra der Kontrolle in ihrem Geist gestaltete, während Mahakala das Mantra der Kontrolle in ihr Ohr flüsterte.

Im straff gespannten Netz von höchster Lust und Kontrolle hängend, hörte sie plötzlich ein neues Mantra von Mahakala, während Kali auf die Schwärze ihres Geistes ein Bild von all jenen Dingen des täglichen Lebens zeichnete, die eine Frau sich wünscht.

Plötzlich waren Kali und Mahakala verschwunden; aber sie hatten dieser tantrischen Meisterin das große Geheimnis des Tantra geschenkt: kontrollierte Kanalisierung.

Sie hatte das verlorene Geheimnis wiedergefunden. Und sie verriet dieses Geheimnis ihrem Geliebten und all jenen, die es erlernen wollten. Und sie betete zu Kali und Mahakala und gründete erneut den großen Kult der Ekstase, den man Tantra nennt.«

DAS KANALISIERUNGS-MANTRA

Die Laute: AHH. NAHH. YAHH. TAUNNN.

DAS KANALISIERUNGS-RITUAL

Sie haben das nächtliche Ritual der Wahrnehmung aufgebaut, sind weitergegangen zu den Ritualen der Konzentration und der vertieften Konzentration und haben diese bis zum Kontroll-Ritual durchgeführt. Sie sind an die Grenze zum Orgasmus gelangt und haben dann die Masturbation unterbrochen. Sie haben durch den Gebrauch des Kontroll-Mantra und -Yantra die Kontrolle erlangt.

Ihre Hände liegen locker auf dem Bauch, und Sie befinden sich noch immer in der Ausgangsposition auf dem Bett: nackt, die Knie gespreizt, die Fußsohlen aneinander.

Durch das Kontroll-Mantra und -Yantra sind Sie bis an den Punkt gekommen, an dem Sie sich unter Kontrolle haben. Sie haben den Orgasmus zurückgehalten, und obwohl Sie mit der Masturbation fortfahren oder sexuellen Verkehr haben möchten, halten Sie sich zurück, weil Sie sich unter Kontrolle haben und die Ein-Stunden-Regel nicht verletzen wollen.

Wenn Sie so weit gelangt sind, können Sie mit der tantrischen Kanalisierung beginnen:

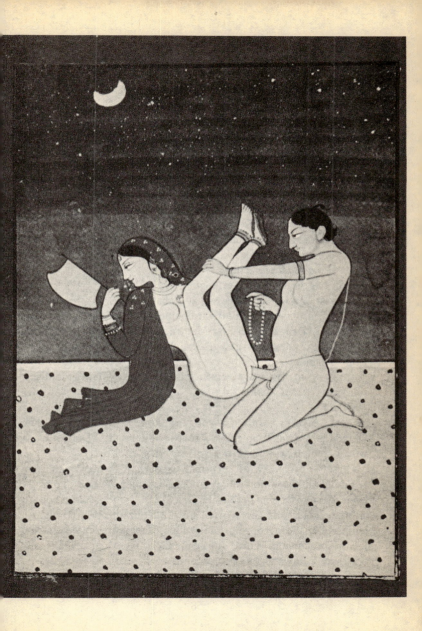

Bleiben Sie in dieser Stellung liegen und hören Sie mit dem Kontroll-Mantra und -Yantra auf. Selbstverständlich können Sie sie wieder aufnehmen, wenn das Verlangen nach sexueller Betätigung übermächtig wird. Lassen Sie nun im Geist ein Bild eines Problems entstehen, das Sie belastet hat. Stellen Sie sich also vor, daß Sie ein ernstes Problem zu lösen oder eine wichtige Entscheidung zu treffen haben; oder, daß Sie gereizt und nervös waren. Beginnen Sie über das Problem nachzudenken, sobald Sie die Kontrolle erlangt haben. Isolieren Sie es. Beginnen Sie mit dem Kanalisierungs-Mantra und wiederholen Sie es immer wieder, während Sie die Worte, die das Problem schildern, auf die schwarze Leinwand Ihres Yantra-Bildes »schreiben«.

Damit beginnt ein Konditionierungsprozeß, der Ihre Energie, die durch die große sexuelle Erregung entstanden ist, zur Lösung des Problems hinlenkt.

Der Prozeß ist einfach:

Man hat die Kontrolle erlangt.

Man ist bereit, seine Energie zu kanalisieren.

Die Position auf dem Bett wird beibehalten, und es wird damit begonnen, das Kanalisierungs-Mantra zu wiederholen, wobei man es mit einer isolierten Aussage bezüglich des Problems verbindet. Zum Beispiel:

»AHH. NAHH. YAHH. TAUNNN. Ich will ruhiger und geduldiger sein. AHH. NAHH. YAHH. TAUNNN.«

Oder:

»AHH. NAHH. YAHH. TAUNNN. Es kommt mir der richtige Gedanke, um das Problem zu lösen. Ich bin kreativ. Die Antwort wird kommen. AHH. NAHH. YAHH. TAUNNN.«

Dieser Vorgang wird sechsmal wiederholt, wobei man sich jedesmal auf dasselbe Problem (oder denselben Wunsch) konzentriert. Ihr Geist *kennt* bereits die *Details* des Problems, also bedarf es nur einiger weniger Worte, um die Konzentration darauf zu lenken. Um diese Konzentration zu intensivieren, »schreiben« Sie die gesprochenen Worte (einschließlich des Mantras) auf die schwarze Leinwand Ihres geistigen Bildes.

Wenn Sie die Worte des Kanalisierungs-Mantra sechsmal wie-

derholt haben, hören Sie auf und denken Sie nicht mehr an das Problem.

Jetzt sprechen Sie zweimal das Kontroll-Mantra. Dann wiederholen Sie zweimal das Wahrnehmungs-Mantra und stehen auf. Jetzt können Sie sich um die alltäglichen Angelegenheiten kümmern. Vergessen Sie nicht die Ein-Stunden-Regel. Sie werden sich noch immer in einem sexuell erregten Zustand befinden. Benützen Sie das Kontroll-Mantra und -Yantra, um die Kontrolle während der verlangten Stunde – oder länger, wenn Sie wollen – aufrechtzuerhalten.

Viele Tantriker vollziehen das Wahrnehmungs-, Kontroll- und Kanalisierungs-Ritual etwa eine oder zwei Stunden, bevor sie zu Bett gehen. Sie stehen nach der Übung auf, trinken ein Glas Wein, nehmen ein heißes Bad und gehen dann nach Ablauf einer Stunde zu Bett, bereit zum sexuellen Verkehr oder um zu schlafen.

Erwarten Sie nicht, daß die Lösung dieses Problems ganz plötzlich in Ihrem Geist hochschnellt. Versuchen Sie, nicht weiter darüber nachzudenken. Die sexuelle Konzentrationskraft arbeitet jetzt im Unbewußten für Sie. In irgendeinem unerwarteten Augenblick wird die Antwort auftauchen oder Sie werden feststellen, daß sich die erwünschten Ergebnisse eingestellt haben. Und mit jeder weiteren Nacht der Praxis der Wahrnehmungs-, Kontroll- und Kanalisierungs-Rituale wird Ihre Kraft wachsen.

Rituale für das Paar:
Die sieben Nächte des Tantra

Einführung

Die sieben Nächte des Tantra sind die klassischen Rituale der tantrischen Lehre. Zuerst wird durch die Sinne des Partners eine neue Wahrnehmungsfähigkeit der eigenen Sexualität wie auch dem Partner gegenüber entwickelt. Und im Verlauf des Aufbaus dieser neuen Wahrnehmungsfähigkeit werden falsche Zurückhaltung und Hemmungen überwunden und eine neue Offenheit und Direktheit in der Sexualität erlangt.

Dann werden die Nächte zu Nächten der Kontrolle. Diese Rituale bringen nicht nur die Kontrolle an sich, sondern führen auch zu einer tieferen Kommunikation zwischen Mann und Frau, wenn sie gemeinsam versuchen, neue Höhen der Ekstase zu erreichen.

Die Rituale der sieben Nächte des Tantra sollten, wenn möglich, in sieben aufeinanderfolgenden Nächten vollzogen werden. Doch ist das nicht unbedingt notwendig. Sie können auch in jeder zweiten Nacht praktiziert werden. Je kürzer allerdings die Zeitspanne ist, desto besser sind die Ergebnisse. Und die Rituale müssen unbedingt in der angegebenen Ordnung ausgeführt werden.

Wenn in einer der Nächte des Tantra die Kontrolle verlorengeht und es zu einem Orgasmus kommt, ist es am besten, das Ritual zu unterbrechen und die Ein-Stunden-Regel einzuhalten. Nach einer Stunde kann das Ritual noch einmal von Anfang an vollzogen werden.

Einer der wichtigsten Punkte bei diesen Ritualen ist der, daß uneingeschränktes Vertrauen und ungehemmte Kommunikation zwischen den Partnern besteht. Bevor man beginnt, sollten Anweisungen für die Rituale gemeinsam gelesen und jeder der Aspekte miteinander besprochen werden.

Die Ekstase, die hohe Freude der Liebe ist es, die in den sieben Nächten des Tantra erreicht werden soll, und dieses gemeinsame Ziel muß im Auge behalten werden.

Die Ein-Stunden-Regel ist in den sieben Nächten ebenfalls immer zu beachten. Während dieser einen Stunde sehr hoher sexueller Energie ist der Kanalisierungseffekt am wirksamsten. Diese Stunde wird nun selbst zu einem Teil des Rituals; sie dient nicht nur der durch die Kanalisierung gewonnenen Kraft, sondern erhöht auch die Wahrnehmung, die Kontrolle und die Lust.

Die Rituale selbst sollten sehr sorgfältig ausgeführt werden. Die Bedeutung und der Zweck mancher Anweisungen mögen nicht gleich einleuchtend sein, aber sie müssen genau befolgt werden, wenn sie ihren Zweck erfüllen sollen.

Auch die einfachsten Anweisungen sollten nicht ignoriert oder oberflächlich übergangen werden. Paare neigen oft zu einer Haltung wie: »Aber ich weiß doch, wie's geht«, oder: »Wir haben so was schon früher gemacht; wir können das auf unsere Weise.« Das sind die Fallgruben, vor denen die tantrischen Texte warnen. Einer der ältesten Texte sagt: »Laßt den Mann oder die Frau, der oder

die ein Wissender ist, lehren. Laßt jene, die noch nicht die höchste
Ebene erreicht haben, lernen.«

Es ist wichtig, daß die Rituale des Mannes beziehungsweise der
Frau beherrscht werden, bevor das gemeinsame Ritual praktiziert
wird. Die Schöpfer des Tantra waren sich bewußt, daß der Schüler
den Wunsch haben würde, die Grund-Rituale für Mann oder Frau
schnell »hinter sich zu bringen«, um zu den gemeinsamen Ritualen
zu kommen. Aus diesem Grund ist die Wiederholung der Einzel-
Rituale ein Teil der gemeinsamen Rituale.

DIE ERNÄHRUNG

Für diese Nächte empfehlen die tantrischen Texte dem Paar einen
kleinen Imbiß. Es sollten leichte Speisen sein, doch kann das Mahl
genausogut aus Champagner und Kaviar wie aus Bier und Brezeln
bestehen. Das ist einer der Bereiche, in denen die Tantriker ihre
eigene Wahl treffen können.

DAS LICHT

Die Beleuchtung in den Räumen ist ein wichtiger Faktor.

Die tantrischen Texte sprechen von vier Lichtquellen, wenn kein
Tageslicht vorhanden ist.

Der Gesichtssinn ist außerordentlich wichtig. Wenigstens zwei
Lampen, oder wenn man will einige Kerzen, sollten am Kopfende
und am Fußende des Bettes brennen.

Auf jeden Fall sollte das Licht nicht gelöscht werden: »Tantra
verabscheut die Dunkelheit.«

Die erste Nacht des Tantra

Der tantrische Meister führte sie zusammen, Mann und Frau, zur
ersten Nacht des Tantra.

Und der Meister sprach: »Ihr habt einander durch eure Anwesenheit eure Einwilligung bekundet. Ihr werdet die Ekstase von

Kali und Mahakala kennenlernen, wenn ihr den Weg der Suche nach der vollkommenen Vereinigung beschreitet, die alles transzendiert und wahre Erleuchtung bringt.«

Und der tantrische Meister führte sie, einen jeden und beide zusammen, durch das Ritual.

In der ersten Nacht des Tantra sollte das Paar beieinander sitzen, ohne sich jedoch zu berühren. Es kann etwas Wein oder ein anderes alkoholisches Getränk getrunken werden.

Das Paar sollte sich nur leicht küssen, wobei sich der Mann völlig passiv verhalten sollte. Die Frau beginnt ihn langsam zu entkleiden; sie beginnt mit den Schuhen und Socken, dann Hose, Hemd und Unterwäsche. Den Teil seines Körpers, den sie entblößt hat, sollte sie betrachten, aber nicht berühren, und dabei das Wahrnehmungs-Mantra stumm wiederholen. So kann sie die Befangenheit beim Aussprechen des Mantra vor ihrem Partner überwinden.

Wenn der Mann ausgezogen ist, beginnt der Mann die Frau auszuziehen, wobei er genauso vorgeht wie sie: Er wiederholt ebenfalls stumm das Wahrnehmungs-Mantra und betrachtet den Bereich ihres Körpers, den er entkleidet hat.

Nun beginnt das Wahrnehmungs-Ritual. Der einzige Unterschied besteht darin, daß er, anstatt sich wie vorher auf sein eigenes Spiegelbild zu konzentrieren, seine Konzentration auf das Bild der Frau vor ihm richtet. Er spricht das Wahrnehmungs-Mantra und berührt mit den Fingerspitzen ihre Lippen, die Brustwarzen, ihren Bauch; seine Hände gleiten nach unten durch das Schamhaar und verharren auf dem Schambein. Bei jedem Punkt wiederholt er das Wahrnehmungs-Mantra und richtet seinen Blick und seine Konzentration auf die Bereiche, die er berührt.

Dann schließt er seine Augen und gestaltet im Geist das Bild der Frau, so wie er vorher sein eigenes Spiegelbild gestaltete. Er behält die Augen geschlossen, wenn die Frau seine Hände zuerst an ihre Lippen, dann zu den Brustwarzen, dann zum Bauch, dann zum Venushügel führt. Bei jedem Punkt verharrt sie, bis sie ihn das Wahrnehmungs-Mantra hat sagen hören und weiß, daß er den berührten Bereich verinnerlicht hat.

Das Ritual sollte langsam vor sich gehen, so daß der Partner es genießen kann, zu berühren und berührt zu werden.

Während er die Augen geschlossen hatte, nahm er im Geist das Bild und die sinnliche Empfindung von jedem Teil ihres Körpers, den er berührt hatte, wahr.

Daraufhin wiederholt die Frau den Vorgang ihrerseits, indem sie den Körper des Mannes betrachtet, wie sie ihr eigenes Spiegelbild im Wahrnehmungs-Ritual betrachtete. Sie berührt die Lippen des Mannes, die Brustwarzen, seinen Bauch, dann gleiten Daumen und Zeigefinger abwärts durch das Schamhaar und umfangen den Penis an seiner Basis und verengen sich zu leichtem Druck. Bei jedem Punkt verharrt sie lange genug, um das Wahrnehmungs-Mantra zu sprechen und den berührten Körperteil zu verinnerlichen.

Sie betrachtet den Mann und schließt dann ihre Augen, um ein klares Bild des Mannes in ihrem Geist entstehen zu lassen. Der Mann ergreift ihre Hände und führt sie zu seinen Lippen; dann zu jeder Brustwarze; dann zum Bauch; dann abwärts zur Penis-Basis, die umfaßt und gedrückt wird wie zuvor. Der Mann hält die Hände der Frau so lange auf jedem Punkt fest, bis er sie das Wahrnehmungs-Mantra hat sprechen hören. Die Frau hält die Augen geschlossen, wobei sie im Geist das Yantra und die sinnlichen Eindrücke, die sie von jedem berührten Teil des männlichen Körpers empfängt, wahrnimmt.

Die Partner umarmen einander, setzen sich einander gegenüber an einen Tisch. Sie schauen sich schweigend an und reichen einander dann über den Tisch hinweg die Hände und sprechen ein Wahrnehmungs-Mantra.

Das Paar begibt sich jetzt in getrennte Zimmer. Wenn die Frau allein ist, nimmt sie die Haltung des Wahrnehmungs-Rituals ein, nackt, auf dem Rücken liegend, die Fußsohlen gegeneinander, und vollzieht das Wahrnehmungs-Ritual und das Kontroll-Ritual. In einem anderen Zimmer vollzieht der Mann ebenfalls beide Rituale.

Es ist absolut notwendig, daß diese Rituale allein ausgeführt werden. Man sollte sich nicht durch das Wissen ablenken lassen, daß der Partner im Zimmer nebenan dasselbe tut. Es ist gerade diese verstärkte sexuelle Stimulation und die dadurch verlangte verstärkte Kontrolle, die nötig sind, um das tantrische Ziel zu erreichen.

Wenn das Kanalisierung-Ritual beendet ist, wird das Kontroll-Mantra laut wiederholt.

Wenn beide Partner den anderen das Kontroll-Mantra haben laut sprechen hören, stehen beide auf und begegnen sich wieder. Dieser Augenblick wird eine starke Kontrolle verlangen, denn natürlich nimmt jeder die Erregung des anderen wahr; der Penis ist erigiert, die Brustwarzen sind ebenfalls erregt und aufgerichtet, die Klitoris und die Schamlippen geschwellt.

Das Paar sollte sich wieder an den Tisch setzen und etwas Wein trinken. Dann reicht es sich die Hände und wiederholt das Kontroll-Mantra, ohne weiter miteinander zu sprechen.

Das Kontroll-Mantra sollte so laut und so oft wiederholt werden, wie es nötig ist, um die Kontrolle aufrechtzuerhalten.

Während der folgenden Stunde sollte das Kanalisierungs-Mantra benützt werden. Es hat in dieser mit sexueller Erregung und Energie aufgeladenen Atmosphäre größte Wirksamkeit.

Wenn beide glauben, sich ganz unter Kontrolle und die Kanalisierung vollzogen zu haben, können Sie miteinander sprechen, aber jede Berührung muß vermieden werden.

Wenn man das Gefühl hat, daß die Kontrolle entgleitet, so wiederhole man das Kontroll-Mantra und das so wichtige Kontroll-Yantra. Das Kontrollbild wirkt am besten – ob allein oder in der Paarsituation –, wenn das Mantra gesprochen und zugleich die Worte des Mantra in großen weißen Buchstaben auf die schwarze Leere des Vorstellungsbildes »geschrieben« werden. Dabei verdoppelt der Geist die Konzentration, und die Kontrolle erfolgt leichter und schneller.

Nun kann ein kleiner Imbiß eingenommen werden, und das Paar hat eine ganze Stunde Zeit für eine vertrauliche verbale Kommunikation.

Erst wenn die Stunde vorbei ist – und es muß eine ganze Stunde sein –, kann das Paar sexuellen Verkehr haben, oder es kann tun, was immer es beliebt.

Durch den sexuellen Akt – auch wenn der Körper durch die

postkoitale Phase der Sättigung, die man »Erlösung« nennt, gegangen ist – ist eine gewaltige Energie und Konzentration geschaffen. Diese können am besten genützt werden, wenn beim Schlafengehen das Kanalisierungs-Mantra und die Yantra-Imagination verwendet werden, um sie in anderen Lebensbereichen einzusetzen.

»Auf diese Weise werdet ihr über eure körperliche Vereinigung hinaus, über die Lust hinaus, über die Zeit hinaus miteinander verbunden zu einem Wesen.«

Die zweite Nacht des Tantra

Der tantrische Meister sprach zu Frau und Mann: »Keinen geheimen Bereich eures körperlichen Seins sollt ihr voreinander verbergen. Ihr sollt den Körper des anderen ansehen wie euren eigenen; den Geist des anderen wie euren eigenen; das Yantra und Mantra des anderen wie euer eigenes; die Lust des anderen wie eure eigene.

Versucht selbst das kleinste Teilchen des anderen kennenzulernen und teilt alles, auch das Kleinste, miteinander. Darin liegen die Freuden und Kräfte, die euer sein können.«

In der zweiten Nacht ist es die Frau, die zuerst vom Mann entkleidet wird wie in der ersten gemeinsamen Nacht zuvor. Er wiederholt bei jedem Kleidungsstück, das er entfernt, das Wahrnehmungs-Mantra, bis sie völlig nackt ist.

Dann entkleidet die Frau ihn, wobei auch sie wieder bei jedem entfernten Kleidungsstück das Wahrnehmungs-Mantra spricht, bis er völlig nackt ist. Dann stehen Frau und Mann einander gegenüber und vollziehen den »Spiegel«-Teil des Wahrnehmungs-Rituals wie in der vorangegangenen Nacht, zuerst mit offenen, dann mit geschlossenen Augen. Die Partner umarmen einander und küssen sich lange und intensiv – aber mit keinem anderen Stimulans als dem Kuß selbst und der Nähe der Körper.

Das Paar geht anschließend in das Badezimmer. Ein heißes, dampfendes Wannenbad sollte bereit sein. Man kann ebensogut auch duschen. Der Mann setzt sich in die gefüllte Wanne. Die Frau kniet an seiner Seite nieder und wäscht zuerst seine Schultern, seinen Rücken und seine Brust. Dann wäscht sie seine Genitalien, dabei sollte sie keinen Versuch unternehmen, die Genitalien zu stimulieren. Das Waschen allein, mit Seife und Lappen, und dann das Spülen werden sich als genügend erregend erweisen. Danach steigt der Mann aus der Wanne, und die Frau trocknet seinen Körper mit einem warmen Badetuch ab.

Nun kann je nach Wunsch die Wanne neu gefüllt oder dasselbe Wasser benützt werden. Jetzt wäscht der Mann ihren Rücken, ihre Schultern, ihre Brüste. Dann erhebt sich die Frau in kniende Haltung, und er wäscht ihre Genitalien. Aber er sollte keinen Versuch zu genitaler Stimulierung unternehmen. Der Mann trocknet sie danach mit einem warmen Badetuch ab.

Die Intimität des Badens erhöht die Wahrnehmung des anderen Körpers und hilft, Hemmungen zwischen den Partnern zu beseitigen.

Die tantrischen Texte führen diese Beseitigung der Zurückhaltung noch einen Schritt weiter mit dem Hinweis, daß, wenn ein Partner urinieren möchte, bevor er in die Wanne steigt, er dieses vor den Augen des Partners tun sollte. Einander bei den normalen Funktionen des Körpers zuzuschauen, erhöht nicht nur die Intimität, sondern, was noch wichtiger ist, es ermöglicht den Partnern, ihre Befangenheit zu verlieren, indem sie den anderen Zeuge von Vorgängen sein lassen, die gemeinhin als etwas ganz Persönliches betrachtet werden, bei dem man besser allein sei.

Nach dem werden wie in der ersten Nacht wieder getrennte Zimmer aufgesucht. Wieder werden das Wahrnehmungs-Ritual und das Kontroll-Ritual vollzogen. Ist die Kontrolle erlangt und das Kanalisierungs-Ritual vollzogen, trifft sich das Paar wieder und setzt sich an den Tisch. Wie in der vergangenen Nacht kann die Kontrolle Schwierigkeiten machen, aber sie muß aufrechterhalten werden. Das »Schreiben« der Worte des Mantra auf das Yantra-Bild bleibt nach wie vor der *Schlüssel* zum Aufbauen und Aufrechterhalten der Kontrolle. Das Kanalisierungs-Mantra wird in dieser von sexueller Energie und Kraft aufgeladenen Atmosphäre so oft wiederholt, wie es notwendig ist, und es wird etwas Wein getrunken und ein kleiner Imbiß verzehrt.

In dieser Nacht erlaubt das Tantra eine gewisse Einschränkung der Ein-Stunden-Regel, und zwar zu einem bestimmten Zweck.

Wenn *fünfundvierzig* Minuten vergangen sind, setzt sich das Paar auf dem Bett einander gegenüber. Die Frau sollte die Knie anziehen und sie so weit spreizen, wie es für sie angenehm ist.

Der Mann legt seine Beine über die Schenkel der Frau, so daß seine Füße ihr Gesäß zu beiden Seiten berühren.

Dies nennt man »Die kontemplative Haltung des Tantra«.

Ihre Hände liegen jeweils auf den Knien des anderen. In dieser kontemplativen Haltung sind die Genitalien gut sichtbar, die Körper jedoch getrennt.

Das Wahrnehmungs-Mantra wird gesprochen, und die Partner schauen einander zuerst ins Gesicht, dann auf die Brustwarzen, dann auf den Nabel und schließlich auf den Penis oder die Vagina.

Ohne Bewegung sollte sich dann jeder auf die Genitalien des anderen konzentrieren. Das Wahrnehmungs-Mantra wird zweimal gesprochen. Daraufhin schließen die Partner ihre Augen und lassen in ihrem Geist das Bild der Geschlechtsorgane des Partners entstehen. An diesem Punkt sollte das Yantra-Bild lebhaft werden und ein gesamtes Bild des Partners entstehen:

Der Mann stellt sich die Vagina der Frau vor, wie sie sich öffnet und seinen Penis tief in sich aufnimmt.

Wenn dieses Bild gestaltet ist, sollten die Partner mit dem Kontroll-Mantra beginnen und ihre Augen öffnen. Das bewirkt ein Wiederaufleben der sexuellen Erregung. Diese Stellung wird während einer dreimaligen Wiederholung des Kontroll-Mantra beibehalten, und die Partner schauen dabei auf die Genitalien des anderen. Dann werden die Augen geschlossen und das Kanalisierungs-Mantra und -Yantra verwendet.

Danach umarmen sich die Partner und vollziehen den Liebesakt, wie immer sie wollen, mit völliger Freiheit und Freude. Die erhöhte Erregung, die dieses Ritual bewirkt hat, kann nun genossen werden.

Wenn sich das Paar danach in den Armen liegt, um zu schlafen, sollte nicht vergessen werden, daß jetzt machtvolle Energien im Unterbewußtsein arbeiten.

Die dritte Nacht des Tantra

Der tantrische Meister sprach:

»Frau und Mann gewannen ihre Freude aus den Zentren der Lust, die ein jeder im anderen erlebte. Ein jeder hat abwechselnd gegeben und empfangen; und so erfährt die Kette der Lust keine Unterbrechung; die Energie ist erschaffen, ist gewachsen; die Macht über das Universum ist erlangt.

In der rituellen Lobpreisung Kalis wird der Mann danach trachten, seine gewaltigen Kräfte um der Lust willen zu beherrschen, und seinen Geist und Körper weiht er der Aufgabe, der Frau Lust zu geben.

Gleicherweise wird die Frau in der rituellen Form der Lobpreisung Mahakalas alle Energie und Fähigkeit zur unbegrenzten Lust an sich selbst unter Kontrolle nehmen und ihren Geist und Körper der Aufgabe weihen, dem Manne Lust zu geben.«

Wieder wird das Mahl bereitgestellt, und jeder trinkt etwas Wein.

Nachdem der Mann sein Glas geleert hat, beginnt er sich zu entkleiden, während die Frau ihm zusieht. Wenn er völlig nackt vor ihr steht, schließt er die Augen. Dann beginnt er mit dem Wahrnehmungs-Ritual: die Fingerspitzen an die Lippen, dann Lockern der Arme; dann die Fingerspitzen an jeder Brustwarze und Anwendung von Druck; dann Verharren der Fingerspitzen auf dem Bauch und Niedergleiten zum Penis, den er mit den Fingern umfaßt und in der beim Wahrnehmungs-Ritual üblichen Weise drückt. Bei alledem hält er das Bild seines Tuns im Geist fest und spricht bei jedem Teil seines Körpers, den er berührt, das Wahrnehmungs-Mantra.

Seine Partnerin betrachtet jede Bewegung aufmerksam und achtet vor allem auf die Art und Weise, wie der Mann das vom Ritual vorgeschriebene Berühren der verschiedenen Teile seines Körpers vornimmt.

Dann entkleidet sich die Frau, wobei sie jedes Kleidungsstück langsam auszieht. Der Mann sieht ihr sitzend zu.

Wenn sie nackt vor ihm steht, schließt sie fest die Augen. Sie beginnt mit dem Wahrnehmungs-Ritual und berührt zuerst mit den

Fingern ihre Lippen; dann beide Brüste und Brustwarzen; dann den Bauch; dann gleiten die Finger langsam abwärts und vollziehen das rituelle Berühren der Klitoris. An jedem Punkt verharrt die Frau lange genug, um einmal das Wahrnehmungs-Mantra zu sprechen; während des ganzen Rituals hält sie das Yantra ihres Tuns im Geist fest.

Beide Partner sollten das Wahrnehmungs-Ritual oft genug praktiziert haben, um es langsam vollziehen, das Bild aufrechterhalten und das Mantra ohne Zögern rezitieren zu können. Es sollte keine Befangenheit aufkommen, weil der Partner zuschaut. Der Zweck dieses Teils der Übung ist, alle Hemmungen zwischen den Partnern zu beseitigen, wie auch eine neue Dimension ihrer Wahrnehmungsfähigkeit zu erschließen.

Wenn die Frau das Ritual der Erweckung vollzogen hat, umarmen und küssen sie sich; die Berührung ihrer Lippen und ihrer Körper ist der einzige Kontakt zwischen ihnen.

Wie in der vorangegangenen Nacht gehen sie jetzt ins Bad.

Die tantrischen Texte geben eindeutig zu verstehen, daß das Baden ein Teil dieser Übungen ist. Aber der Nachdruck liegt auf dem Baden der Genitalien (einschließlich Hüften und Anus) und der Brust.

Zum Beispiel kann die Wanne zu einem Drittel gefüllt werden, und Mann und Frau knien abwechselnd im warmen Wasser, während der Partner Brust und Genitalien mit einem warmen Seifenlappen wäscht und ihn abtrocknet. Man kann auch gemeinsam duschen, einander waschen und einander dann abtrocknen.

Nach dem Bad gehen beide *gemeinsam* ins Schlafzimmer.

Das Schlafzimmer sollte wieder, wie schon empfohlen, beleuchtet sein. Das Tantra verabscheut die Dunkelheit und den Verlust des Gesichtssinnes und der daraus gewonnenen Empfindungen.

Nun legt sich der Mann in der Haltung des Wahrnehmungs-Rituals auf das Bett, die Knie auseinander, die Fußsohlen zusammen, die Hände auf dem Bauch gefaltet.

Die Frau setzt sich passiv an das Fußende des Bettes, so daß sie ihm dabei zuschauen kann.

Die Frau sollte mit stiller, konzentrierter Aufmerksamkeit jeder

Bewegung des Mannes folgen und dabei vor allem genau die Art und Weise beachten, wie er sich berührt.

Der Mann schließt fest die Augen und beginnt, für sich das Wahrnehmungs-Mantra zu sprechen, wobei er in seinem Geist ein lebendiges Bild seiner selbst entstehen läßt, wie immer bei dieser Übung. Das Bild muß deutlich sichtbar sein, dann beginnt der Mann folgendermaßen:

Er faltet zuerst die Hände über dem Bauch. Dann berührt er seine Lippen. Yantra und Mantra werden bei dieser wie bei allen weiteren Bewegungen im Geist aufrechterhalten. Dann liegen die Hände wieder auf dem Bauch. Als nächstes werden mit Daumen und Zeigefinger die Brustwarzen leicht gerollt. Wieder kehren die Hände zum Bauch zurück, gleiten dann abwärts durch das Schamhaar, umfassen den Penis und drücken auf die Penisbasis. Wenn die Hände wieder auf dem Bauch liegen, wird das Wahrnehmungs-Mantra dreimal gesprochen. Danach wird das Ritual wiederholt. Dies ist eine Abweichung vom Konzentrations-Ritual, in dem üblicherweise die zweite Phase nur in der Vorstellung besteht. Diesmal berühren Daumen und Zeigefinger tatsächlich noch einmal die Lippen, die Brustwarzen, den Bauch und den Penis.

Nach dem Druck auf den Penis wird das Mantra noch einmal gesprochen, während die Zeigefinger nach unten gleiten und dem Umriß des Penis bis zu seiner tiefsten wahrnehmbaren Basis im Hodensack folgen und eben genügend Druck ausüben, um ein Lustgefühl zu erzeugen. Dann wird das Perinäum berührt, wo der Druck wiederholt wird. Die Fingerspitzen werden zu den rektalen Muskeln geführt und dort wird nach innen Druck ausgeübt. Anschließend wird noch einmal die Penisbasis umfaßt und gedrückt. Daraufhin kehren die Hände zum Bauch zurück, und drei Wahrnehmungs-Mantras werden gesprochen. Die Augen werden geöffnet, das Ritual ist beendet.

An dieser Stelle sollte kein Gespräch stattfinden. Die Konzentration auf das Ritual selbst sollte den Vorrang haben.

Jetzt legt sich die Frau auf das Bett und nimmt dieselbe Haltung ein: die Hände über dem Bauch gefaltet, die Knie auseinander, die Fußsohlen gegeneinander.

Die Augen sind fest geschlossen, das Mantra wird wiederholt und das Yantra aufgebaut. Das sollte ganz ohne Eile geschehen. Jede Facette des Bildes muß sichtbar sein, ehe das Ritual beginnt.

Der Mann sitzt passiv und schweigend am Fußende des Bettes. Jetzt führt die Frau ihre Finger an die Lippen und kehrt dann mit den Händen zum Bauch zurück.

Die Hände berühren die Brustwarzen, rollen sie auf angenehme Weise und kehren dann zum Bauch zurück.

Die Hände gleiten langsam abwärts durch das Schamhaar, über den Venushügel und verharren auf der Vagina. Die Daumen öffnen langsam die Schamlippen, und die Zeigefinger drücken gegen die Klitoris. Danach liegen die Hände wieder auf dem Bauch, und das Wahrnehmungs-Mantra wird dreimal wiederholt.

Dann wird das Ritual noch einmal wiederholt. Finger an die Lippen; dann an die Brustwarzen; dann zum Bauch; dann über den Venushügel zur Vagina; die Daumen öffnen die Schamlippen, die Zeigefinger drücken gegen die Klitoris.

Danach kehren die Hände nicht zum Bauch zurück, sondern liegen locker auf der Vagina. Die Zeigefinger gleiten abwärts, bis sie das Perinäum berühren und darauf drücken. Sie kehren dann zur Vagina zurück, öffnen die Schamlippen und drücken gegen die Klitoris. Die Hände entspannen sich wieder auf der Vagina.

Das Wahrnehmungs-Mantra wird gesprochen, und die Hände gleiten über das Perinäum und üben Druck auf die rektalen Muskeln aus. Dann kehren die Hände zur Vagina zurück, öffnen die Schamlippen und drücken gegen die Klitoris. Schließlich liegen die Hände wieder auf dem Bauch, und das Wahrnehmungs-Mantra wird dreimal wiederholt.

Nachdem nun beide das Wahrnehmungs-Ritual vollzogen haben, setzen sie sich wieder an den Tisch und sprechen das Wahrnehmungs-Mantra. Sie trennen sich dann, begeben sich in verschiedene Zimmer und vollziehen nun getrennt voneinander noch einmal das Wahrnehmungs-Ritual. Dann folgt das Kontoll-Ritual: man stimuliert sich bis zum Orgasmus und hält ihn dann zurück.

Ist die Kontrolle erlangt, folgt das Kanalisierungs-Ritual.

Nach Beendigung des Kanalisierungs-Rituals begeben sich

beide Partner wieder an den Tisch und können nun das vorbereitete Mahl einnehmen. Um die Kontrolle aufrechtzuerhalten, werden das Kontroll-Mantra und das Kontroll-Yantra benützt. Um die Kanalisierung zu verstärken, sollte auch das Kanalisierungs-Mantra und -Yantra verwendet werden.

Wenn etwa fünfundvierzig Minuten vergangen sind, setzen sich die Partner wie am Abend zuvor einander in der kontemplativen Haltung des Tantra gegenüber – die Knie der Frau angewinkelt, die Füße flach auf dem Boden, die Beine gespreizt. Der Mann setzt sich ihr gegenüber, seine Füße liegen zu beiden Seiten ihres Gesäßes; beider Hände liegen auf den Kniescheiben des anderen.

Nun konzentrieren sich beide auf die Genitalien des anderen, wobei zweimal das Wahrnehmungs-Mantra gesprochen wird.

Die Frau nimmt dann ihre Hände von dem Knien des Mannes, lehnt sich aus der Hüfte vor und ergreift die Genitalien des Mannes. Mit nach oben gerichteten Handflächen legt sie Zeigefinger und Daumen um die Basis von Penis und Hodensack. Die Zeigefinger schieben sich unter die Basis des Hodensacks und die Daumen schließen sich oben um den Penis. Dann schließen sich auch die Hände und halten Penis und Hodensack dazwischen fest, wobei sie gerade nur so viel Druck auf die Organe ausüben, daß es dem Partner ein angenehmes Gefühl gibt.

Daraufhin spricht der Mann das Wahrnehmungs-Mantra und spannt dabei die Muskeln in seinen Leisten in der Weise an, wie es in der yantrischen Körperübung ausgeführt ist, ganz so, wie er es macht, wenn er allein übt. Noch einmal spricht er während des Anspannens das Wahrnehmungs-Mantra und schließt fest seine Augen, um eine Vorstellung der Muskelanspannung, der »Röhren« und des »Füllens« entstehen zu lassen, seine Augen bleiben geschlossen.

Dann entspannt er die Muskeln. Die Bewegung der Kontraktion entsprechend der Vorstellung sollte für die Frau gut spürbar sein, und sie sollte ihm sagen, daß sie es fühlt. Der Mann öffnet die Augen *nicht*. Er wiederholt das Anspannen der Muskeln, die Vorstellung und das Mantra, wobei er die Muskeln so lange gespannt läßt, wie es ihm angenehm ist. Und ein drittes Mal spannt der Mann die Muskeln an, hält das Vorstellungsbild aufrecht, die Augen geschlossen, und spricht das Mantra ein drittes Mal. Darauf entspannt er sich wieder.

Dann lockert die Frau die Zeigefinger unter den Hoden und läßt sie aufwärts gleiten, so daß ihre Finger und Daumen die Penisbasis umfassen. Sie verstärkt den Druck ein wenig und zieht ihre Hände, die den Penis umfassen, weg vom Körper des Mannes, vor bis zur Spitze des Penis. Dann kehren ihre Hände zu den Knien des Mannes zurück. Der Mann hat jetzt eine Erektion. Wenn er sehr heftig erregt ist, sollte er laut das Kontroll-Mantra sprechen, damit die Frau weiß, daß sie warten muß, bis er die Kontrolle wieder erlangt hat.

Die Frau sollte nur die vorgeschriebenen Handlungen ausführen – sie sollte nicht zusätzlich streicheln oder massieren.

Beide sprechen zweimal das Kontroll-Mantra, um ihre Kontrolle zu festigen.

Der Mann nimmt jetzt die rechte Hand von ihrem Knie und lehnt sich aus der Hüfte vor, während die Frau mit geschlossenen Augen passiv bleibt.

Sein rechter Daumen und Zeigefinger teilen die Schamlippen der Frau und sind darauf bedacht, die Klitoris nicht zu berühren oder zu stimulieren. Sind die Schamlippen geöffnet, führt er vorsichtig den rechten Zeigefinger in die Vagina ein, wobei die rechte Handfläche nach oben weist, Daumen und Finger zur Faust geschlossen, damit sie nicht im Wege sind. Der Mann hält seinen Finger ganz still und konzentriert sich auf das Fühlen der Kontraktion der vaginalen Muskeln.

Die Frau läßt dann ein Vorstellungsbild von diesem Ritual entstehen, als wenn sie es allein vollzieht. Dazu spricht sie das Wahrnehmungs-Mantra und spannt die vaginalen Muskeln an. Dann lockert sie die Muskeln wieder.

Der Mann sollte auch verbal ausdrücken, daß er die Bewegung der vaginalen Muskeln mit seinem Finger spüren kann.

Die Muskeln werden ein zweites Mal angespannt, die Vorstellung gefestigt und das Mantra gesprochen; dann wird die Spannung gelockert, nachdem sie so lange wie möglich aufrechterhalten wurde.

Es folgt ein drittes Mal – wieder wird die Muskelanspannung so lange wie möglich aufrechterhalten und vom Yantra und Mantra begleitet.

Nachdem die Frau sich wieder entspannt hat, zieht der Mann seinen Finger aus der Vagina, wobei er leichten Druck nach oben ausübt. Dabei gleitet der Finger über die Klitoris. Dann kehrt die Hand ohne Zögern zum Knie der Partnerin zurück.

Sofern einer der Partner während dieses Rituals in zu heftige Erregung kommt, soll sie oder er augenblicklich das Kontroll-Mantra sprechen und sich völlig auf das Kontroll-Yantra konzentrieren.

Wenn dieses Ritual in der kontemplativen Haltung ausgeführt wird, nachdem das Kontroll-Ritual allein vollzogen wurde und die geforderte Stunde vergangen ist, so fördert dieses Ritual die Wahrnehmung; die Muskelkontraktionen des Rituals werden »geteilt«; und ein weiterer Aspekt der Kontrolle, des Schlüssels zum Tantra, ist erlangt.

Nachdem dieses kontemplative Ritual vollendet ist, sollte das Paar zu Bett gehen, um einander und die erhöhte Wahrnehmungsfähigkeit füreinander zu genießen, ohne an irgend etwas anderes als an die gemeinsame Lust zu denken.

Und auch dieses Mal sollten beide wieder das Kanalisierungs-Mantra und -Yantra mit in den Schlaf nehmen und so den großen Schatz von Energie und Konzentration nutzen, den sie angesammelt haben.

Die vierte Nacht des Tantra

Auch wenn der tantrische Meister während der sieben Nächte des Tantra nicht körperlich anwesend ist, so ist doch seine Anwesenheit während der Rituale spürbar.

Der tantrische Meister spricht die Emotionen, den Körper und den Geist an.

Das Band des Tantra zwischen Mann und Frau wird durch die Rituale geschaffen. Wie der tantrische Meister sagt:

»Fragt nicht danach, ob andere die Begegnung eurer Körper in der Lust verstehen, oder ob sie die Begegnung eures Geistes verstehen. Diejenigen, die keine Erfahrung haben, können es nicht wissen. Versucht nichts zu erklären, denn die Worte werden euch im Stich lassen. Öffnet statt dessen euren Körper, euer Denken, eure Gefühle und euren Geist nur für jene, die ebenfalls die Erfahrung des Rituals gemacht haben. Diese werden verstehen. Und euer Miteinanderteilen des Wissens durch den Austausch der Worte mit anderen Tantrikern kann dazu dienen, weiteres Verstehen in euch selbst anzuregen.«

Das Arrangement für dieses Ritual ist dasselbe wie in den vorangegangenen Nächten. Das Paar trifft sich am Tisch und trinkt etwas von dem bereitgestellten Wein.

Ist das Glas geleert, so steht der Mann auf und zieht sich langsam seine Kleider aus, wobei die Frau ihm zuschaut. Dann zieht sich die Frau ebenfalls langsam aus, wobei ihr der Mann zuschaut. Sie umarmen und küssen sich und gehen ins Bad, wo sie sich wie in den Nächten zuvor gegenseitig waschen. Dann gehen beide zum Tisch zurück und bleiben dort für ein paar Minuten still sitzen.

Schließlich nehmen sie wieder die kontemplative Haltung des Tantra ein. Mit den Händen auf den Knien des anderen sprechen sie dreimal das Wahrnehmungs-Mantra.

Die Frau lehnt sich auf der Hüfte vor umfaßt den Penis und die Hoden des Mannes wie in der vergangenen Nacht im kontemplativen Teil des Rituals. Wenn Sie die Genitalien des Mannes mit ihren Fingern umfaßt hat und in den Händen hält, sagt

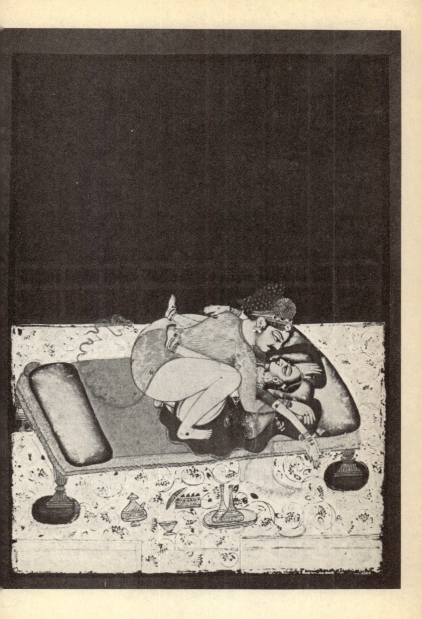

die Frau: »Ich bin bereit.«

Dann führt der Mann das Ritual weiter wie in der vorangegangenen Nacht: drei Kontraktionen, bei denen die Frau jeweils sagen sollte, daß sie es spürt, wenn die Spannung gelockert wird. Nach der dritten Kontraktion zieht die Frau ihre Hände, Finger und Daumen, mit Druck am Penis entlang bis zur Eichel. Dann nimmt sie ihre Hände zu seinen Knien zurück.

Dann wird das Mantra dreimal wiederholt, und der Mann lehnt sich nach vorn und führt seinen rechten Zeigefinger langsam in die Vagina der Frau ein, genau wie in der vorigen Nacht.

Wenn der Zeigefinger seinen Platz eingenommen hat und die anderen Finger seiner Hand »eingerollt« sind, um eine Berührung anderer Bereiche der Vagina zu vermeiden, spannt die Frau ihre Muskel dreimal an, und nach jeder Lockerung sagt ihr der Mann, daß er sie spürt.

Nach der dritten Kontraktion zieht der Mann seinen Finger zurück, drückt leicht nach oben auf die Klitoris und kehrt mit seinen Händen zu ihren Knien zurück.

Ist dieses Ritual beendet, so kehrt das Paar an den Tisch zurück und verhält sich für ein paar Minuten ruhig, richtet seine Aufmerksamkeit auf das Mantra und ruft sich die Teile dieses Rituals ins Gedächtnis zurück.

Dann stehen beide auf, umarmen und küssen einander und gehen ins Schlafzimmer.

Der Mann legt sich jetzt auf das Bett und nimmt die Haltung des Wahrnehmungs-Rituals ein, die Hände über dem Bauch gefaltet, die Knie auseinander, die Fußsohlen gegeneinander. Er schließt die Augen und läßt ein Bild seiner selbst entstehen, während er das Wahrnehmungs-Mantra spricht. Die Frau sitzt am Fußende des Bettes, genau zu Füßen des Mannes. Während dieses Rituals sollte sie sich nicht bewegen und weder den Mann noch sich selbst berühren.

Der Mann vollzieht nun das Wahrnehmungs-Ritual mit folgenden Abweichungen:

Er führt seine Hände vom Bauch zu den Lippen, hält das Yantra fest, spricht das Mantra und kehrt mit den Händen zum

Bauch zurück.

Er führt seine Hände zu den Brustwarzen, spricht das Mantra, rollt die Brustwarzen mit lusterzeugendem Druck, hält das Yantra im Geist fest, wiederholt das Mantra und kehrt dann mit seinen Händen zum Bauch zurück.

Er läßt die Hände abwärts durch das Schamhaar zum Penis gleiten. Seine Finger und Daumen umschließen die Penisbasis und verengen sich, während er das Yantra festhält und das Mantra spricht. Seine Finger gleiten an der Penisbasis abwärts bis zur tiefsten spürbaren Wurzel innerhalb des Hodensacks, wo er Druck ausübt, das Yantra festhält und ein Mantra spricht.

Seine Hände entspannen sich auf den Genitalien. Seine Finger gleiten um die Hoden abwärts und berühren mit Druck das Perinäum; er behält das Yantra im Geist und spricht zwei Mantras.

Seine Hände entspannen sich auf den Genitalien. Seine Finger gleiten abwärts über das Perinäum zum Schließmuskel des Rektums; er übt nach innen Druck aus, hält das Bild fest und spricht zweimal das Mantra.

Seine Hände entspannen sich auf den Genitalien. Seine Hände gleiten aufwärts zur Penisbasis; Finger und Daumen umfassen den Penis; er übt Druck aus, wobei er zwei Mantras spricht und das Vorstellungsbild festhält.

Nach den Mantras wird der Druck um den Penis beibehalten, und die Daumen und Finger, die den Penis umschließen, werden nach oben gezogen, bis über die Eichel, und zurück.

Dann kehren die Finger und Daumen sofort zur Penisbasis zurück, umschließen sie wieder, drücken, gleiten zur Spitze und kehren zur Basis zurück.

Dies wird wiederholt, bis eine Erektion erreicht ist. Dann beginnt der Mann zu masturbieren, wie er es allein im Kontroll-Ritual getan hat.

Er ist sich natürlich bewußt, daß die Frau ihn beobachtet. Um so mehr muß er sein Yantra aufrechterhalten und danach trachten, genauso zu masturbieren, wie er es tut, wenn die Frau nicht dabei ist. Er muß unbedingt seine Stellung auf dem Bett beibehalten, die Augen geschlossen, auf das Yantra und das

Mantra konzentriert.

Die Frau sollte, ohne sich zu bewegen, genau die Bewegungen der Hände des Mannes beim Masturbieren beobachten.

Der Mann darf sich auf keinen Fall durch die Anwesenheit der Frau ablenken lassen. Er sollte weder befangen sein noch die Kontrolle verlieren. Denn es ist schließlich der Zweck der Übung, noch vorhandene Rückstände von Befangenheit und Hemmungen zu beseitigen und weitere Kontrollkräfte zu erlangen.

Der Mann fährt fort zu masturbieren, bis er den Orgasmus kommen fühlt. Dann muß er augenblicklich aufhören und seine Hände zum Bauch zurücknehmen; er wiederholt das Kontroll-Mantra und konzentriert sich auf das Kontroll-Yantra mit den »geschriebenen Worten«, bis er die Kontrolle erlangt hat.

Der Mann wird jetzt das heftige Verlangen haben, die Frau an sich zu ziehen und mit ihr zu schlafen. Und vermutlich hat das Ritual auf die Frau dieselbe Wirkung; das Stimulieren hat beide erregt, und sie wird wünschen, sich selbst und den Mann zu befriedigen.

Aber *Kontrolle* ist der Schlüssel!

Und die Kontrolle muß erlangt und aufrechterhalten werden. Er muß das Kontroll-Mantra und -Yantra mit aller Kraft der Konzentration einsetzen. Sobald er die Kontrolle fühlen kann, geht er vom Kontroll-Mantra und -Yantra zum Kanalisierungs-Mantra und -Yantra über und macht vollen Gebrauch von dieser konzentrierten Kraft, um die Energie in andere Bereiche zu lenken.

Abwechselnd kann er auch das Kontroll-Mantra und -Yantra wiederholen. Um die Kontrolle ungestört aufrechterhalten zu können, sprechen Mann und Frau jetzt nicht miteinander.

Wenn der Mann das Bett verlassen hat, steht die Frau langsam auf und legt sich ihrerseits in der beschriebenen Haltung auf das Bett, um das Wahrnehmungs-Ritual zu vollziehen.

Sie schließt die Augen und formt im Geist dasselbe Yantra, als ob sie das Ritual allein vollziehe. Sie muß alle ihre Kräfte der Konzentration einsetzen, um das Bild zu festigen und aufrechtzuerhalten, damit sie von der Anwesenheit des Mannes nicht abgelenkt wird.

Der Mann verhält sich still und passiv am Fußende des Bettes. Auch wenn er sich unter Kontrolle hat, haben sich in ihm doch gewaltige Energien aufgebaut, als er sich an den Rand des Orgasmus brachte. Aus diesem Grund wird sein Beobachten der Frau während dieses Rituals sehr erregend auf ihn wirken, und es wird sich vielleicht als nötig erweisen, daß er gelegentlich die Augen schließt, das Kontroll-Yantra erzeugt und im stillen das Kontroll-Mantra spricht, damit er die Kontrolle nicht verliert. Unter keinen Umständen darf er die Frau oder sich selbst während des Rituals berühren.

Die Frau festigt in ihrer Haltung auf dem Bett mit aller Kraft das Yantra in ihrem Geist, spricht das Wahrnehmungs-Mantra und führt das Wahrnehmungs-Ritual und das Kontroll-Ritual mit folgenden Abweichungen aus:

Sie führt ihre Hände vom Bauch zu den Lippen, berührt sie leicht, spricht einmal das Mantra, hält das Yantra fest und kehrt mit den Händen zum Bauch zurück.

Als nächstes führt sie ihre Hände zu den Brüsten; ihre Finger gleiten über jede Brust, ergreifen die Brustwarzen und rollen sie sanft; sie spürt die warme Erregung, während sie das Mantra zweimal spricht und dabei das Yantra festhält. Dann legt sie ihre Hände wieder auf den Bauch.

Daraufhin gleiten ihre Hände langsam über den Bauch abwärts, durch das Schamhaar, über den Venushügel und liegen auf der Vagina. Ihre Daumen öffnen die Schamlippen, und die Zeigefinger drücken gegen die Klitoris; dabei spricht sie zwei Mantras. Dann entspannt sie ihre Hände wieder. Sie führt ihre Hände nach unten, bis Fingerspitzen das Perinäum berühren. Ihre Finger drücken auf das Perinäum, und sie spricht zweimal das Mantra.

Wieder entspannt sie ihre Hände auf der Vagina. Die Hände bewegen sich abwärts über das Perinäum zu den Muskeln am Eingang des Rektums. Ihre Finger üben Druck auf die rektale Öffnung aus. Das Mantra wird zweimal gesprochen.

Sie kehrt mit den Händen zur Vagina zurück, und ihre Daumen öffnen die Schamlippen so weit wie möglich, während die Finger gegen die Klitoris drücken.

Dann beginnt sie mit Fingern und Daumen zu masturbieren, als ob sie das Kontroll-Ritual allein ausführe.

Die Frau wird sich natürlich bewußt sein, daß der Mann sie beobachtet, und sie muß versuchen, genau so zu masturbieren, wie sie es üblicherweise zu tun pflegt. Sie muß die Haltung mit geschlossenen Augen auf dem Bett beibehalten und das Vorstellungsbild und das Mantra benützen.

Der Mann sollte, ohne sich zu bewegen, die Bewegungen der Hände der Frau aufmerksam beobachten, wenn sie masturbiert. Er braucht sich nicht mit ihren Phantasiebildern zu befassen, sondern nur mit der Art und Weise, wie sie sich berührt und massiert, um sich näher und näher an den Orgasmus heranzubringen.

Die Frau sollte in der Anwesenheit des Mannes weder befangen sein noch die Kontrolle verlieren. Sie soll mit dem Masturbieren fortfahren, bis sie den Orgasmus kommen fühlt. Dann muß sie sofort aufhören und vom Yantra der Masturbation und dem Wahrnehmungs-Mantra zum Kontroll-Yantra übergehen und das Kontroll-Mantra, während sie es spricht, auf die schwarze Leere ihres Yantra »schreiben«.

Ihre Hände liegen wieder auf dem Bauch.

Sie wird jetzt vermutlich das heftige Verlangen haben, den Mann an sich zu ziehen und mit ihm zu schlafen. Und der Mann wird dasselbe Verlangen haben.

Doch die *Kontrolle* ist der Schlüssel.

Und die Kontrolle muß von der Frau jetzt ebenso aufrechterhalten werden wie zuvor vom Mann. Die Frau muß sich vom nahe bevorstehenden Orgasmus zurückziehen und alle Konzentrationskräfte des Yantra und Mantra einsetzen, um die Kontrolle aufzubauen.

Sobald die Frau die Kontrolle erlangt hat, sollte sie vom Kontroll-Mantra und -Yantra zum Yantra und Mantra der Kanalisierung übergehen und Gebrauch machen von der großen Kraft, die sie in sich erzeugt hat. Sie kann abwechselnd das Kontroll-Mantra und -Yantra einerseits und das Kanalisierungs-Mantra und -Yantra andererseits benützen und auf diese Weise die Kontrollenergie voll ausnützen.

Wenn die Frau fühlt, daß sie sich völlig unter Kontrolle hat und die Kanalisierung beendet ist, kann sie die Augen wieder öffnen.

Wenn sie und der Mann einander in diesem aufgeladenen Zustand ansehen, müssen sie mit der Kontrollübung fortfahren, um jegliches Verlangen nach Berührung oder Stimulierung zu überwinden. Deshalb sollte auch nicht miteinander gesprochen werden.

Jetzt können das Yantra und Mantra der Kontrolle und das Yantra und Mantra der Kanalisierung nach Wunsch angewendet werden.

In dieser Nacht muß die Ein-Stunden-Regel in ganzem Umfang eingehalten werden. Wenn sich jeder der Partner der Kontrolle sicher ist, können sie wieder miteinander sprechen und den bereitgestellten Imbiß einnehmen.

Bei allen Gesprächen sollte Offenheit über das, was gedacht und empfunden wurde, herrschen. Wenn die Erregung und das Verlangen plötzlich wieder aufflammt, wird sofort das Kontroll-Mantra und -Yantra verwendet. Wenn einer von beiden den anderen plötzlich die Augen fest schließen sieht, so sollte ihm klar sein, daß die Kontrolle aufgebaut wird; und er sollte so lange schweigen, bis der andere die Kontrolle wieder erlangt hat. Dies sollte ein Teil des tantrischen Bandes zwischen den Partnern sein, die fest geschlossenen Augen als Signal zu erkennen, daß der andere mit Mantra und Yantra arbeitet.

Der Zweck dieses Rituals ist offensichtlich:

1. Befangenheit abzulegen. Der Akt der Masturbation wird üblicherweise allein vollzogen. Indem die Partner einander bei sehr privaten Handlungen zusehen, haben sie einen weiteren Rest von Zurückhaltung und Befangenheit abgelegt.

2. Befreiung von Hemmungen. Es mag sich als schwierig erwiesen haben, die Masturbation unter Beobachtung auszuführen, vor allem dann, wenn der Partner noch nie zuvor dabeigewesen ist. Beim Masturbieren bis zur Grenze des Orgasmus in Gegenwart des anderen sind sicher große Hemmungen abgebaut worden. Deshalb sollte das Kommen des Orgasmus nie geheuchelt werden. Es muß in Wirklichkeit erlebt werden, oder die

tantrische Absicht wird zunichte gemacht.

3. Kontrolle. Kontrolle von beiden Partnern; Kontrolle durch konzentriertes Yantra, obwohl der Partner anwesend ist und zuschaut; Kontrolle des Orgasmus unter diesen schwierigen Umständen; Kontrolle, um den anderen nicht zum sexuellen Akt zu animieren.

4. Wahrnehmung. Wahrnehmung unterschiedlicher Art: Wahrnehmung dessen, wie der Partner stimuliert werden will; wie er oder sie sich berührt, streichelt, massiert und erregt. Mit diesem Wissen sind beide in der Lage, bessere Liebespartner füreinander zu sein.

Diese vier Aspekte sollten offen besprochen werden. Offenheit und Aufrichtigkeit wird zu größerer geistiger und emotionaler Wahrnehmung dessen führen, was die Partner körperlich schon längst erfahren haben. Dies ist das Tor, durch das alle Paare vom Tantra geführt werden – das Öffnen des Weges für die Kommunikation über alle Facetten der Sexualität; das Hinführen zur Kommunikation über die begleitenden Emotionen; und die Führung auf dem Weg zu größerem geistigen und spirituellen Verständnis zwischen den Partnern bis zur Koordination der Kanalisierungsbemühungen. Die sexuelle Beziehung des Paares wird neue Ebenen der Ekstase und der Vereinigung erreichen.

Das Band, das durch Tantra geschaffen wird, ist ein Band besonderer Art. Es existiert innerhalb der Tantriker, und man darf kaum erwarten, daß es von jenen, die niemals das Miteinanderteilen und die Offenheit der Wege des Tantra oder die Kontrolle, die sie möglich macht, erlebt haben, verstanden oder gewürdigt wird.

Nach Ablauf der Stunde ist es dem Paar freigestellt, das Liebesspiel miteinander zu vollziehen. Und wie in jeder Nacht sollte das Kanalisierungs-Yantra und -Mantra eingesetzt werden, wenn Körper und Geist entspannt sind und sich das Paar in Schlaf sinken läßt.

Die Kanalisierung kann das morgendliche Erwachen so erregend machen wie das Liebesspiel in der Nacht zuvor.

Die fünfte Nacht des Tantra

Die Schüler fragten den tantrischen Meister:

»Liegt nicht das Ziel, das du uns gesetzt hast, außerhalb unserer Reichweite?«

Und der tantrische Meister antwortete:

»Da ihr euch durch die Rituale, die ihr vollzogen habt, eures tantrischen Wesens bewußt geworden seid, könnt ihr euch auch des Wesens jenes Tantrikers bewußt werden, der eure Lust teilt.

Und da ihr euch bemüht habt, durch die Rituale die Lust eures Körpers zu beherrschen, werdert ihr nun zum Instrument, mittels dessen der Tantriker, der eure Wahrnehmung und Lust mit euch teilt, die Lust steigert und sie beherrscht.

Wäre das Ziel leicht zu erreichen, so hätte es wenig Wert. Es ist die Beherrschung der Lust, die eure Lust vervielfachen wird.

Und es ist die Steigerung der Lust und ihre Kontrolle, die jeden Schritt kennzeichnet auf dem Weg zur vollkommenen Beherrschung des Lebens und des Universums.«

Der Weg wird schwerer mit diesem Ritual. Das Arrangement ist dasselbe wie in den vorangegangenen Nächten. Wieder trinkt das Paar von dem bereitgestellten Wein, und die Frau entkleidet sich langsam vor den Augen des Mannes. Dann setzt sie sich, und der Mann entkleidet sich ebenfalls.

Wenn sie nackt sind, umarmen und küssen sie einander und gehen ins Badezimmer.

Das nun schon geläufige Ritual wird vollzogen. Nach dem Bad sollte sich das Paar an den Tisch setzen und sich einige Minuten ausruhen.

Dann wird die kontemplative Haltung des Tantra eingenommen, und die Hände werden auf die Knie des anderen gelegt.

Sie sprechen drei Wahrnehmungs-Mantras.

Dann nimmt die Frau ihre Hände von seinen Knien, lehnt sich vor und umschließt den Penis und die Hoden des Mannes wie in der vorangegangenen Nacht.

Der Mann vollzieht wieder die Muskelkontraktionen. Nach der

dritten Kontraktion gleiten die Hände der Frau, die noch immer den Penis umschließen, den Penisschaft entlang bis vor zur Eichel, geben den Penis frei und kehren zu seinen Knien zurück.

Es werden drei Wahrnehmungs-Mantras gesprochen, und dann nimmt der Mann seine rechte Hand von ihrem Knie, lehnt sich vor und führt seinen Zeigefinger in ihre Vagina ein.

Nun führt die Frau wieder ihr Muskelkontraktionen in der gleichen Weise wie in der vorangegangenen Nacht aus.

Nach der dritten Kontraktion zieht der Mann seinen Finger aus der Vagina, läßt ihn mit leichtem Druck über die Klitoris gleiten und kehrt mit der Hand zu ihrem Knie zurück.

Anschließend legt sich die Frau in der Wahrnehmungshaltung auf das Bett, die Knie auseinander, die Fußsohlen in Berührung miteinander, die Hände über dem Bauch gefaltet.

Der Mann setzt sich neben sie auf das Bett, sein Gesäß nahe bei ihrem Leib. Sein Körper sollte aber keinen Kontakt mit dem der Frau haben. Er sitzt dem Kopfende des Bettes zugewandt und sieht auf ihre Brüste hinab, die Hände in den Schoß gelegt. Die Frau schließt fest die Augen. Sie spricht drei Wahrnehmungs-Mantras und richtet dann ihre gesamte Konzentration auf das Yantra der Wahrnehmung.

In diesem Ritual dürfen Mann und Frau *ausschließlich nur* das tun, was das Ritual vorschreibt. Der Mann betrachtet die Frau vor sich, die ihre Augen fest geschlossen hält. Er spricht zweimal das Wahrnehmungs-Mantra.

Dann hebt er langsam die Hände, legt beide Zeigefinger auf ihre Lippen und streicht sanft darüber, während er drei Mantras spricht.

Dann kehren seine Hände zum Schoß zurück (sie können in jeder Stellung ruhen, dürfen aber weder die Frau noch seine eigenen Genitalien berühren). Nun hebt der Mann wieder seine Hände, führt sie zu den Brüsten der Frau und umschließt jede der Brüste. Dann nimmt er mit Zeigefinger und Daumen jeder Hand die Brustwarzen und rollt sie sanft zwischen Zeigefingern und Daumen und spricht dabei drei Mantras. Danach kehrt er mit seinen Händen in die entspannte Haltung im Schoß zurück.

An diesem Punkt dreht sich der Mann, an der Seite der Frau sitzend und die Füße auf dem Boden, bis er dem Fußende des Bettes zugewandt ist und auf die Beine, die Scham und den Bauch der Frau hinabsieht.

Die Frau behält ihre Haltung bei, ohne sich zu bewegen. Sie spricht die Mantras, wenn er die angegebenen Teile ihres Körpers berührt, und sie hält das Bild ihrer selbst fest, und wie jeder entsprechende Teil ihres Körpers vom Mann berührt wird. Der Mann legt nun seine Hände auf die Hände der Frau, die auf ihrem Bauch ruhen. Dann gleitet er mit seinen Händen abwärts durch ihr Schamhaar, über den Venushügel und läßt sie zu beiden Seiten neben der Vagina liegen, wie er es die Frau im Wahrnehmungs- und Kontroll-Ritual tun sah.

Die Daumen des Mannes teilen die Schamlippen, und seine Zeigefinger drücken gegen die Klitoris und kneten sie leicht, während er zwei Mantras spricht. Dann läßt er die Hände wieder locker auf der Vagina liegen.

Der Mann spricht zwei Wahrnehmungs-Mantras. Dann läßt er seine Finger über die Schamlippen abwärts gleiten bis zum Perinäum, übt sanft mit den Spitzen der Zeigefinger etwas Druck aus und spricht zwei Mantras.

Wieder entspannt er seine Hände.

Nach zwei weiteren Mantras öffnet er mit den Daumen die Schamlippen. Seine Finger drücken wieder gegen die Klitoris.

Wenn er genau auf die Klitoris drückt, sollte die Frau sagen, daß sie es fühlt. Falls ihr seine Finger nicht ganz an der richtigen Stelle zu sein scheinen, sollte sie die Hand ausstrecken und die Finger des Mannes an den Punkt heranführen, an dem sie seinen Druck auf der Klitoris spüren möchte.

Der Mann sollte durch Fühlen und Sehen (vor allem aber durch Fühlen) feststellen, wo genau sich die Frau den Druck wünscht. Dies ist wichtig.

Danach entfernt er seine Finger von der Klitoris, läßt die Schamlippen los und legt seine Hände auf die Vagina.

Er spricht zwei Mantras.

Dann läßt er seine Hände an den Schamlippen abwärts und über das Perinäum gleiten, bis seine Fingerspitzen die Muskeln der rektalen Öffnung erreichen, wo er Druck ausübt, und drei Mantras spricht.

Wieder entspannt er seine Hände und läßt sie ruhig auf der Vagina liegen, während er zweimal das Mantra spricht.

Dann öffnet der Mann mit seinen Daumen die Schamlippen und drückt mit den Fingerspitzen gegen die Klitoris. Er spricht zweimal das Mantra, gleitet mit dem Zeigefinger seiner linken Hand ein kurzes Stück in die Vagina, und sein rechter Zeigefinger und Daumen massieren die Klitoris; er beginnt die Frau zu masturbieren und versucht, so gut wie möglich ihr Vorgehen zu imitieren, das er beobachten konnte, als sie selbst masturbierte. Der Mann darf *keine* anderen Manipulationen vornehmen als dieses Stimulieren der Frau. Kein anderer Teil seines Körpers sollte den ihren berühren, außer der Hände, die er braucht, um sie zu erregen. Die Frau muß sich auf das Vorstellungsbild ihrer selbst konzentrieren, wie sie vom Mann erregt wird. Sie wiederholt immer wieder das Wahrnehmungs-Mantra, während ihre Erregung sich steigert.

Die Frau darf ihre Hände nicht vom Bauch entfernen, bis sie den Orgasmus kommen fühlt. Steht er nahe bevor, so nimmt sie ihre rechte Hand vom Bauch, greift nach dem Arm des Mannes und geht zum Kontroll-Mantra und -Yantra über.

Wenn sie nach dem Arm oder der Schulter des Mannes greift, sollte dies mit Kraft geschehen, so daß sich ihre Finger in seine Haut graben, um ihm zu signalisieren, daß sie zum Kontroll-Mantra und -Yantra übergeht.

Der Mann sollte dann seine Hände *sofort* von der Vagina der Frau entfernen.

Dieses Signal wird noch in vielen anderen Bereichen des Tantra gebraucht werden. Und es *muß* vom anderen sofort respektiert werden.

Der Mann sollte ganz still sitzen, sobald die Frau ihm das Signal gegeben hat.

Er vermeidet jede weitere Berührung.

Und da der Mann die Vagina der Frau und ihre Erregung beobachtet hat, wird auch er sich in einem sexuell sehr erregten

Zustand befinden. Er sollte ebenfalls das Kontroll-Mantra sprechen und das Kontroll-Yantra benützen.

Dies ist einer der schwierigsten Stellen in den tantrischen Übungen. Der Mann und die Frau sind auf dem Höhepunkt intensiver sexueller Erregung, und der Wunsch, aus der Übung auszubrechen und sich dem Liebesspiel hinzugeben, mag fast übermächtig sein.

Aber das darf *nicht* geschehen!

Es ist die *Kontrolle*, die vielleicht hundertmal soviel Lust ermöglicht. Aber die Kontrolle muß erlangt und aufrechterhalten werden. Ohne die Kontrolle gibt es kein Tantra. Es verliert seinen Sinn, wenn die Kontrollen nicht gelernt wurden und Teil des Rituals geworden sind.

Es kann viel Zeit kosten, die Kontrolle zu erlernen. Gerade in der außerordentlich erregten Atmosphäre des Rituals ist es leicht möglich, daß die Kontrolle doch einmal verlorengeht. Geschieht dies, sollte das Ritual beendet und nach ein paar Stunden oder in der folgenden Nacht wiederholt werden.

Mit Hilfe des Kontroll-Mantra und -Yantra versucht die Frau wieder völlig die Kontrolle zu erlangen und wechselt dann das Kontroll-Mantra und -Yantra und das Kanalisierungs-Mantra und -Yantra miteinander ab, wodurch sie die Kontrolle stärken und zugleich die machtvollen Energien ihres Erregungszustandes in andere Bereiche leiten kann. Wenn die Frau mit dem Kontroll-Mantra und -Yantra beginnt, sollte der Mann sich erheben und sich etwas entfernt vom Bett aufhalten, um die Frau bei der Kontroll-Übung zu beobachten und zugleich seine eigenen Kontrolle aufzubauen; denn er soll ja jede Berührung oder weitere Stimulierung der Frau oder seine eigene vermeiden.

Sobald die Frau die Kontrolle erlangt und das Kanalisierungs-Mantra und -Yantra verwendet hat, sollte sie versuchen, sich auf dem Bett zu entspannen. Dann öffnet sie die Augen, setzt sich auf und erhebt sich vom Bett. Sie darf den Mann nicht berühren.

Jetzt legt sich der Mann auf das Bett, die Knie auseinander, die Fußsohlen in Berührung, die Augen geschlossen. Er spricht das Wahrnehmungs-Mantra dreimal und gestaltet das Bild seiner selbst, während die Frau an seiner rechten Seite auf dem Bett sitzt. Die Hände hält sie im Schoß gefaltet, und sie ist dem Kopfende des Bettes zugewandt, sie sieht also auf sein Gesicht und seine Brust hinab. Kein Teil des Körpers der Frau berührt den Mann. Da der Mann durch das Masturbieren der Frau bereits sehr erregt ist, wird seine Kontrolle diesmal besonders schwer sein.

Wenn der Mann sein Vorstellungsbild gefestigt hat, sagt er: »Ich bin bereit.«

Die Frau hebt ihre Hände und berührt mit ihren Fingerspitzen die Lippen des Mannes, streicht darüber und spricht zwei Mantras.

Dann kehrt sie mit ihren Händen in die entspannte Haltung im Schoß zurück und spricht zwei Mantras.

Als nächstes führt sie ihre Hände zu den Brustwarzen des Mannes und legt ihre Handflächen darauf. Dann ergreifen Daumen und Zeigefinger beider Hände die Brustwarzen und rollen sie sanft, während sie zwei Mantras spricht.

Sie nimmt dann ihre Hände wieder zum Schoß zurück.

Die Frau dreht sich jetzt um, so daß sie auf die Beine, den Bauch und die Genitalien des Mannes hinabschaut.

Sie legt ihre Hände mit den Handflächen nach unten auf die Hände des Mannes, die er auf seinem Bauch gefaltet hält.

Dann läßt sie ihre Hände abwärts durch das Schamhaar gleiten, umschließt mit Zeigefingern und Daumen den Penis und übt etwas Druck aus. Sie spricht drei Mantras; dann zieht sie die noch immer die Penisbasis umschließenden Finger von seinem Körper weg, den Schaft des Penis entlang bis zur Eichel. Wenn der Mann eine starke Erektion hat, nimmt sie die Penisspitze zwischen Daumen und Zeigefinger, drückt sie vorsichtig und beobachtet, daß sich der Penis etwas verkleinert. Dies wird die Empfindlichkeit der Eichel verringern und dem Mann die Kontrolle erleichtern. Dann läßt sie den Penis los.

Die Frau läßt ihre Hände zu beiden Seiten des männlichen Organs liegen und spricht zwei Mantras.

Ihre Finger gleiten jetzt nach unten bis zu seiner spürbaren »Basis« im Hodensack. Dort behält sie den Druck während zweier Mantras bei und läßt dann ihre Hände wieder entspannt zu beiden

Seiten des Penis und der Hoden liegen.

Nun gleiten ihre Finger abwärts, um die Hoden herum, unter sie und üben sanften Druck auf das Perinäum aus. Der Druck wird während zweier Mantras beibehalten; dann lockern sich die Hände, verharren aber an dieser Stelle, während zwei weitere Mantras gesprochen werden.

Wieder gleiten die Hände der Frau abwärts, bis ihre Fingerspitzen die Muskeln der rektalen Öffnung berühren. Die Finger drücken nach innen gegen die Schließmuskeln. Die Frau wiederholt dreimal das Mantra und läßt dann die Hände zurückgleiten und zu beiden Seiten des Penis liegen.

Sie spricht drei Mantras.

Dann umschließen die Daumen und Zeigefinger den Penis und gleiten den Schaft entlang.

Hier beginnt die Frau mit der Masturbation des Mannes, wobei sie so gut wie möglich die Bewegungen nachahmt, die sie beobachten konnte, als er sich selbst masturbierte.

Die Frau soll sich nicht verwirren lassen, wenn sich an der Penisöffnung ein Samentröpfchen bildet.

Das ist im Stadium starker sexueller Erregung üblich und bedeutet *nicht*, daß der Mann einen Orgasmus hat und ejakuliert. Dieses Samentröpfchen kann als natürliches Gleitmittel bei der Masturbation benützt werden.

Da sich der Mann schon vor dieser Übung in sehr erregtem Zustand befand, wird es nicht lange dauern, bis er nahe an den Orgasmus herankommt.

Sobald der Mann das Näherrücken des Orgasmus fühlt, sollte er dies der Frau dadurch deutlich machen, daß er fest nach ihrem Arm greift, um ihr damit das Signal zu geben.

Die Frau muß in dem Augenblick, da sie dieses Signal empfängt, sofort ihre Hände zurückziehen. Hier muß noch einmal betont werden, daß der Mann sich um absolute Kontrolle bemühen muß, das heißt, auch jegliches Verlangen überwinden, daß die Frau ihn weiter bis zum Orgasmus erregen möge. Im anderen Fall wird der Zweck der tantrischen Übung verfehlt.

Wenn der Mann das Näherrücken des Orgasmus fühlt, wie er es

von der Alleinübung her kennt, so muß er sofort der Frau das Signal geben und ihr gestatten, daß sie sich von ihm zurückzieht.

Er muß wieder mit dem Kontroll-Mantra und -Yantra beginnen, um die so wichtige Kontrolle aufzubauen.

Die Frau sollte sich jetzt entfernen und schweigend warten, bis der Mann die Kontrolle gefestigt hat. Der Mann sollte abwechselnd die Kontrolle und die Kanalisierung vornehmen, bis er sein Ziel erreicht hat. Erst dann kann er die Augen öffnen und vom Bett aufstehen.

Die Partner müssen vermeiden, den anderen zu berühren.

Sie gehen zum Tisch und nehmen dann das bereitgestellte Mahl ein. Je nach Bedarf wird das Kontroll-Mantra und -Yantra eingesetzt und die Bemühungen um Kontrolle müssen vom anderen respektiert werden.

Während des Essens sollte sich das Paar unterhalten, um sich von der inneren Erregung abzulenken. Nach Ablauf der Stunde ist eine der schwierigsten Übungen des Tantra vollendet, und das Paar kann sich nun dem Liebesspiel hingeben, wie immer es will. Die hochgradige Erregung, in die das Masturbieren und das Masturbiertwerden versetzt hat, wird eine unerhört gesteigerte Lust im Liebesspiel zur Folge haben.

Die eigene Sinnlichkeit und die des Partners kann bewußter wahrgenommen werden als je zuvor. Die Kontrolle, die vorher geübt wurde, wird Orgasmen von größerer Kraft und Dauer bewirken, als man sie je zuvor erlebt hat.

Wenn die sexuelle Erregung abgeklungen ist, sollte das Paar wieder mit dem Kanalisierungs-Mantra und -Yantra in Schlaf fallen. Um die durch das Tantra erweckte seelische Kraft zu erhalten und noch zu steigern, sollten beide künftig jede Nacht das Kanalisierungs-Mantra und -Yantra verwenden.

Die sechste Nacht des Tantra

Das Paar stand vor dem tantrischen Meister, der zu ihnen sprach: »Ihr seid den Weg weit hinangestiegen. Eure Einweihung nähert sich dem Ende. Doch bleiben noch Fragen offen. Fragen, die ihr euch selbst beantworten werdet, indem ihr euch einander schenkt. Wenn ihr nun diese sechste Nacht verbringt, wird jeder den anderen noch weiter erforschen, auf daß ihr tantrisches Wissen voneinander erlangt. Ihr werdet euch nicht zurückhalten oder zurückziehen. Das Ritual wird neue Wonnen bringen. Und in seiner Lust werdet ihr größere Macht über euch selbst und andere kennenlernen.

Euer Körper ist wie das Instrument eines meisterhaften Musikers. Er muß in allen denkbaren Variationen gespielt werden. Nur auf diese Weise werdet ihr die Wege zu kreativer Beherrschung erkunden.«

Wie in den vorangegangenen Nächten trinkt das Paar von dem Wein.

Dann zieht der Mann seine Kleider aus. Das Ritual wird genauso wie in den Nächten vorher weitergeführt. Nach dem Waschen wird das Wahrnehmungs-Mantra als Vorbereitung für das Ritual wiederholt. Die Partner setzen sich einander in der kontemplativen Haltung des Tantra gegenüber. Es folgen jetzt die Rituale der Muskelkontraktionen in jedem Detail wie in den vorangegangenen Nächten.

Danach legt sich die Frau in der Wahrnehmungs-Haltung auf das Bett. Der Mann sitzt auf dem Bett zur Rechten der Frau, ohne sie zu berühren. Er schaut auf ihren Kopf und ihre Brüste.

Die Frau schließt ihre Augen, läßt das Yantra-Bild von sich entstehen und spricht dreimal das Wahrnehmungs-Mantra.

Der Mann spricht mit offenen Augen zweimal im stillen das Wahrnehmungs-Mantra, hebt seine Hand, legt die Zeigefinger auf ihre Lippen und streicht darüber. Dann legt er ihr die Hand in das Gesicht, lehnt sich, ohne einen anderen Teil ihres Körpers zu berühren, vor und berührt ihre Lippen sanft mit den seinen; er läßt seine Zunge langsam über ihren Lippen hin und her gleiten und küßt sie dann, während er das Wahrnehmungs-Mantra dreimal im stillen wiederholt. Dann richtet er sich wieder auf und legt die Hände in den Schoß. Wenn es nötig sein sollte, kann er jetzt das Kontroll-Mantra und -Yantra benutzen.

Die Frau soll den Kuß nicht beantworten, außer daß sie ihre Lippen öffnet. Sie konzentriert sich nur auf das Gefühl ihrer Lippen und ihrer Zunge.

Der Mann spricht zweimal das Wahrnehmungs-Mantra, legt dann seine Hände mit den Handflächen nach unten auf ihre Brüste, nimmt jede der Brustwarzen zwischen Daumen und Zeigefinger und rollt sie sanft. Dann nimmt er seine linke Hand von ihrer rechten Brust. Er behält seine rechte Hand auf ihrer linken Brust und massiert sie sanft, während er sich vorbeugt und die Brustwarze in den Mund nimmt und sanft daran saugt, wobei die Zungenspitze die Brustwarze umkreist; dabei spricht er drei Mantras. Dann setzt er sich wieder auf.

Er nimmt seine rechte Hand von ihrer linken Brust, legt seine linke Hand auf ihre rechte Brust, massiert sie sanft und beugt sich vor, um die rechte Brustwarze in den Mund zu nehmen; er saugt ein wenig, umkreist sie mit der Zungenspitze und spricht im stillen drei Mantras. Dann setzt er sich wieder auf. Jetzt wendet sich der Mann um, so daß er auf die Beine, die Genitalien und den Bauch der Frau hinabschaut.

Er legt seine Hände auf die Hände der Frau, die auf ihrem Bauch liegen, läßt sie dann über den Venushügel gleiten und verharrt zu beiden Seiten der vaginalen Öffnung.

Er teilt die Schamlippen mit seinen Daumen und drückt gegen die Klitoris, während er dreimal das Mantra wiederholt.

Dann läßt er seine Hände abwärts gleiten, bis seine Finger auf das Perinäum drücken; dabei spricht er dreimal das Mantra.

Er legt seine Hände locker auf die Vagina.

Wieder läßt er seine Hände abwärts gleiten. Die Fingerspitzen streichen über das Perinäum zu den rektalen Muskeln und drücken sie nach innen, wobei er dreimal das Mantra spricht.

Seine Daumen öffnen die Schamlippen, und seine Fingerspitzen drücken gegen die Klitoris, während er das Mantra dreimal wiederholt.

Dann läßt er die Schamlippen los; die Hände bleiben auf der Vagina liegen.

Er beugt sich vor und neigt den Kopf dem vaginalen Bereich entgegen.

Seine Lippen berühren und küssen die Innenseite ihrer Schenkel, erst links, dann rechts, und seine Zunge streicht von der Innenseite des Schenkels zur Vagina hin.

Mit Daumen und Zeigefinger der rechten Hand teilt er die Schamlippen. Seine Lippen ergreifen die Schamlippe auf einer Seite der Vagina und ziehen sie mit leichtem Saugen in den Mund; die Zunge bewegt sich bei weiterem Saugen auf der Schamlippe hin und her. Dann läßt er diese Schamlippe los und wiederholt dasselbe mit der anderen.

Dann streicht seine Zunge rundum über den Rand der vaginalen Öffnung und dringt in die Vagina ein. Wenn seine Zunge dann zur Klitoris gleitet, erregt er sie achtsam mit dem Druck der Zunge. Dann umfaßt er die Klitoris mit den Lippen, zieht sie mit leichtem Saugen in den Mund und stimuliert sie mit der Zunge.

An dieser Stelle kann die Frau ihre Hüften und ihren Körper antwortend bewegen, wie immer sie will, muß aber dabei die Grundstellung mit geöffneten Knien und aneinandergelegten Fußsohlen beibehalten.

Der Mann sollte das Reagieren der Frau sehr bewußt aufnehmen und, wenn die Reaktion heftig ist, die Stimulierung wiederholen, die die Reaktion hervorgerufen hat.

Der Mann kann den rechten Daumen in die Vagina einführen und dort lassen, ohne ihn zu bewegen, um zusätzliche Erregung zu erzeugen. Er setzt das orale Stimulieren fort, Saugen, Eindringen, Küssen, Lecken, um die Frau nahe an den Orgasmus heranzuführen.

Der Mann darf keinen anderen Teil des Körpers der Frau berühren.

Die Frau muß ihre Hände über dem Bauch gefaltet halten. Sie darf den Körper des Mannes nicht berühren.

Wenn die Frau den Orgasmus kommen fühlt, greift sie nach dem Arm des Mannes, um ihm das Signal zu geben.

Wenn der Mann den Griff spürt, entfernt er sofort Mund und Hände von der Vagina und setzt sich auf. Er entfernt sich dann vom Bett.

Die Frau benutzt zuerst das Kontroll-Yantra und -Mantra und dann das Kanalisierungs-Yantra und -Mantra.

Ihre Hände liegen auf ihrem Bauch, sie behält die Stellung bei, und während sich der Mann schweigend verhält, erlangt sie die Kontrolle über ihre Erregung.

Beide Partner müssen sich unbedingt beherrschen. Nur durch diese Kontrolle kann die gesamte Konzeption des Tantra gelernt und verwirklicht werden.

Mittlerweile hat das Paar bereits bemerkt, daß die Übungen der vorangegangenen Nächte begonnen haben, die sexuelle und emotionale Beziehung der beiden zu beeinflussen, und daß die Kanalisierung sich auf ihr Leben auszuwirken beginnt.

Mit jeder neuen Kontrollforderung wird der Wert dieser Kontrolle, der sich im nachhinein zeigt, überzeugender.

Schließlich erhebt sie sich vom Bett. Die Partner dürfen einander aber nicht berühren und auch nicht miteinander sprechen.

Beide sollten versuchen, die Kontrolle weiter zu festigen, die sie aufgebaut haben.

Jetzt legt sich der Mann in der Wahrnehmungshaltung auf den Rücken. Die Frau setzt sich erst dann neben ihn, wenn er eine entspannte Kontrolle erlangt hat.

Ohne ihn zu berühren, schaut sie auf das Gesicht und die Brust des Mannes. Er hält seine Augen fest geschlossen.

Die Frau hebt ihre Hände und streicht mit Zeigefingern und Daumen über die Lippen des Mannes und spricht dabei dreimal das Mantra der Wahrnehmung.

Dann umfassen ihre Hände sein Gesicht, und sie beugt sich vor, um mit ihren Lippen sanft die seinen zu berühren. Langsam läßt sie ihre Zungenspitze über seine Lippen gleiten, während sie für sich drei Mantras spricht. Dann drückt sie ihre Lippen auf die seinen und dringt mit ihrer Zunge in seinen Mund ein und spricht dabei im stillen drei Mantras. Bei diesem Kuß sollte der Mann passiv bleiben und sich auf das Bild dessen, was geschieht, und auf die dadurch erzeugten Empfindungen konzentrieren. Die Frau zieht ihren Mund zurück und setzt sich auf. Sie spricht dreimal das Wahrnehmungs-Mantra.

Dann legt sie ihre Hände mit den Handflächen nach unten auf die Brust des Mannes. Sie nimmt die beiden Brustwarzen zwischen Daumen und Zeigefinger und rollt sie sanft. Während ihre rechte Hand auf seiner linken Brust liegenbleibt, zieht sie ihre linke Hand von seiner rechten Brust zurück. Mit ihrer rechten Hand massiert sie die linke Brust, beugt sich vor und saugt die Brustwarze in ihren Mund; dabei streicht sie mit der Zunge über die Brustwarzen und spricht drei Mantras.

Darauf nimmt sie ihre Lippen und die linke Hand von seiner linken Brust.

Sie dreht sich und schaut nun auf den Bauch, die Genitalien und die Beine des Mannes.

Sie spricht zweimal das Mantra.

Sie legt ihre Handflächen auf seinen Bauch und läßt sie dann durch das Schamhaar zur Penisbasis gleiten, welche sie mit Daumen und Zeigefingern umfaßt. Sie übt etwas Druck aus, spricht dabei dreimal das Mantra und gleitet unter weiterem Druck den Penisschaft entlang bis zur Eichel; sie klemmt die Eichel zwischen Finger und Daumen, läßt sie los und verharrt mit den Händen zu beiden Seiten der Genitalien.

Sie spricht zwei Mantras.

Ihre Finger gleiten an der Unterseite des Penis entlang bis zur Wurzel im Hodensack, wo sie Druck ausübt und drei Mantras spricht.

Die Finger gleiten noch tiefer, um die Hoden herum zum Perinäum; die Finger drücken auf das Perinäum, während sie drei Mantras spricht.

Dann entspannt sie ihre Hände wieder und wiederholt dreimal das Mantra.

Ihre Hände gleiten jetzt über das Perinäum hinweg und drücken auf die Muskeln der rektalen Öffnung. Sie wiederholt dreimal das Mantra und entspannt ihre Hände.

Die Frau kehrt mit den Händen zu den Genitalien zurück und läßt sie rechts und links davon liegen. Sie spricht zwei Mantras.

Ihre Zeigefinger und Daumen umfassen die Penisbasis und verengen sich, während sie sich nach vorn beugt, bis ihr Gesicht dem Penis nahe ist.

Jetzt nimmt sie die Hoden in die linke Hand.

Ihr rechter Zeigefinger und Daumen umfassen weiterhin die Basis des Penis mit festem Griff.

Sie benützt nun ihren rechten Zeigefinger und Daumen, um den erigierten Penis nach oben zu drücken, bis die Eichel den Bauch des Mannes berührt. Dann drückt sie ihre Lippen an der Penisbasis auf die röhrenartige Erhebung der Harnröhre und gleitet mit bis zur Eichel.

Wenn ihre Lippen die Eichel erreicht haben, nimmt sie den Mund zurück und hält mit der rechten Hand den Penis in seinem bei der Erektion natürlichen Winkel senkrecht zum Körper des Mannes. Dann läßt sie langsam den Penis in ihren Mund eindringen und nimmt so viel von ihm auf, wie ihr angenehm ist. Saugend zieht sie ihren Mund bis zur Eichel, dann gleitet ihr Mund wieder abwärts zur Basis.

Ihre linke Hand massiert die Hoden, das Perinäum und die rektalen Muskeln. Ihre rechte Hand sollte ihren Griff um die Penisbasis nicht lösen.

Jetzt werden ihre Bewegungen von der antwortenden Reaktion des Mannes gelenkt. Wenn er heftig auf eine bestimmte Stimulierung reagiert, so sollte die Frau die Stimulierung wiederholen, um ihn immer näher an den Orgasmus heranzuführen.

Der Mann soll passiv liegenbleiben. Er darf die Frau in keiner Weise berühren. Ebensowenig darf er die Kontrolle verlieren. Er muß beim ersten Anzeichen für den kommenden Orgasmus nach dem Arm der Frau greifen, um ihr das Signal zu geben.

Die Frau sollte sich sofort aufsetzen und vom Bett entfernen.

Der Mann muß das Signal so rechtzeitig geben, daß er den Orgasmus zurückhalten kann. Er sollte dies in früheren Übungen schon gelernt haben. Diese Beherrschung wird ihren Wert erweisen, wenn er sich unter diesen schwierigen Umständen um die Kontrolle bemüht.

Der Mann sollte, wenn er das Signal gibt, sofort zum Kontroll-Yantra und -Mantra übergehen. Diese benützt er, bis er das Gefühl hat, daß die Kontrolle erlangt ist und aufrechterhalten werden kann. Dann benützt er das Kanalisierungs-Mantra und -Yantra, um den großen Vorrat an Konzentrations-Energie, den er angestaut hat, weiterzuleiten.

Wenn er seine Kontrolle aufgebaut und die Kanalisierung vollzogen hat, kann er aufstehen.

Das Paar nimmt jetzt wieder schweigend am Tisch Platz. Dann können sie sich, während sie essen, über das, was sie bewegt, unterhalten. Selbstverständlich werden die Bemühungen des anderen um die Kontrolle immer respektiert. Und jeder benützt das Mantra und Yantra der Kontrolle so oft, wie es nötig ist, bis eine Stunde vergangen ist.

Der tantrische Gebrauch von Cunnilingus und Fellatio dient einem zweifachen Zweck, der deutlich sein sollte.

Die Intimität solchen Vorgehens erzeugt ein umfassendes Verständnis für den Partner, und der Akt selbst schafft eine Grundlage für weitere Beseitigung jeglicher Hemmungen zwischen den Partnern.

Wenn Fellatio und Cunnilingus bereits vorher Teil der sexuellen Beziehung waren, so werden die Intimität, die Erregung und der Wunsch, Lust zu bereiten, durch den sorgfältigen Vollzug, wie er in diesem tantrischen Ritual vorgesehen ist, gesteigert. Wenn zuvor kein oraler Sex stattgefunden hat, wird mit diesem Ritual ein ganz neuer Bereich der Intimität ohne Hemmungen und Befangenheit betreten.

Mittels dieser Rituale wird nicht nur die eigene Kontrolle ausgedehnt, sondern auch die Kontrolle, die der Partner aufrechtzuerhalten vermag, gestärkt. Dieses Teilhaben an den Kontrollkräften des anderen erzeugt ein vertieftes Gefühl des Vertrauens.

Nach dem Mahl kann das Paar zu Bett gehen und sich dem Liebesspiel hingeben, wie es mag. Wenn es die orale Form in

Vorspiel oder Befriedigung bisher nicht vollzogen hat, so kann es das jetzt tun. War sie ihm jedoch bereits vertraut, so wird die tantrische Ritualisierung ihre Bedeutung und den Lustgewinn steigern. Ob das Liebesspiel vorangegangen ist oder nicht – das Kanalisierungs-Yantra und -Mantra sollten inzwischen zur Gewohnheit geworden sein; eine natürliche, einfache Vorbereitung für den Schlaf.

Durch das Tantra wird jeder Tag des weiteren Lebens schöner werden als der Tag zuvor.

Die siebte Nacht des Tantra

Der tantrische Meister sprach:

»Die Freuden von Kali und Mahakala sind euer. Ihr teilt die Lust. Ihr sprecht über die Lust. Ihr kennt ein jeder eure Lust und die Lust des anderen. Seid zusammen und dennoch ein jeder für sich, in dieser Nacht und in allen Nächten eures Lebens. Empfangt immer neue Lust. Gebt immer größere Lust.

Erzeugt größere Energie, um sie zu beherrschen. Erschafft das tantrische Leben aus eurem eigenen Wesen.«

Die Anweisungen für dieses Ritual sollten zusammen mit dem Kapitel »Eine Weiterführung« gelesen werden, das unmittelbar folgt.

Auf dem Tisch steht ein Imbiß bereit; das Paar sitzt und trinkt das erste Glas Wein miteinander.

Dann gehen sie ins Badezimmer.

Nachdem sich das Paar gegenseitig wie in allen anderen Nächten gewaschen hat, nimmt es die kontemplative Haltung des Tantra ein, das Ritual der Muskelkontraktionen wird wie zuvor vollzogen. Danach gehen sie ins Schlafzimmer.

Die Frau legt sich in der Wahrnehmungshaltung auf das Bett, die Beine auseinander, die Fußsohlen gegeneinander.

Der Mann setzt sich neben sie auf das Bett. Diesmal läßt die Frau die Augen *offen*.

Nun vollzieht der Mann das Ritual, wie angegeben. Dabei soll die Frau ihm offen und ehrlich die Empfindungen des Reizes und der Erregung mitteilen, die sein jeweiliges Vorgehen bei ihr erzeugt. Der Mann wird dadurch nicht nur mit jedem Bereich ihres Körpers vertrauter werden, sondern auch genauere Kenntnis erhalten, was sie besonders erregt und ihr Lust bereitet.

Der Mann berührt die Lippen der Frau, und sie teilt ihm ihre Empfindungen mit.

Der Mann küßt die Lippen der Frau, und nach dem Kuß sagt sie ihm, welche Empfindungen sie hatte.

Es spricht nun jeder zweimal das Mantra.

Der Mann berührt und massiert die Brüste der Frau, rollt die Brustwarzen zwischen Zeigefinger und Daumen und küßt sie.

Die Frau beschreibt ihre Empfindungen und sagt dem Mann genau, was sie fühlt.

Der Mann dreht sich jetzt um und sitzt dem Fußende des Bettes zugewandt.

Er läßt seine Fingerspitzen und Daumen über den Bauch der Frau zur Vagina gleiten; er öffnet die Schamlippen; er drückt auf die Klitoris. Dann entspannt er die Finger, und die Frau beschreibt ihre Empfindungen.

Jetzt läßt der Mann seine Fingerspitzen zum Perinäum weitergleiten, drückt darauf und entspannt sie wieder. Die Frau beschreibt ihre Empfindungen.

Der Mann gleitet mit den Fingerspitzen weiter, drückt auf die rektalen Muskeln, und die Frau beschreibt ihre Empfindungen.

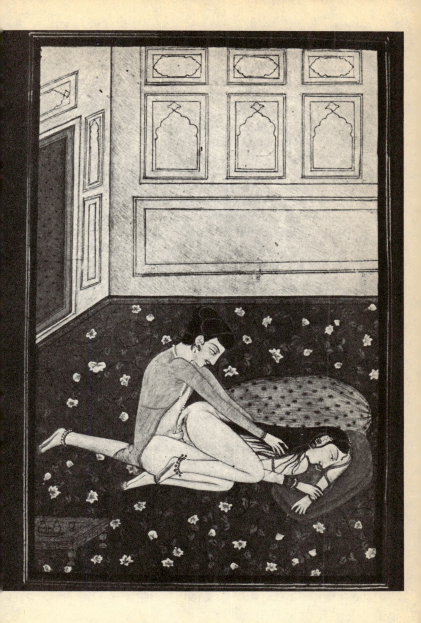

Dann kehrt der Mann mit den Händen zur Vagina zurück, öffnet die Schamlippen und beginnt sanft mit der Masturbation; er legt Pausen ein, wenn er einen bestimmten Bereich stimuliert hat, und die Frau teilt ihm ihre Reaktionen auf jede Bewegung und zu jedem Reizpunkt mit.

Der Mann beugt sich jetzt vor und beginnt, den vaginalen Bereich oral zu stimulieren – die Schamlippen, die Vagina und die Klitoris. Die Frau beschreibt bei jeder Stelle, die er küßt, ihre Empfindungen.

Der Zweck liegt *nicht* darin, die Frau bis zum Orgasmus zu erregen. Diese beschriebenen Aktionen sollen beim Mann eine genaue Kenntnis des weiblichen Körpers und eine vertiefte Wahrnehmung ihrer Reaktionen bewirken.

Die Frau soll sich auf jede Aktion des Mannes konzentrieren und versuchen, so genau wie möglich auszudrücken, was sie empfindet; ob etwas mehr oder weniger erregend wirkt als etwas anderes, und so weiter. Danach tauschen sie ihre Positionen aus. Jetzt nimmt der Mann die Wahrnehmungs-Haltung ein, und die Frau sitzt neben ihm, dem Kopfende des Bettes zugewandt.

Der Mann verhält sich passiv, und wenn die Frau in der beschriebenen Weise vorgeht, berichtet der Mann über seine Empfindungen.

Die Frau berührt die Lippen des Mannes und küßt ihn dann. Sie entspannt sich wieder.

Sie beugt sich vor und massiert und rollt seine Brustwarzen zwischen Zeigefingern und Daumen und küßt sie dann. Der Mann sagt ihr, was er fühlt. Die Frau wendet sich dem Fußende des Bettes zu. Sie läßt ihre Hände über seinen Bauch abwärts gleiten und umfaßt die Penisbasis mit Druck. Der Mann beschreibt im einzelnen seine Empfindungen.

Nach jeder der folgenden Aktionen macht die Frau eine Pause, entspannt ihre Hände und wartet auf des Mannes Beschreibung der Empfindung, die sie bei ihm ausgelöst hat.

Die Frau streicht mit ihren Fingern den Penisschaft entlang, behält den Druck bei und verharrt an der Eichel.

Sie drückt die Eichel und legt dann ihre Hände an beide Seiten der Genitalien.

Ihre Finger gleiten an der Unterseite des Penis abwärts bis zu seiner Wurzel im Hodensack. Sie entspannen sich wieder.

Sie gleiten weiter zum Perinäum, drücken darauf und lockern sich.

Dann gleiten ihre Finger bis zu den rektalen Muskeln, drücken darauf und entspannen sich wieder. Wenn der Mann ihr jedesmal seine Empfindungen mitgeteilt hat, entspannt die Frau ihre Hände einige Augenblicke lang, bevor sie das Ritual fortsetzt.

Ihr rechter Zeigefinger und Daumen umfassen und drücken die Basis des Penis; ihre linke Hand umschließt die Hoden.

Die Frau beugt sich vor und beginnt den Mann oral zu stimulieren.

Der Mann beschreibt den sinnlichen Reiz, den jede ihrer Bewegungen auf ihn ausübt.

Wenn die Frau alle Phasen der oralen Stimulierung beendet hat, nimmt sie Mund und Hände von den Genitalien des Mannes und richtet sich auf.

Der Mann und die Frau müssen verstehen, daß dieses Ritual die Wahrnehmung steigern und die Kommunikation anregen soll. Es geht nicht darum, Erregung zu erzeugen, wenn auch die Aktionen sehr erregend sind.

Es sollte nicht nötig sein, währenddessen das Kontroll-Mantra und -Yantra heranzuziehen, da die Aktionen nur flüchtigen Charakter haben und nicht so weit gehen sollten, einen Orgasmus hervorzurufen.

Wenn das Paar jedoch jetzt einige Minuten entfernt voneinander sitzt, sollte es das Kontroll-Mantra und -Yantra benützen.

Der Gebrauch der Kontrolle ist jetzt, vor der nächsten Phase, sehr wichtig. Beide Partner müssen sich während des vor ihnen liegenden letzten Teils des Rituals gut unter Kontrolle haben.

Der Mann legt sich in der Wahrnehmungshaltung auf das Bett. Er schließt fest die Augen, spricht drei Kontroll-Mantras, läßt das Kontrollbild entstehen und »schreibt« die Worte des Mantra auf die schwarze Leere in seinem Geist.

Die Frau wartet stehend.

Wenn der Mann sicher ist, daß er sich unter Kontrolle hat, setzt sich die Frau neben ihn auf das Bett und umfaßt die Basis des Penis mit Zeigefinger und Daumen der rechten Hand. Mit Druck gleiten ihre Finger den Penis entlang, bis zur Eichel, über die Eichel und lassen dann den Penis los.

Wenn der Penis steif erigiert ist, soll die Frau dies nur *einmal* tun. Ist er nicht völlig erigiert, so umfaßt sie die Penisbasis ein zweites Mal und wiederholt den Vorgang. Es muß daran erinnert werden, daß die Finger nur *von der Basis zur Eichel* gleiten sollen, dann lassen sie den Penis los.

Ist der Penis erigiert, beendet die Frau diesen Vorgang. Dann begibt sie sich mit gespreizten Beinen in eine kniende Haltung über den Unterleib des Mannes, seinem Kopf zugewandt und den Oberkörper aufgerichtet.

Sie greift nach dem Penis und umfaßt ihn mit dem rechten Zeigefinger und Daumen. Ihre linke Hand liegt auf ihrem Oberschenkel oder wo sie es wünscht, um bequem die Balance halten zu können. Sie hebt ihre Hüften über den Penis und führt ihn in die Vagina ein; dann senkt sie ihren Leib, bis der Penis sich so tief, wie es möglich und angenehm ist, in der Vagina befindet. Sie sitzt ganz ruhig. Der Mann verhält sich ebenfalls ruhig.

Die Frau legt ihre Hände auf die Hände des Mannes, die er auf dem Bauch gefaltet hat.

Sie schließt fest die Augen.

Der Mann benutzt jetzt das Yantra seiner Muskelkontraktionen. Er konzentriert sich auf die Muskeln und »Röhren« im Inneren des Penis und stellt sich vor, daß sie sich füllen, wenn er die Muskeln des Penis, der Leisten und des Unterleibs anspannt. Er hält die Kontraktionen so lange aufrecht, wie er kann, und entspannt sich dann wieder.

Die Frau spürt die Kontraktionsbewegungen des Penis in ihrer Vagina und sollte es auch sagen. Der Mann wiederholt die Kontraktion, entspannt sich wieder.

Nach einem Augenblick der Konzentration wiederholt der Mann die Kontraktion ein drittes Mal, hält sie so lange fest wie möglich und entspannt sich. Dann verharren beide schweigend einige Augenblicke lang in dieser Haltung.

Die Frau richtet jetzt mit noch immer geschlossenen Augen ihre Vorstellungskraft auf die vaginalen Muskeln.

Wenn Bild und Konzentration die gewünschte Stärke erreicht haben, spannt sie die vaginalen Muskeln so fest wie möglich an, hält die Spannung so lange aufrecht, wie sie kann, und entspannt sich dann. Der Mann spürt, wie die vaginalen Muskeln sich um den Penis spannen. Wenn die Kontraktion beendet ist, sagt er seiner Partnerin, was er gefühlt hat. Sie wiederholt die Kontraktion und entspannt sich wieder.

Dann erfolgt eine dritte Kontraktion der Frau, so fest und so lange wie möglich.

Jetzt verharrt das Paar ruhig in dieser Haltung und nimmt das Kontroll-Mantra und -Yantra zu Hilfe, um die Kontrolle aufrecht-zuerhalten.

Der Mann entspannt nun seine Beine und streckt sie aus. Die Frau bewegt ihre Hüften in einer Weise, die ihr und dem Mann Lust bereitet. Es beginnt der Geschlechtsakt in dieser Stellung. Beide können in dieser Stellung nach Belieben agieren – mit den Bewegungen des Körpers, mit Berühren und Stimulieren –, um Lust zu erzeugen. Aber die *Kontrolle* muß aufrechterhalten bleiben!

Es ist wichtig, daß sich beide stets daran erinnern, die Kontrolle nicht zu verlieren. Wann immer der eine den Orgasmus kommen fühlt, muß er dem anderen das *Signal* geben, indem er nach dem Arm des anderen greift. In diesem Fall muß die Aktion sofort unterbrochen werden, bis die Kontrolle wieder intakt ist. Dies erfordert von beiden Partnern unbedingte Zusammenarbeit und Achtung vor der Notwendigkeit des anderen, die Kontrolle aufzu-bauen.

Das Paar sollte in dieser Stellung mit dem Liebesspiel fortfah-ren, bis jeder wenigstens einmal den Punkt erreicht hat, an dem er anhalten mußte, um die Kontrolle aufrechtzuerhalten. Die Kombi-nation von Kontroll-Mantra und -Yantra sollte von *beiden* Part-nern benützt werden, sobald *einer* von beiden das Signal zur Unterbrechung der Bewegung gegeben hat.

Auf diese Weise kann das Liebesspiel von ganz beliebiger Dauer sein – unter der Kontrolle beider Partner.

Danach sollte die Frau den Penis aus der Vagina gleiten lassen und sich neben den Mann legen. Sie können nun miteinander das Spiel der Lust betreiben, wie sie wollen. Die tantrischen Meister empfehlen, daß die aktive und passive Rolle im Liebesspiel abwechselnd übernommen werden sollte, weil dadurch die Kontrolle erleichtert und die Lust verlängert würde.

Zum Beispiel:

Das Paar verändert die Stellung. Der Mann küßt, stimuliert, streichelt und masturbiert die Frau und erregt sie mit Cunnilingus, wobei er jedesmal eine Pause macht, wenn sie die Kontrolle festigen möchte.

Der Mann kann sich dann in die Stellung über der Frau begeben, so daß sie sich ihrerseits auf das Küssen, Streicheln, Masturbieren und die orale Erregung des Mannes konzentrieren kann, wobei sie nicht vergessen darf, sein Bedürfnis nach Kontrolle zu respektieren und ihre Aktionen zu unterbrechen, sobald er ihr das Kontrollsignal gibt.

Dasselbe Signal und die Unterbrechung der Aktion während der Kontrollübung werden grundsätzlich angewandt, welche Stellung das Paar im Liebesspiel auch immer einnehmen mag – sei es, daß der Mann oben ist oder an der Stelle oder hinter der Frau, ob sie auf den Sesseln sitzen oder eine beliebige andere Haltung einnehmen.

Was allein wichtig ist, ist das *Aufrechterhalten der Kontrolle*. Und wenn diese Praxis der Kontrolle in jeder Liebessituation geübt wird, wird sie immer leichter aufzubauen und aufrechtzuerhalten sein. Sowohl das Vorspiel als auch der Akt selbst können so lange ausgedehnt werden, wie beide Partner es wünschen.

Dann können Sie entscheiden, wenn Sie sich zum Orgasmus bereit fühlen.

Weitere Nuancen dieser unumgänglichen Kontrolle im Tantra werden in den folgenden Kapiteln, »Eine Weiterführung« und »Besondere Rituale«, dargestellt.

Wenn beide befriedigt sind, sollten sie engumschlungen beieinanderliegen und das Kanalisierungs-Mantra und -Yantra benutzen.

Danach kann das Mahl eingenommen werden und das Paar kann, ja sollte sich offen über alles unterhalten.

Die sieben Nächte des Tantra sind nun vollendet. Aber es ist ein Beginn, kein Ende.

Eine Weiterführung

Und der tantrische Meister entließ die neuen Tantriker mit folgenden Worten:

»Ihr beschreitet nun neu die Erde unter euren Füßen. Die Essenz, das Innerste eures Seins ist euch offenbar geworden. Dank dieser Essenz wißt ihr um die große Lust und die große Kraft, die ihr nunmehr beherrscht.

Ihr seid jetzt neu geboren in diese Wesenhaftigkeit des tantrischen Lebens. Ihr werdet jeden neuen Schritt, den ihr tut, überlegt tun und ihn beherrschen. Auf eurem eigenen Weg werdet ihr zur Höhe der Erleuchtung gelangen, von keinem anderen geführt.

Die Rituale, die ihr kennengelernt habt, werden zunehmend an Kraft und Energie gewinnen, wenn ihr sie weiterhin praktiziert.

Jeder Tag des tantrischen Lebens wird euch größeres Wissen über euch selbst und andere bringen; größere Fähigkeit, Lust zu erfahren, Lust zu geben; größere Energie und Macht über sie; größere Kontrolle über euer Leben, euer Sein und über alles, was ihr in diesem Universum entdeckt. Denn ihr werdet eins sein mit euch selbst, eins mit der Erde, eins mit allen anderen, eins mit dem Universum. Und eure Essenz wird wachsen und den Kontakt mit allen unsterblichen Essenzen ermöglichen, die auf jenen Ebenen existieren, auf denen euch das Wesen des Seins vermittelt werden wird.

Unternehmt jeden Schritt mit der Gewißheit, daß er lustvoller sein wird als jegliche Lust, von der Sterbliche wissen.

Denn euer Sein ist ein Sein als Essenz der Lust; euer Körper ist der Schlüssel zu allen kreativen Kräften. Ihr seid jetzt ein Teil der

Einheit aller Essenzen, die es je gab und je geben wird.
Die Kraft, die Lust, die Macht über alles wird euch enthüllt.«

Die sieben Nächte des Tantra und die individuellen Rituale für die
Frau und den Mann haben die Grundprinzipien der tantrischen
Sexualität vermittelt, die zur Intensivierung der Sexualität führen,
zu gesteigerter eigener Wahrnehmung und der des Partners, zur
Kontrolle der vitalen Energien der Sexualität und zur Fähigkeit,
diese Energien in alle Bereiche des Lebens zu leiten.

Jeden Tag sollte sich der Geist auf die grundlegenden Yantra-
Imaginationen aller Übungen konzentrieren. Es sollte täglich
etwas Zeit erübrigt werden für das Yantra als eine Form der
tantrischen Konzentration. Denn mit dem Yantra bleibt man im
Besitz der Kontrolle und der Fähigkeit zur Kanalisierung.

Die Rituale selbst sollten ein fester Bestandteil eines jeden
Tagesablaufs sein.

Wenn möglich sollten auch die Paar-Rituale praktiziert werden.

In einer Nacht, in der das Paar nicht beisammen ist oder in der
keine Möglichkeit für den Vollzug der Paar-Rituale besteht,
sollten die Allein-Rituale, einschließlich des Kontroll-Rituals,
ausgeführt werden.

Im sexuellen Verkehr sollte stets bewußt sein, daß die Beziehung zueinander jetzt von tantrischer Art ist und die Wiederholung
der Kontrolle und der Kanalisierung während des Liebesspiels
beinhalten sollte; nicht nur, um die Kontrolle zu festigen und
konsequent die Wahrnehmung und die Kanalisierung einzusetzen,
sondern auch, weil jede Festigung der Kontrolle zu besserer
Kontrolle führt und die Ekstase steigert.

Der nächste Abschnitt dieses Buches handelt von »Besonderen
Ritualen und Erläuterungen zur tantrischen Sexualität«. Daraus
wird noch deutlicher werden, wie unbegrenzt die Möglichkeiten
der Intensivierung der Rituale sind, um die Lust zu steigern.

Wenn die Kontrolle jemals entgleiten sollte, geht man zu den
Basis-Übungen zurück und vollzieht sie mit erhöhter Konzentration; das Yantra und die Mantras sollten jeden Tag benutzt werden.

Wenn alle Aspekte der Sexualität unter Kontrolle sind, hat man auch über alle übrigen Bereiche des Lebens mehr Macht gewonnen.

Die tägliche konsequente Praxis der Rituale wird zu immer neuen Erfahrungen der Lust und zu gesteigerter Wahrnehmung des ruhigen Vertrauens in sich selbst führen – zu innerer Ruhe und Selbstbewußtsein, die dem Wissen um das Selbst und den Kräften, zu denen man als Tantriker gelangt ist, zu verdanken sind.

Besondere Rituale und Erläuterungen zur tantrischen Sexualität

Einführung

Das sexuelle Tantra enthält noch mehr als die Basis-Rituale für den Mann, die Frau und für Paare.

In den vielen Bänden, die im Laufe der vergangenen tausend Jahre darüber geschrieben wurden, finden sich wiederholt Hinweise auf andere Rituale und Erläuterungen zu vielen Aspekten der Sinnlichkeit, der Sexualität, der Wahrnehmung, der Kontrolle und der Kanalisierung.

Jedes Ritual ist so konzipiert, daß es die Konzentration auf einen bestimmten Aspekt der tantrischen Entwicklung richtet, sei es eine Weiterentwicklung der Wahrnehmung oder der Methoden, um einen verlängerten Orgasmus zu erreichen, oder der Übungen, die nötig sind, um die Muskelkoordination der Vagina (tantrische

Vagina genannt) völlig beherrschen zu lernen.

Für einen Mann oder eine Frau in gesunder körperlicher Verfassung ist keines der Rituale physiologisch schädlich, vorausgesetzt, daß sie den Anweisungen entsprechend vollzogen werden.

Vielleicht wollen nicht alle Schüler des Tantra von den besonderen Ritualen Gebrauch machen. Alle Grundlagen des Tantra sind in den Allein-Ritualen für Mann und Frau und in den Paar-Ritualen enthalten. Wenn man sich auf diese Rituale beschränkt, kann man die drei Grundprinzipien des Tantra beherrschen lernen: Wahrnehmung, Kontrolle und Kanalisierung. Denn das Beherrschen der Allein-Rituale ist die Basis des Tantra. Doch sollte der ernsthafte Schüler diesen Text über die besonderen Rituale vollständig lesen, um einen Einblick in die Erläuterungen des Tantra zu einer großen Reihe von Themen zu bekommen und um die weiterführenden Rituale zu kennen, mit denen man sich befassen kann, um die tantrischen Fähigkeiten in bestimmten Bereichen zu fördern.

Das Tantra sagt, daß diese besonderen Rituale, wie etwa diejenigen, die sich auf die Erektion beziehen, für den Mann sehr nützlich seien, und dies nicht nur, um mit gelegentlich auftretender Impotenz fertig zu werden, sondern auch als Hilfe, um innerhalb eines kurzen Zeitraums wiederholt Erektionen erzeugen zu können.

Ebenso betrachten die tantrischen Texte die Entwicklung der tantrischen Vagina bei der Frau als ein wichtiges Hilfsmittel, um ihre Wahrnehmung zu fördern und ihre Fähigkeit, Lust zu geben und Lust zu empfangen, zu steigern.

Andere Rituale dienen dazu, Befangenheit und Hemmungen noch weitgehender zu beseitigen. Wenn die Rituale für die Frau oder den Mann und die Paar-Rituale, wie sie in diesem Buch beschrieben sind, vollständig durchgeführt sind, kann nun der Weg zur Beherrschung der Grundprinzipien weitergegangen und zusätzliche Aspekte der tantrischen Sexualität und Kraft können erschlossen werden.

Neue Partner

Das Tantra fällt keine moralischen Urteile.

Es geht davon aus, daß diejenigen, die ein promiskuitives Leben führten, bevor sie Tantriker wurden, wahrscheinlich weiterhin promiskuitiv leben wollen; daß diejenigen, die nur eine mäßige Anzahl von sexuellen Partnern hatten, vermutlich weiterhin mäßig bleiben werden; und daß diejenigen, deren Leben auf einen Partner bezogen ist, mit ihm weiterleben wollen.

Aufgrund der speziellen Eigenart des Tantra wird es wahrscheinlich zunächst mit einem Partner geübt und erlernt. Wenn man jedoch die Einzel- und Paar-Rituale beherrscht, kann man mit diesem Partner zusammenbleiben, oder man kann sich auch trennen.

Das Tantra übt seine Wirkung vor allem auf das Individuum aus. Der tantrische Umgang in einer sexuellen Beziehung, wie lang oder wie kurz sie sein mag, macht aus dem Tantriker den natürlichen »Lehrmeister« des Partners.

Das Tantra sagt, daß, wenn ein Tantriker einen neuen Partner wählt, er diesen neuen Partner mit den tantrischen Methoden bekannt machen soll. Wenn der neue Partner selbst bereits ein Tantriker ist, so wird die Beziehung natürlich von Anfang an tantrisch orientiert sein. Wenn er jedoch kein Tantriker ist, dann sollte der »Lehrmeister« dem neuen Partner die tantrischen Methoden zeigen. Wenn der Tantriker seinem (oder ihrem) neuen Geliebten die gesteigerten Freuden der tantrischen Liebe zeigt, wird dies den neuen Partner sicher dazu bringen, Tantra erlernen zu wollen. Der Tantriker kann dann anfangen, die Allein-Rituale und die Paar-Rituale zu lehren, um aus dem neuen Partner ebenfalls einen Tantriker zu machen.

Das Tantra legt größten Wert auf den tantrisch orientierten *Anfang* einer Beziehung zu einem neuen Partner.

Wenn die Frau sich einen neuen Geliebten nimmt, so muß sie auf jeden Fall in der Initialzeit darauf bestehen, im Liebesspiel die Kontrolle aufrechtzuerhalten. Sie sollte nicht zögern, ihre entfaltete Wahrnehmung, ihre Fähigkeiten und ihre Kontrollmethode zu demonstrieren, um damit auch die Lust ihres Partners zu steigern.

Wenn der Mann sich eine neue Partnerin nimmt, so sollte er ebenfalls seine tantrische Fähigkeit demonstrieren, um seiner Partnerin größtmögliche Lust und Befriedigung zu schenken.

Die Art und Weise, wie die Haltung als »Lehrer« dem »Schüler« gegenüber eingenommen wird, darf nicht aufdringlich sein. Sie sollte sehr feinfühlig gehandhabt werden. Doch muß der Tantriker, so sagt das Tantra, der Führer sein und seine oder ihre Kontrolle während des Liebesspieles aufrechterhalten. Der wahre Tantriker hat kein Verlangen, »die Welt zum Tantra zu bekehren«. Aber ebensowenig denkt er daran, den tantrischen Weg zu verlassen, wenn er gelernt hat, auf ihm zu gehen.

Tantra und das Alter

»Daß der Geist geschmeidig sei, nicht der Körper.« Dies ist die Art der tantrischen Texte, zu sagen: »Das Alter ist nicht wichtig.«

Es spielt keine Rolle, in welchem Alter ein Schüler beginnt, Tantra zu erlernen; nur muß der Geist empfänglich sein für die tantrischen Ideen, und er muß den Mut haben, den Versuch zu wagen. Tantrische Gruppen beginnen mit der Vermittlung der tantrischen Allein-Rituale bei ihren Kindern oft im Alter von zwölf Jahren. Diese Unterweisung soll die Pubertierenden zu einem tantrischen Umgang mit der Sexualität konditionieren – zu einer offenen, ehrlichen, ungehemmten Haltung. Es gibt keine Tabus. Es gibt nur freie Kommunikation und Unterweisung, damit der eigene Körper und die eigene Sexualität kennengelernt werden. Es ist eine Art von Unterricht, die laut tantrischen Texten zu größerem Selbstvertrauen führt und vor vielen der »sexuellen Probleme« bewahrt, die pubertäre Spannungen und Frustrationen erzeugen.

In einem der Texte steht die Geschichte von einem achtzigjährigen Tantriker, der sich jede Nacht mit seiner »älteren Frau«, die seine Tantra-Lehrerin gewesen war, der tantrischen Liebe hingab.

Die Geschichte fährt fort, daß sie im Alter von neunundachtzig Jahren starb und der Tantriker sich eine jüngere Frau nahm, eine Nicht-Tantrikerin von dreiundsechzig, und er sie die Methoden des Tantra lehrte, so daß sie sinnlich und sexuell und in allen Bereichen ihres Lebens neu geboren wurde. Und als der ältere Tantriker mit einundneunzig Jahren starb, nahm sich seine »jüngere Frau« einen vierzigjährigen Liebhaber und lehrte ihn die Methoden des Tantra, und ihre Wonne hielt all die Jahre an, die sie zusammen verlebten.

Es ist dies vielleicht keine ganz wahre Geschichte, aber sie verdeutlicht zwei für das Tantra typische Punkte:

Das Alter spielt keine Rolle, was das Lernen betrifft.

Das Alter spielt keine Rolle, was den Genuß der Freuden des Tantra betrifft.

Im Rahmen meiner eigenen Tantra-Forschungen interviewte ich auch eine große Zahl von Tantrikern. Der jüngste von ihnen war neunzehn, der älteste achtundsiebzig Jahre alt.

Jeder drückte auf seine Weise aus, daß das Alter keine Rolle spiele, nur ein offener Geist und konsequente Praxis der Rituale seien grundlegend wichtig. Die Menschen, sagt das Tantra, lassen allzuoft zu, daß ihr Leben sich in die kleinen, aber hartnäckigen und emotional wie körperlich erschöpfenden Dinge des Alltags verstrickt. Und dann neigen sie dazu, mehr Wert auf die äußere als auf die innere Welt zu legen. Das bedeutet, daß sie all die Schönheit, die sie in sich tragen und die dem Wissen dient, tief in sich zurückdrängen und ihre innere Kraft davongleiten lassen.

Der Fluß der sexuellen Energie, sagt das Tantra, ist der Fluß des Lebens und der lebenspendenden Energie. Wird er behindert, so steht er still und wird im Innern eingeschlossen.

Gibt man ihm dagegen die Möglichkeit, frei zu strömen, so vervielfachen sich seine Kräfte, und die kreativen Energien werden zur Macht der Kreativität. Die Kontrolle der sexuellen Energie bedeutet nicht, diesen Energiefluß zu blockieren; vielmehr erlaubt uns die Kontrolle, die Energie zu lenken und zu kanalisieren; unser Leben in seiner Fülle zu leben, jeden Tag zu genießen, die inneren Kräfte dazu zu verwenden, Lust zu geben und zu empfangen – im Austausch mit einem anderen Menschen und mit der Welt.

Es ist nicht nur so, daß das Alter im tantrischen Leben ohne Bedeutung ist, sondern daß das Tantra selbst ein Schlüssel zu langem Leben ist.

Der mehrfache Orgasmus der Frau

Die tantrischen Texte weisen darauf hin, daß die Frau – im Gegenteil zum Mann, der im sexuellen Akt zu einem Orgasmus, der Ejakulation, hinstrebt – mehr als einen Orgasmus während eines Aktes erleben kann.

Die tantrischen Texte gehen noch weiter und teilen die Frauen in drei Gruppen ein, *Vegas* genannt, die sich durch die Häufigkeit ihrer Orgasmen unterscheiden:

1. *Chanda-Vega:* Die Frau, die mit Leichtigkeit mehrere Orgasmen erreicht.

2. *Madhyama-Vega:* Die Frau, die nur einen Orgasmus innerhalb eines sexuellen Aktes erreicht.

3. *Manda-Vega:* Die Frau, die selten einen Orgasmus erreicht.

Um der Deutlichkeit willen wollen wir das Tantra in modernes Vokabular umsetzen und diese drei Gruppen als Typ eins, Typ zwei und Typ drei bezeichnen und jeden im Zusammenhang mit den tantrischen Erläuterungen und Vorschlägen besprechen.

Typ eins: Der Gebrauch der tantrischen Wahrnehmungsübungen sollte dazu dienen, die Lust der wiederholten Orgasmen zu steigern. Durch die *Kontrolle* des Orgasmus kurz vor seinem Ausbruch im sexuellen Akt und durch die darauf folgende Lockerung der Kontrolle wird die *Intensität* des Orgasmus gesteigert. Das Tantra empfiehlt, daß dieser Frauentyp das besondere Ritual des vaginalen Orgasmus, wie auch die Entwicklung des verlängerten Orgasmus und der tantrischen Vagina praktizieren sollte.

Typ zwei: Das Tantra erklärt, daß dieser Typ kein Verlangen danach hat, mehrere Orgasmen zu erleben. In diesem Fall sollte die Frau die Kontrolle ihres Orgasmus mehrere Male während eines sexuellen Aktes einsetzen – Annäherung an den Orgasmus, dann Rückzug (verlängerter Orgasmus) – und so ihren vereinzelten Orgasmus mit größerer Ekstase, Kraft und Energie anreichern.

Das Tantra schlägt vor, daß dieser Frauentyp das Ritual des verlängerten Orgasmus zu diesem Zweck praktizieren sollte.

Das Tantra sagt jedoch auch, daß die Frau dieses Typs die Möglichkeit, mehrere Orgasmen zu erreichen, nicht außer acht lassen sollte. Im allein vollzogenen Kontroll-Ritual sollte sie sich selbst wiederholt an die Grenze zum Orgasmus bringen und dann die Kontrolle einsetzen. Sobald ihr dies leichtfällt, sollte sie die Wahrnehmungs-Rituale und Bilder allein oder mit einem Partner praktizieren, um ihre Erregung zu steigern. Dann sollte sie, wenn sie mit einem Partner ein Ritual in der Art der Siebten Nacht vollzieht, mit ihrem Partner über ihren Wunsch nach mehreren Orgasmen sprechen. Der Mann masturbiert sie bis zum Punkt des einsetzenden Orgasmus und hält dann inne, während sie die Kontrolle aufbaut; dann masturbiert sie der Mann wieder, bis sie ganz zum Orgasmus kommt. Beide Partner sollten die Kontrolle aufrechterhalten, solange sie mit dem Vorspiel befaßt sind. Dann sollte der Mann alle Bereiche ihres Körpers oral stimulieren, mit dem Höhepunkt in Cunnilingus, bis sie die Grenze zum Orgasmus erreicht hat, und dann innehalten, bis die Kontrolle gefestigt ist. Daraufhin sollte der Mann die orale Stimulierung ihres Körpers wiederholen. Er setzt wieder Cunnilingus ein, bis sie den zweiten Orgasmus erreicht hat. Dann folgt noch einmal die Wahrnehmungs-Stimulierung ihres Körpers mit Händen und Mund, der zum sexuellen Akt und zu ihrem dritten Orgasmus führt.

Wenn das Paar sich auf diese Übung des mehrfachen Orgasmus geeinigt hat, muß der Mann unbedingt die Kontrolle bewahren, bis die Frau ihren dritten Orgasmus erreicht hat. Die Frau sollte, wenn sie sich dafür entschieden hat, es mit dieser Übung zu versuchen, zulassen, daß sie wiederholt stimuliert wird, auch wenn sie in der Vergangenheit jeweils nur einen Orgasmus gehabt hat.

Wenn die Übung beendet ist und die Frau drei Orgasmen in einem Akt des Liebesspiels gehabt hat, kann sie möglicherweise den Wunsch haben, vier Orgasmen zu erreichen. Doch sollte sie auf jeden Fall wenigstens dreimal innerhalb einer Woche die Übung vollzogen und den dreifachen Orgasmus erlebt haben, bevor sie sich dazu entscheidet, im tantrischen Liebesspiel vier Orgasmen zu erreichen. Sie kann sich jedoch auch nach erfolgreicher Praxis des mehrfachen Orgasmus für einen einzigen Orgasmus entscheiden.

Typ drei: Schon vor zweitausend Jahren weigerte sich das Tantra, die Existenz dessen, was manche Leute heute eine frigide Frau nennen, anzuerkennen. Ebenso wie die modernen Psychologen nahm es an, daß es sich dabei lediglich um Hemmungen handelte, die beseitigt werden mußten.

Die ersten beiden Allein-Rituale der Wahrnehmung für die Frau sind dazu konzipiert, eine bessere Kenntnis des eigenen Körpers und der eigenen Sinnlichkeit zu ermöglichen. Diese Übungen sind von größter Wichtigkeit für diesen Frauentyp. Außerdem sollte sie sich mit großer Hingabe auf das Yantra der Wahrnehmung konzentrieren. Was ihre täglichen Übungen betrifft, so legt das Tantra ihr dringend einen weiteren Schritt nahe: Jeden Tag sollte sie allein (ungeachtet ihrer übrigen sexuellen Aktivität) die Wahrnehmungs-Übungen vollziehen und sich bis zum Orgasmus masturbieren.

Im Konditionierungsprozeß des Tantra wird »Orgasmus durch Orgasmus erzeugt«. Je mehr Orgasmen erlebt werden, desto leichter können sie erreicht werden.

Wenn sie nicht in der Alleinpraxis in der Lage ist, den Orgasmus durch Masturbation zu erreichen, so muß sie ihre Befangenheit überwinden und dies als schlichte Tatsache ihrem Partner erklären.

Trotz ihrer Unfähigkeit zum Orgasmus sollte die Frau mit ihrem Partner die Paar-Rituale vollziehen.

Jede Nacht sollte sie nach dem beschriebenen Ritual und dem Ablauf der verlangten Stunde in das Schlafzimmer zurückkehren, und die Frau sollte noch einmal den Mann zum Zeugen ihres Wahrnehmungs-Rituals werden lassen, in dem sie sich selbst masturbiert. Doch sollte sie sich diesmal nicht um Kontrolle

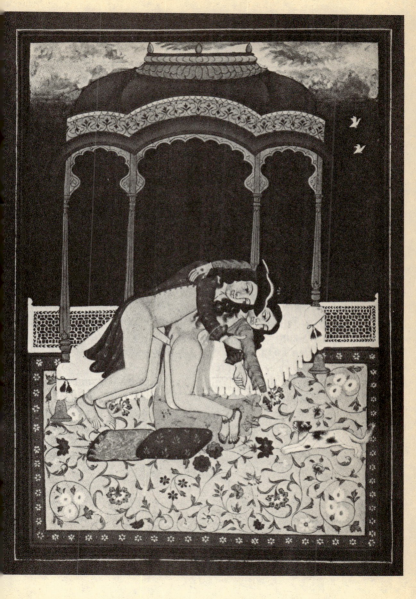

bemühen, sondern zulassen, daß die Masturbation in den Orgasmus mündet.

Ihre Hemmungen können durch die Anwesenheit des Mannes beseitigt werden, und dies kann ihr helfen, zum Orgasmus zu kommen.

Ist dies jedoch nicht der Fall, so empfiehlt das Tantra, daß der Mann alles versuchen sollte, »was er sich nur vorzustellen vermag«, um ihr zum Orgasmus zu verhelfen. Einige der tantrischen Texte sprechen vom Gebrauch eines Dildo (einer Penisnachbildung), andere von einer weichen Feder, um die Klitoris, das Perinäum und den Anus zu kitzeln und zu reizen. Es ist vollkommen in Ordnung, wenn der Mann oder die Frau selbst einen Vibrator benützen, um ihr zu helfen, zum Orgasmus zu kommen.

Ist der Orgasmus erreicht (und wenn genügend Varianten versucht wurden, dann *ist* er erreicht worden), so wird sie sich ohne Schwierigkeiten auch allein bis zum Orgasmus masturbieren können, indem sie das Wahrnehmungs-Mantra verwendet und das Yantra entstehen läßt, das sich beim ersten Orgasmus spontan eingestellt hat. Von ihrerer eigenen erfolgreichen Masturbation führen die Schritte des Tantra folgerichtig dahin weiter, daß sie mit Erfolg von ihrem Partner masturbiert werden und dann mit Cunnilingus zum Orgasmus gebracht werden kann.

Von da an kann sie zu den Übungen weitergehen, die zum mehrfachen Orgasmus führen.

Alle Frauen auf dieser Welt sind verschieden voneinander. Zeit und der Gebrauch der tantrischen Wahrnehmung, Kontrolle und Kanalisierung sind die Schlüssel zum mehrfachen Orgasmus, ebenso wie zu den Wonnen des Tantra.

Erektion

Üblicherweise entsteht die Erektion des Mannes im Laufe des sexuellen Vorspiels und durch die Erwartung des Aktes.

Aber gelegentlich ist die Erektion nicht ganz so einfach zu erreichen.

Das Tantra führt das auf Müdigkeit, Streß und Nervosität zurück. Moderne Psychologen neigen dazu, dem zuzustimmen, was die Tantriker schon lange wußten: daß man mit einer gelassenen Einstellung gegenüber den Schwierigkeiten beim Erigieren zur Lösung des Problems kommt.

Als erstes, sagt das Tantra, soll der Mann, wenn er den sexuellen Kontakt aufgenommen hat und zum Orgasmus gekommen ist, sich *nicht beeilen*, um zu einer erneuten Erektion zu kommen. Er sollte es langsam und in Ruhe geschehen lassen und sich genügend Zeit nehmen, damit die Energie sich erneuern kann.

Wenn der Mann nicht in der Lage ist, zu Beginn der sexuellen Aktivität zur Erektion zu kommen, so wird ihm dieselbe Haltung der Gelassenheit empfohlen. Die Partnerin des Mannes wird ohne Zweifel das Problem ebenso wahrnehmen wie der Mann, und ihre Haltung sollte ebenfalls eine gelassene sein.

Was immer der Grund für das Problem sein mag – es geht darum, die Erektion zustande zu bringen, und die tantrischen Texte legen dazu folgendes nahe:

Der Mann legt sich nackt in der Wahrnehmungs-Stellung auf das Bett. Er entspannt sich und konzentriert sich *nicht* darauf, zur Erektion zu kommen, sondern darauf, das Vorstellungsbild der Wahrnehmung entstehen zu lassen. Er spricht drei Wahrnehmungs-Mantras.

Seine Partnerin sitzt am Bettrand, ohne ihn zu berühren, und verhält sich ganz ruhig. Sie sollte auf seiner *linken* Seite, seinen Füßen zugewandt, sitzen.

Der Mann läßt langsam seine Hände über seinen Bauch zur Basis des Penis gleiten. Sein rechter Zeigefinger und Daumen umfassen die Penisbasis. Seine linke Hand ergreift die Hoden.

Jetzt konzentriert er sich mit geschlossenen Augen auf das Vorstellungsbild der Muskel-Kontraktions-Übung. Er imaginiert seinen Penis mit allen Muskeln und den »leeren Röhren« innerhalb des Penis. Er drückt nun die Finger und Daumen, welche die Penisbasis umfassen, zusammen und zieht sie langsam mit Druck aufwärts, von der Basis bis zur Spitze des Penis. *Gleichzeitig* spannt er die Muskeln fest an und imaginiert ihre Kontraktion, was auch einschließt, daß er »sieht«, wie sich die Röhren füllen.

Das Kontrahieren, das Gleiten der umschließenden Finger und das Vorstellungsbild sollten simultan koordiniert werden: die Zeit, während der er die Muskelanspannung aufrechterhält, sollte ebensolang sein wie die Zeit, die er braucht, um seine Finger den Penisschaft entlanggleiten zu lassen.

Wenn die Finger die Eichel erreicht haben, sollte er die Kontraktion beendet haben und den Penis loslassen. Dann entspannt sich der Mann einige Minuten lang.

Jetzt sollte dasselbe wiederholt werden: Umfassen, Druck, Ziehen der Finger von der Basis zur Spitze, begleitet von der Muskelkontraktion.

Dann wird der Vorgang ein drittes Mal wiederholt. Danach läßt der Mann seine gefalteten Hände auf dem Bauch ruhen.

Er behält seine Stellung mit geschlossenen Augen bei.

Die Frau richtet ihren Blick auf die Genitalien des Mannes. Ihre *rechte* Hand greift nach dem Penis, Zeigefinger und Daumen umfassen ihn an der Basis. Ihre linke Hand umschließt und massiert sanft die Hoden – langsam, und nur die Hoden. Ihr Zeigefinger und Daumen drücken auf die Penisbasis.

Wenn der Mann den Druck spürt, spannt er die Muskeln fest an.

Sobald die Frau die Muskelkontraktion des Mannes wahrnimmt, zieht sie ihre Finger über den Penisschaft zur Eichel. Ihr Druck erzeugt eine Empfindung von »Ziehen« am Penis; doch sollte sie dabei – ebenso wie zuvor der Mann – soviel Druck anwenden, daß die Finger nur langsam über den Schaft gleiten.

Wenn sie die Lockerung der Kontraktion spürt, läßt sie den Penis los. Sie soll *nicht* mit ihren Fingern *zurück* zur Penisbasis gleiten, sondern ihn in seine natürliche Lage »fallen« lassen.

Wieder umfaßt die Frau die Basis des Penis; der Mann kontrahiert, die Frau läßt die Finger über den Schaft zur Eichel gleiten, die Frau lockert ihren Griff, sobald sie die Entspannung spürt.

Der Vorgang wird dann ein drittes Mal wiederholt. Danach streckt der Mann seine Beine auf dem Bett aus und öffnet die Augen. Er und die Frau entspannen sich, während sie im stillen drei Wahrnehmungs-Mantras wiederholen.

Dann legt sich der Mann auf den Bauch. Die Frau ändert ihre Stellung nicht, befindet sich aber jetzt, da der Mann sich umgedreht hat, an seiner *rechten* Seite.

Der Mann nimmt nun eine kniende Haltung ein und stützt sich auf den Ellenbogen ab. Dann spreizt er seine Knie so weit auseinander, wie es ihm bequem möglich ist, faltet seine Arme und läßt seinen Kopf auf den Unterarmen ruhen.

Die Frau sollte mit der linken Hand um des Mannes rechte Hüfte greifen können, um die Hoden in die Hand zu nehmen.

Ihre rechte Hand führt sie mit nach innen gewandter Handfläche unter den Bauch des Mannes und läßt sie bis zum Penis gleiten; sie umfaßt die Penisbasis mit Zeigefinger und Daumen.

Der Mann konzentriert sich jetzt auf das Yantra der Muskelkontraktion und spannt die Muskeln an. Sobald die Frau die Kontraktion spürt, zieht sie ihre Finger mit Druck von der Basis zur Eichel. Aufgrund der Haltung des Mannes entspricht dieser Vorgang dem des »Melkens«.

In tantrischen Texten wird er wörtlich als »Melken des Penis zur Erektion« bezeichnet.

Sie sollte in dem Augenblick damit aufhören, in dem sie die Muskelentspannung des Mannes spürt. Noch einmal: sie soll ihre Finger *nicht* von der Spitze zur Basis des Penis zurückgleiten lassen. Physiologisch gesehen entsteht die Erektion dadurch, daß sich die normalerweise leeren Röhren im Penis mit Blut füllen, was ihn anwachsen und sich zur Erektion versteifen läßt.

Dieses Melken, verbunden mit der Muskelkontraktion, schafft einen Sog, der den Füllvorgang, der zur Erektion nötig ist, unterstützt.

Der Mann kontrahiert seine Muskeln dreimal, die Frau melkt den Penis jedesmal und läßt ihn dann los.

Nach der dritten Kontraktion sollte der Mann mit der Kontraktionsübung aufhören, aber in der Haltung »auf allen vieren« bleiben und sich auf die Empfindungen konzentrieren, die durch die Aktionen der Frau in seinem Körper hervorgerufen wurden.

Nachdem er die dritte Kontraktion beendet hat, sollte die Frau mit dem Melken fortfahren. Auch wenn der Penis zu wachsen beginnt und sich versteift, sollte sie das Melken von der Basis zur Spitze weiterführen, wobei ihre Finger nicht zur Basis zurückgleiten dürfen.

Gleichzeitig sollte die Frau mit ihrer linken Hand weiterhin die Hoden und gelegentlich auch das Perinäum und die rektalen Muskeln massieren und auf diese Weise langsam und sanft (niemals schnell oder heftig) die Erregung steigern.

Wenn der Mann auf die Melkübung zu reagieren beginnt, kann er den Kopf heben und sich auf den Knien im Bett erheben.

Wenn er das tut, entfernt die Frau beide Hände von seinen Genitalien. Sie legt sich auf den Rücken, die Füße am Kopfende des Bettes, so daß der Kopf unter die Genitalien des Mannes zu liegen kommt. Der Mann beugt sich vor und stützt sich auf die Ellenbogen. Die Vagina der Frau befindet sich vor seinem Gesicht, wodurch seine Erregung sich steigert. Er befindet sich in einer Haltung, in der er die Genitalien der Frau berühren, ihre Hüften in die Arme nehmen, ihre Schamlippen öffnen und ihre Klitoris küssen kann, wann immer er will.

Die Frau befindet sich mit ihrem Kopf ebenfalls in nächster Nähe seiner Genitalien.

Wenn sie ihre linke Hand hebt, kann sie seine Hoden, das Perinäum und die analen Muskeln stimulieren.

Mit der rechten Hand greift sie nach oben und umfaßt die Penisbasis mit Zeigefinger und Daumen. Sie fährt mit dem Melken fort.

Wenn sie nach einer Melkbewegung den Penis losgelassen hat, hebt sie den Kopf, umfaßt die Penisbasis mit Zeigefinger und Daumen und läßt den Penis so weit wie möglich in ihren Mund eindringen. Sie schließt die Lippen um den Penis und saugt fest daran. Während sie saugt, melkt sie den Penis mit ihren Fingern, bis der immer noch saugende Mund zurückgleitet und den Penis losläßt. Dieser Vorgang sollte vielfach wiederholt werden. Wenn man den eigenen Unterarm saugend küßt, so kann man feststellen, daß die Haut sich vom angesogenen Blut rötet. Dasselbe geschieht mit dem Penis. Das Melken erzeugt einen Blutstrom zum Penis hin, und das orale Saugen zieht den Strom in die leeren Röhren und verursacht die Erektion.

Die Empfindung, die der Mann dabei hat, ist alles andere als »klinisch«. Das Melken ist außerordentlich erregend, vor allem, wenn es mit dem Kneten der Hoden, des Perinäums und der Analzone verbunden ist.

Das Melken des Penis ist eine ganz köstliche Empfindung.

Und es besteht kaum ein Zweifel, daß sich eine Erektion einstellen wird.

Der Mann kann die Muskelkontraktion einsetzen, wann er will, um den Prozeß der Erektion zu unterstützen. Wenn er will, kann er den Kopf beugen und dem erotischen Vorgang des Melkens und Saugens zuschauen.

Die ganze Übung ist so erregend für den Mann, daß er gerne als Teil des Vorspiels einbezogen wird, vor allem beim zweiten Mal.

Ist die Erektion entstanden, so können Mann und Frau je nach Wunsch in dieser Stellung mit dem Fellatio und Cunnilingus fortfahren; oder der Mann kann sich auf den Rücken legen und die Frau sich über ihn knien, in einer Haltung, in der sie den Mann weiter mit Fellatio stimuliert und er ihre Vagina ebenfalls oral erregen kann.

Sie können ihr Liebesspiel in dieser Weise zu Ende führen oder die Stellung ändern – wie immer sie wollen.

Es sollte darauf hingewiesen werden, daß viele Männer bei dieser Übung zur Anregung der Erektion zusätzliche Aspekte der analen Stimulierung sehr schätzen. Das ist natürlich eine ganz persönliche Sache, über die sich die Partner einigen sollten. Ohne Zweifel wird dieses Ritual den Zweck erfüllen, zu dem es geschaffen wurde: eine Erektion zu erreichen.

Die tantrische Vagina

Eine der grundlegenden Lehren des Tantra ist die Entwicklung der sogenannten »tantrischen Vagina«, eine Erweiterung des weiblichen Allein-Rituals der Muskelkontraktion und -kontrolle.

In diesem Ritual liegt die Betonung nicht nur auf den Kontraktionen selbst (dem körperlichen Aspekt der Übung), sondern auf dem damit verbundenen Vorstellungsbild der Vagina als Tunnel oder Durchgang, der von Muskellagen umgeben ist, was ja tatsächlich der Fall ist. Es wurde vorausgesetzt, daß diese Übung allein praktiziert wurde, und ebenso in den Paar-Ritualen in der kontemplativen Haltung um den in die Vagina eingeführten Finger des Mannes.

Dieselbe Übung war auch in dem Paar-Ritual enthalten, in welchem sie mit dem in die Vagina eingeführten Penis in der Frau-oben-Stellung praktiziert wurde. Das Tantra stellt fest, daß die Übung regelmäßig in allen drei Arten ausgeführt werden sollte. Diese Praxis befähigt die Frau, ihre vaginalen Muskeln mit größter Leichtigkeit anzuspannen und genau zu bestimmen, welche Muskeln sie anspannt, ohne die damit verbundenen Bauch- und Oberschenkel-Muskeln mit einzubeziehen. Sie kann eine Stufe erreichen, auf der sie fähig ist, die Kontraktion über lange Zeit hin aufrechtzuerhalten.

Diese Kombination von Fertigkeiten bildet die tantrische Vagina, durch welche die sexuelle Lust sowohl der Frau als auch des Mannes außerordentlich gesteigert werden kann.

Durch das Anspannen der vaginalen Muskeln kann die Frau die inneren Wände der Vagina in vollständigeren Kontakt mit dem ganzen Schaft des Penis bringen und so die Reibung bedeutend verstärken. Die angespannten Muskeln, die nach dem Penis »greifen«, können den Mann in höchste ekstatische Erregung versetzen.

Mit dieser Muskelkontrolle kann die Frau die Bewegungen und die Koordination aufrechterhalten, die zum vaginalen Orgasmus nötig sind.

Diese Fähigkeit wird als eine der besten Leistungen der tantrischen Lehre betrachtet. Und doch ist sie relativ einfach zu erwerben; sie verlangt lediglich die Zusammenarbeit der Partner und Beharrlichkeit im Üben.

Als erstes sollte die Frau *täglich* die Muskelkontraktionsübung praktizieren. Sie sollte ein Teil ihres tantrischen Rituals sein.

Zudem sollte sie die Kontraktionen selbst oftmals während des Tages üben. Ein Vorschlag lautet, daß die Kontraktionen *zwölfmal* zwischen dem Aufstehen am Morgen und dem Schlafengehen am Abend ausgeführt werden sollten. Das ist nicht zuviel, wenn man bedenkt, daß innerhalb von höchstens zwei Minuten drei Kontraktionen gehalten und gelöst werden können.

Zweitens sollte die Frau mit ihrem Partner über die Übung zur Entwicklung der tantrischen Vagina sprechen. Beide sollten diese Übung zu einem Teil ihres gemeinsamen Rituals machen.

Die Praxis dieses Rituals gibt dem Mann, wenn er mit einbezogen ist, soviel Lust, daß er sich kaum weigern wird, mit der Frau daran zu arbeiten, die tantrische Vagina zu entwickeln.

Im Verlauf des Vorspiels oder der Rituale des Tantra, die von dem Paar allnächtlich vollzogen werden, gibt es einen Punkt, an dem der Mann seinen rechten Zeigefinger tief in die Vagina der Frau einführt, um sie zu stimulieren. Hier sollten drei lange Kontraktionen der Vagina um den Finger erfolgen. An einer anderen Stelle des Rituals oder des Vorspiels sollte die Frau die Position über dem Mann einnehmen; der Mann bleibt still liegen, während die Frau die drei Kontraktionen um den Penis vollzieht. Bei der dritten Kontraktion sollte die Frau die Muskeln so fest anspannen, wie sie kann, und gleichzeitig langsam den Unterleib anheben. Zuerst wird das dazu führen, daß sie sich vom Penis weghebt und er aus der Vagina herausgleitet. Doch wenn sich die Kraft der vaginalen Muskulatur zunehmend entwickelt, wird es die Empfindung erzeugen, als ziehe die Frau mit ihren vaginalen Muskeln den Mann am Penis hoch.

An dem Punkt des Rituals oder Vorspiels, an dem der Mann die Stellung über der Frau einnimmt, sollte er, sobald der Penis tief in die Vagina eingedrungen ist, eine Minute lang ganz still liegen und der Frau ermöglichen, noch einmal drei Kontraktionen vorzunehmen. Wenn sie das dritte Mal kontrahiert, sollte der Mann langsam den Penis aus der Vagina ziehen, während sie die Kontraktion aufrechterhält.

Nachdem die vaginalen Muskeln einen gewissen Grad der Entwicklung erreicht haben, wird es sein, als hielten sie den Penis fest, um ein Zurückziehen zu verhindern – als sei er eingefangen.

Das kann einer der lustvollsten Teile des sexuellen Spiels werden. Nach einiger Zeit wird die Frau fähig sein, ihre Muskeln lange andauernd und mit wesentlich mehr Kraft zu kontrollieren.

In den tantrischen Texten gibt es Geschichten über die Entwicklung der tantrischen Vagina, in denen es heißt, daß die Entwicklung so weit gehen kann, daß die um den Penis zusammengezogenen Muskeln eine Ejakulation verhindern können. Und wenn der Mann einen Orgasmus gehabt hat und sein Penis geschrumpft ist, können ihn die vaginalen Muskeln festhalten, so daß er nicht aus der Vagina gezogen werden kann, bevor es die Frau durch die Lockerung der Muskeln erlaubt.

Die Muskeln der Vagina können, wie alle anderen Muskeln des Körpers, durch Übung gestärkt werden. So kann man den tantrischen Geschichten über die Entwicklung der ungeheuer kraftvollen tantrischen Vagina ruhig Glauben schenken.

Alles, was dazu nötig ist, ist Ausdauer.

Der vaginale Orgasmus

Das Tantra anerkennt die Tatsache, daß das Zentrum der sexuellen Lust der Frau in der Klitoris liegt und daß die Frau durch die Erregung der Klitoris und anderer erogener Zonen zum Orgasmus kommt.

Trotzdem widmen die tantrischen Texte eine beachtliche Menge an Erläuterungen und Vorschlägen dem Thema des vaginalen

Orgasmus – dem Erreichen des Orgasmus ohne Klitorisstimulierung zum Zeitpunkt des Orgasmus.

Die tantrischen Texte machen das Gelingen des vaginalen Orgasmus abhängig von der Entwicklung der vaginalen Muskulatur und den folgenden Übungen:

Wenn die Frau im Verlauf des Liebesspiels zum Orgasmus kommen möchte und sie die Fähigkeit zum vaginalen Orgasmus entwickeln will, sollte sie sich zunächst stimulieren lassen, wobei ihr Partner diesmal auf dem Rücken liegt. Sie nimmt die Stellung über dem Mann ein, mit den über seinem Unterleib gespreizten Beinen. Dabei *ist sie mit dem Gesicht seinen Füßen zugewandt* und läßt sich über den Penis sinken, so daß er gut in die Vagina eindringt. Dann kann sie die entsprechenden Hüftbewegungen machen, die ihr am meisten Reiz und Lust verursachen.

In dieser Stellung hat die Klitoris keinen Kontakt mit irgendeinem Teil des männlichen Körpers.

Wenn sie durch die Hüftbewegungen allein nicht zum Orgasmus kommt, kann sie ihre Klitoris mit den Fingern stimulieren. Doch in dem Augenblick, in dem sie den Orgasmus kommen fühlt, sollte sie damit aufhören, statt dessen die Hüftbewegungen verstärken und ohne jede Klitorisreizung mit den Muskelkontraktionen beginnen, die zu einer größeren Reibung zwischen den vaginalen Wänden und dem Penis führen. Diese Kontraktionen werden stark und oft wiederholt und mit den erregenden Hüftbewegungen verbunden.

Der näher kommende Orgasmus sollte ohne jede Stimulierung der Klitoris stattfinden.

Wenn diese Übung die ersten paar Male ermüdend wirkt und das Gefühl des sich nähernden Orgasmus abzuklingen beginnt, kann die Frau kurz die Stimulierung der Klitoris erneuern, soll aber sofort damit aufhören, wenn sie den Orgasmus wieder kommen fühlt; sie wendet ihre Aufmerksamkeit dann wieder ganz den möglichst lustvollen Bewegungen der Hüften zu und kombiniert diese mit den Muskelkontraktionen. Viele Tantrikerinnen haben die Fähigkeit zum vaginalen Orgasmus entwickelt. Sie behaupten, daß er nicht schwer zu erreichen sei und ein Ausmaß an Lust gewähre, das mit einem normalen Klitorisorgasmus nicht zu vergleichen sei. Es wird einfacher mit der Praxis.

Und es gibt noch eine andere Methode, um zum vaginalen Orgasmus zu kommen, die mit der oben beschriebenen abgewechselt werden kann.

Wenn die Frau genügend sexuell erregt ist, legt sie sich nach dieser zweiten Methode auf den Bauch und hebt leicht die Hüften an. Der Mann führt den Penis von hinten in die Vagina ein, von den Hüftbewegungen der Frau unterstützt. Er legt sich *nicht* mit dem ganzen Gewicht seines Körpers auf den Rücken der Frau, sondern läßt sich von seinen Armen und Knien tragen, so daß die Frau sich frei bewegen kann.

Für die ersten paar Male wird empfohlen, daß die Frau ihre Hände benützt, um die Klitoris zu stimulieren, bis sie den Orgasmus kommen fühlt, dann mit der Stimulierung der Klitoris aufhört und mit den Kontraktionen um den Penis beginnt, während er sich in ihr bewegt und sie ihrerseits mit den Hüften agiert, um den Reiz zu steigern.

Wenn die Frau es wünscht, kann auch der Mann mit der rechten Hand um ihre Hüfte herumfassen und mit Zeigefinger und Daumen die Klitoris stimulieren – aber der Mann muß daran denken, daß die Frau keinen Klitorisorgasmus haben möchte. Sobald sie den Orgasmus kommen fühlt, sollte sie nach dem Arm des Mannes fassen, um ihm das Signal zu geben, und er sollte augenblicklich seine Hände zurückziehen, um jede weitere Reizung der Klitoris zu vermeiden.

Der Mann sollte das Kontroll-Mantra und -Yantra benützen, um seine eigene sexuelle Erregung unter Kontrolle zu halten, während die Frau die Muskelkontraktionen vollzieht und zum Orgasmus kommt. Die Frau beginnt nach Beendigung der Stimulierung mit den Kontraktionen und denselben Bewegungen, die sie in der Frau-oben-Stellung vorgenommen hat, bis der Orgasmus kommt.

Wenn dies regelmäßig praktiziert wird, entsteht eine Konditionierung zum vaginalen Orgasmus, und sie kann so weit entwickelt werden, daß das Eindringen des Penis in die Vagina in jeder Stellung zum vaginalen Orgasmus führt, ohne jegliche zusätzliche Klitorisreizung außer der, die zum Vorspiel gehörte, durch das die einleitende sexuelle Erregung erzeugt wurde. Wenn die Stellung eingenommen ist und die Kontraktionen beginnen, wird der Orgasmus ohne irgendeine Stimulierung der Klitoris stattfinden können.

Der verlängerte Orgasmus

Dieses Ritual wird vom Tantra für das sexuelle Vergnügen der Frau als ebenso wichtig erachtet wie der mehrfache Orgasmus und die »Freuden der tantrischen Vagina«. Für den Mann bedeutet der verlängerte Orgasmus ebenso eine außerordentliche Steigerung seiner Lust und ermöglicht es ihm, so lange sexuell aktiv zu bleiben, wie er will.

Der »verlängerte Orgasmus« erklärt sich selbst. Er bedeutet wörtlich, daß der üblicherweise kurzfristige Orgasmus über eine längere Zeitspanne hin ausgedehnt wird. Die Texte zitieren Beispiele von weiblichen Orgasmen, die zehn Minuten oder länger dauerten – ein einziger anhaltender Orgasmus, der sich ohne Unterbrechung über diesen ganzen Zeitraum erstreckte. Und es sind männliche Tantriker bekannt, die eine Stufe erreichten, auf der ein Orgasmus vom Beginn der Ejakulation bis zur Beendigung der Ejakulation und der Orgasmusempfindung »wohl die Dauer von zehn bis zwanzig Minuten erreichte«.

Der Schlüssel zum verlängerten Orgasmus liegt im Kontroll-Ritual.

Das Tantra sagt, daß Frau und Mann dieses Ritual getreu den Anweisungen geübt haben sollten und über alle Aspekte der Kontrolle in den Paar-Ritualen verfügen müssen, bevor sie mit dem Versuch zum verlängerten Orgasmus beginnen können. Der Test, ob das Kontroll-Ritual und die Kontrolle des Paar-Rituals beherrscht werden, ist einfach: Ist es möglich, sich beim Masturbieren an der äußersten Grenze zum Orgasmus zu halten und sich in einen Zustand der Kontrolle zurückzubringen, ohne den Orgasmus kommen zu lassen? Ist es möglich, sich im Zusammensein mit dem Partner anzuhalten und ganz kurz vor dem Orgasmus die

Kontrolle zu erlangen, ob man nun vom Partner masturbiert, oral stimuliert wird oder ob man den Akt vollzieht? Wenn man in der Lage war, sich bis an die Grenze zum Orgasmus kommen zu lassen, beendet man jegliche Stimulierung und *benützt das Kontroll-Mantra und -Yantra*, um die Kontrolle aufzubauen, bevor man tatsächlich zum Orgasmus gekommen ist. Dann ist man bereit für diese neue tantrische Erfahrung, den verlängerten Orgasmus.

Es wird betont, daß man fähig sein *muß*, das Kontroll-Mantra und -Yantra als Kontrollhilfsmittel einzusetzen – daß die Kontrolle sofort erlangt wird, wenn das Mantra gesprochen wird und man es auf die schwarze Leere des Yantra *schreibt*. Denn dann fließt die gesamte Kraft der Konzentration in die Kontrolle, und man kann sich anhalten, an welchem Punkt man will.

Das Kontroll-Ritual sollte in dieser Weise vollzogen und alle Anweisungen genau befolgt werden. Wenn der Orgasmus nahe bevorsteht, geht man zum Kontroll-Mantra und -Yantra über und hört auf zu masturbieren. Die Frau sollte ihre Hand entspannt auf der Vagina liegenlassen; der Mann kehrt mit seinen Händen in die entspannte Haltung auf dem Bauch zurück. Hat man eine absolut sichere Kontrolle errichtet, so daß man weiß, daß der nahe bevorstehende Orgasmus *nicht* stattfinden wird, lockert man sie und beginnt wieder zu masturbieren. Man wird sich in einem solch erregten Zustand befinden, daß der Orgasmus sehr schnell näher kommen wird – und in diesem Augenblick wird die Masturbation wieder abgebrochen und zum Kontroll-Mantra und -Yantra übergegangen, um wieder die Kontrolle zu erlangen. Wenn man sich der Kontrolle ganz sicher ist, beginnt man wieder zu masturbieren.

Dieser Ablauf wird *neunmal* wiederholt. Nachdem also neunmal die Kontrolle eingesetzt wurde, überläßt man sich beim zehnten Mal dem Orgasmus. Er wird eine Intensität haben, wie man sie nie zuvor beim Masturbieren erlebt hat.

Man kann, wenn man einen sehr willigen Partner hat, ihm oder ihr nahelegen, daß man in dieser Weise masturbiert werden möchte, aber in diesem Fall *muß* er oder sie diese Ziele verstehen

und zur Zusammenarbeit bereit sein, das heißt, die Stimulierung abbrechen, sobald das Signal gegeben wird, damit man sich unter Kontrolle bringen kann. In den ersten Nächten sollte die Übung ohne den Partner vollzogen werden. Zur Abwechslung können auch beide Partner in getrennte Zimmer gehen und das Kontroll-Ritual praktizieren; sie bringen sich neunmal bis an die Grenze zum Orgasmus und setzen neunmal die Kontrolle ein. Dann können sie wieder zusammenkommen und den Orgasmus geschehen lassen, wie sie wollen.

Bei jeder entsprechenden Gelegenheit sollte man versuchen, sich näher und näher an den Orgasmus heranzuführen, und gleichzeitig aber sicher sein, daß man sich jederzeit in den Zustand der Kontrolle zurückziehen kann, wie nahe der Orgasmus auch herangerückt sein mag.

Wenn diese vollkommene Kontrolle geübt wird, kann man schneller zur Masturbation zurückkehren – dann schneller zur Kontrolle – und so das Gefühl des bevorstehenden Orgasmus mit geistigen Mitteln an- und abschalten.

Nach einiger Zeit wird man feststellen, daß man, wenn man das Kontroll-Mantra und -Yantra anwendet, nicht wirklich aufhören muß zu masturbieren; es genügt, daß die Stimulierung schwächer wird, aber weiter masturbiert wird, während gleichzeitig das Kontroll-Mantra und -Yantra benutzt wird. Es soll so *nahe* wie möglich an die unmittelbare Grenze zum Orgasmus herangegangen werden. Die Masturbation sollte nur abgebrochen werden, wenn das Gefühl entsteht, daß man buchstäblich schon in den Orgasmus hineingerät. Dann konzentriert man sich völlig auf die Kontrolle.

Wenn man das Gefühl hat, daß man die Fähigkeit zur Kontrolle des Orgasmus verbessert hat, indem man ihn beim Beginn aufhielt, kann man zur letzten Phase der Übung übergehen.

Wie in früheren Nächten wird die Übung wiederholt. Nähert man sich dem Orgasmus, setzt die Kontrolle ein, und man wiederholt den Vorgang. Beim vierten Mal stimuliert man zunehmend langsamer, je mehr man sich der Grenze zum Orgasmus nähert. Wenn man spürt, daß der Orgasmus nahe daran ist zu beginnen, läßt man die ersten Wellen des Orgasmus zu; *dann*, wenn der Orgasmus oder die erste Welle der Ejakulation begonnen haben, bricht man die Stimulierung ganz ab und spricht das Kontroll-Mantra. Dies wird große Willenskraft erfordern, aber es wird wirken – und man wird in der Lage sein, den Orgasmus selbst dann noch aufzuhalten, wenn er schon begonnen hat.

Man wird feststellen, daß man dann die Kontrolle vergessen und sich erneut stimulieren kann, und der Orgasmus wird sich fortsetzen. Sobald dies soweit ist, schaltet man die Kontrolle ein und bricht die Stimulierung ab. Man wiederholt diesen Vorgang so lange wie möglich und überläßt sich dann dem Orgasmus.

Sobald man diese Technik zu beherrschen gelernt hat, wird man feststellen, daß man tatsächlich den Orgasmus an- und ausschalten kann, indem man das Mantra und Yantra der Kontrolle verwendet, selbst wenn man weiter masturbiert.

Man kann den Orgasmus abschwellen und wieder beginnen lassen, wie man will, solange man masturbiert. Und der Orgasmus wird nicht an Intensität verlieren und nicht aufhören, bis man die Kontrolle aufgibt. Beim Mann wird das nicht nur das Gefühl des Orgasmus verlängern, sondern auch die Zeitdauer der gesamten Ejakulation des Samens kontrollieren.

Sobald man das gelernt hat, kann man mit demselben An- und Ausschalten der Kontrolle den Orgasmus nach Belieben verlängern, wenn man vom Partner masturbiert wird.

Dann kann man zur Verlängerung des Orgasmus übergehen, wenn man oral stimuliert wird und wenn der Geschlechtsakt vollzogen wird.

Viele Tantrikerinnen, die über die Fähigkeit zum verlängerten Orgasmus verfügen, benützen sie für den mehrfachen Orgasmus.

Wenn die Anweisungen für dieses Ritual genau befolgt werden, kann der Orgasmus so lange angehalten werden, »wie der Tantriker die intensive Lust, die er seinem Körper gibt, ertragen kann«.

Anders als beim weiblichen verlängerten Orgasmus, für den es keinen objektiven »Beweis« gibt (außer den Beschreibungen von Tantrikerinnen, die ihn erlebt haben), kann der verlängerte Orgasmus des Mannes objektiv beobachtet werden.

Und es wurde bezeugt, daß bei einem masturbierenden Tantriker die Zeit von der ersten Welle des Orgasmus und der Ejakulation zwölf Minuten dauerte; und der Penis blieb während der gesamten Dauer von zwölf Minuten erigiert.

Dieser Tantriker brauchte seiner eigenen Aussage nach mehrere Monate intensiven Übens, um den verlängerten Orgasmus zu erlernen.

Viele Tantriker bemühen sich um den verlängerten Orgasmus des Tantra und betrachten ihn als eines der größten Ziele der tantrischen Sexualität.

Oraler Sex: Fellatio

Im tantrischen Sex ist die orale Stimulierung eine natürliche sexuelle Ausdrucksform. Die Techniken des Fellatio sind den Tantrikern schon seit zweitausend Jahren bekannt.

Die orale Stimulierung sollte offen besprochen werden, so daß die Partner die dadurch bewirkte Lust ganz verstehen lernen und wissen, in welcher Weise sie am meisten Reiz erzeugt.

Der Rhythmus der Bewegung des Mundes, der um den Penis geschlossen ist, sollte mehrere Minuten beibehalten und dann geändert werden, um den Akt selbst zu verlängern. Es wird empfohlen, daß die Bewegung des Kopfes abgewechselt werden sollte mit dem Festhalten der Eichel im Mund, wobei sie mit der Zunge umkreist wird.

Während der Kopf sich von der Basis zur Spitze des Penis bewegt, sollte das Saugen nach und nach verstärkt werden.

Dann sollte der Mann seiner Partnerin signalisieren, daß er Kontrolle üben möchte, damit der Orgasmus verhindert wird. Wenn dieses Signal erfolgt, sollte der Mund von der Basis des Penis zurückgleiten und nur die Eichel umschließen. Dann werden die Lippen fest über die Zähne gezogen und die Eichel wird zwischen den Lippen zusammengepreßt, um so eine gewisse Empfindungslosigkeit zu erzeugen, die dem Mann hilft, die Kontrolle aufzubauen und den Orgasmus zu verhindern. Dann kann der Vorgang

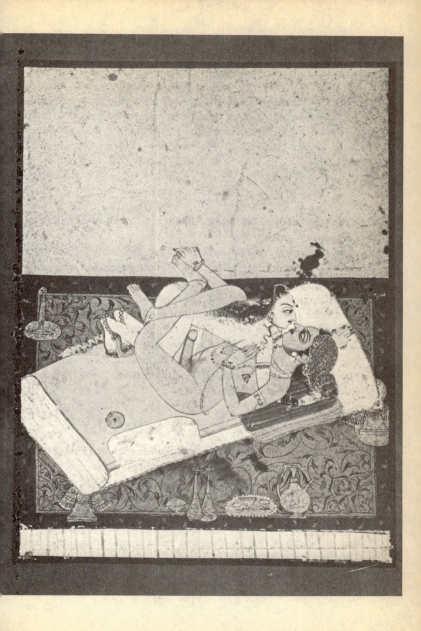

des Fellatio wieder aufgenommen werden. Auf diese Weise kann die orale Stimulierung des Penis endlos weitergehen, ohne daß der Orgasmus unfreiwillig stattfindet. Von Zeit zu Zeit sollte während des Fellatio der Penis aus dem Mund genommen und mit den Zähnen an der Eichel und an der Unterseite des Penis zu beiden Seiten der Harnröhre mit zartem Beißen gereizt werden, aber nicht so, daß dabei Schmerz entsteht. Gleicherweise können dieses sanfte Beißen und das Saugen an den Hoden vorgenommen werden.

»TIEFES HINEINNEHMEN«

Der Gedanke, den Penis beim Fellatio bis in die Kehle eindringen zu lassen, ist nicht neu.

Um dies zu ermöglichen, sollte die Frau gleichzeitig durch Nase und Mund atmen, um das Gefühl des Würgens zu vermeiden.

Sie neigt den Kopf zurück in eine Haltung, die Kehle und Mund in eine Linie bringt und es so ermöglicht, daß der Penis ohne Krümmung in den Mund und in die Kehle gleitet.

Allerdings sind in vielen Fällen Mund und Kehle einfach zu klein, um einen Penis ganz aufnehmen zu können. Dann sollte das tiefe Hineinnehmen nicht versucht werden; vielmehr sollte die Aufmerksamkeit der Eichel, dem sanften Beißen und dem Spiel mit der Zunge zugewandt werden.

DAS EJAKULAT

Die Medizin bestätigt, daß das Ejakulat (der Samen) eines gesunden Mannes nicht gefährlich ist, wenn es in den Mund genommen oder geschluckt wird. Natürlich ist das eine persönliche Angelegenheit. Recht oft werden Hemmungen gegenüber der Praxis des Fellatio bei der Partnerin durch das Wissen abgebaut, daß der Tantriker sich stets unter Kontrolle hat, und falls die Partnerin es wünscht, kann er sich entschließen, nicht zu ejakulieren und den Orgasmus unter Kontrolle zu halten.

Sobald diese Hemmungen, die möglicherweise gegenüber der

Fellatiopraxis existieren, überwunden sind, werden auch die zusätzlichen Hemmungen dem Samen und anderen Aspekten des Fellatio gegenüber verschwinden.

Oraler Sex: Cunnilingus

Die tantrischen Texte sagen über die orale Stimulierung des vaginalen Bereichs folgendes:

Die Lippen sollten sanft über den äußeren Bereich der Vagina wandern; entlang der Innenseite der Schenkel, um das Schamhaar herum, um den Venushügel und um die Schamlippen.

Dieselben Bereiche können auch durch Lecken mit der Zunge stimuliert werden.

Je einmal sollten die rechte und die linke äußere Schamlippe sanft in den Mund gesogen und gleichzeitig mit der Zunge stimuliert werden.

Dasselbe sollte mit den inneren Schamlippen geschehen.

Die Zunge kann dann so weit wie möglich in die vaginale Öffnung eingeführt werden.

Besonders betont wird das Orten und Stimulieren der Blasenöffnung, die etwas unterhalb der Klitoris liegt. Dies sollte mit schnelleren Bewegungen der Zunge über die Öffnung geschehen.

Das Stimulieren aller Bereiche um die Klitoris herum mit Zunge und Lippen soll einen indirekten Reiz auf die Klitoris selbst ausüben. Wenn die Stimulierung zunächst die Klitoris *umgeht*, sind die Empfindungen der Klitoris, wenn sie dann *selbst* stimuliert wird, viel intensiver.

Die Klitoris sollte nach allen Seiten geleckt werden. Dann wird sie sanft in den Mund gezogen, die Lippen schließen sich darum und die Zunge schnellt darüber; dann wieder lecken, saugen und darüber schnellen; so wird der Reiz gesteigert.

Wenn der Mann dem Fußende des Bettes zugewandt ist, legt er seinen linken Arm um die Hüften der Frau, um ihr Gesäß, ihre Hüften und Schenkel zu streicheln. Seine rechte Hand liegt auf ihrer Vagina; der rechte Daumen wird in die Vagina eingeführt, und der rechte Zeigefinger massiert das Perinäum und die rektale Öffnung.

Wenn der Mann dem Kopfende des Bettes zugewandt ist, während er zwischen den Beinen der Frau liegt, kann er mit seiner linken Hand ihre Brüste streicheln. Seinen rechten Zeigefinger führt er in die Vagina ein, und mit dem rechten Daumen massiert er das Perinäum und die rektalen Muskeln. Es gibt unzählige Variationen, und wie bei jedem Aspekt der Sexualität empfehlen die tantrischen Texte auch hier das Experimentieren und eine offene und ehrliche Kommunikation zwischen den Partnern, um die zufriedenstellendsten Methoden in Erfahrung zu bringen.

Anale Stimulierung

Der Tantriker wird vor allem im Zusammenhang mit analer Stimulierung daran erinnert, was die tantrischen Texte über die Pflege der Fingernägel zu sagen haben, damit Schmerz vermieden wird, und über genitale Reinlichkeit, die auch die anale Zone einschließt.

Anale Stimulierung verursacht eine entspannte, angenehme Empfindung am Eingang des Rektum. Der Mann oder die Frau liegt in entspannter Haltung und mit geschlossenen Augen auf dem Bauch und konzentriert sich auf die *Gefühle*, die durch die Stimulierung erzeugt werden. Der stimulierte Partner sollte sich auf ein Vorstellungsbild der rektalen Muskeln konzentrieren und sich mit sorgfältiger Gedankenkontrolle das Entspannen der Muskulatur vorstellen. Das Yantra-Bild sollte das der vorhandenen Muskeln in entspanntem Zustand sein. Der Tantriker, der dies versucht, wird feststellen, daß die Muskulatur sich tatsächlich zu entspannen beginnt, obwohl ihre übliche Reaktion auf Stimulierung das Zusammenziehen ist.

Der aktive Partner öffnet den Spalt der Hinterbacken und streicht mit langen, gleichmäßigen Strichen über die anale Zone. Er oder sie küßt den gesamten Hüftbereich und streicht mit der Zunge leicht über die anale Zone. Dieses Streichen sollte kraftvoller werden, wenn der Mund über den Bereich der rektalen Muskeln gleitet. Dann wird auf die Muskeln selbst Druck ausgeübt. Zuerst wird der passive Partner mit einer Kontraktion der Muskeln antworten, aber bei richtiger Übung der Imagination sowie langsamer Stimulierung durch den aktiven Partner werden sich die Muskeln entspannen. In dem Augenblick, in dem die Muskeln sich zu lockern beginnen, sollte der aktive Partner sie mit dem rechten Zeigefinger, der mit etwas Vaseline gleitfähig gemacht wurde, massieren (früher wurde Ziegenbutter empfohlen, weil sie nicht austrocknet; dasselbe gilt für Vaseline, im Gegensatz zu wasserlöslichen Gleitmitteln, die sehr schnell trokken werden).

Zu Anfang sollte der Druck auf die Öffnungsmuskeln des Rektums sehr schwach sein. Gleichzeitig wird eine kreisende Bewegung ausgeführt, die sich nach und nach dem Zentrum der rektalen Muskeln nähert. Ganz langsam kann der Zeigefinger in das Rektum eingeführt werden. Jede Bewegung innerhalb des Rektums sollte sehr langsam und vorsichtig vorgenommen werden.

Der passive Partner läßt mit Hilfe des Entspannungsbildes zu, daß die Muskeln sich lockern und der Finger in das Rektum eindringt. Wenn es schwierig ist, die Muskeln zu entspannen, sollte der passive Partner »nach außen pressen« wie beim Stuhlgang. Dies entspannt die Muskulatur und läßt den Finger leicht eindringen.

Nach und nach schiebt sich der Finger tiefer in das Rektum. Nur am Außenrand ist Widerstand zu spüren. Aufgrund der Lust, die sich dabei einstellt, wird sich der anfängliche Widerstand bald lösen, und der Finger kann in seiner ganzen Länge eingeführt werden.

Innerhalb des Rektums sollte der Finger einige Augenblicke lang stillhalten.

Viele Frauen haben aufgrund von Hemmungen und Furcht vor Schmerzen niemals anale sexuelle Erfahrungen gemacht. Die Hemmungen sollten mit der äußeren Stimulierung und mit Anilingus zu überwinden sein. Die Furcht vor Schmerzen wird durch die erzeugte Lust gewiß beseitigt.

Wenn der Zeigefinger sich im Rektum der Frau befindet, sollte sie sich langsam auf den Rücken drehen, während ihr Partner den Finger in ihrem Rektum läßt.

Liegt sie auf dem Rücken, sollte die Handfläche des Partners nach oben gerichtet sein, so daß der Daumen ganz von selbst auf die Vagina zu liegen kommt. In dieser Haltung stimuliert der Partner die Klitoris und die Vagina, während der Zeigefinger sich leicht im Rektum bewegt.

Auf diese Weise kann auch der Mann bis zum Orgasmus mastrubiert werden.

Wird dies oft genug praktiziert, läßt diese Übung eine Situation entstehen, in der Lust und anale Empfindung miteinander assoziiert werden, und möglicherweise kann die Frau soweit kommen, daß sie einen analen Orgasmus ohne Klitoris-Stimulierung nur durch die Intensität der Empfindung im Rektum erlebt.

Schon vor zweitausend Jahren war den tantrischen Autoren bekannt, daß es »eine Fingerlänge innerhalb des Mannes ein Organ gibt, das besondere Lust erzeugt und eine Hilfe bei der Erektion ist«. Dies ist die alte tantrische Konzeption der Prostatadrüse.

Damit diese bemerkenswert empfindsame Drüse in der rechten Weise stimuliert wird, sollte der Mann still auf dem Bauch liegen, wenn der Finger sich ganz im Rektum befindet. Die Frau führt ihren Finger so tief wie möglich sein, wobei die Handfläche nach unten weist. Das Innere des Rektums ist in dieser Tiefe glatt und fast hart. Die Prostatadrüse ist nicht ohne weiteres wahrnehmbar, außer insofern, als sie sich, wenn man sie erreicht, anders anfühlt als die übrigen rektalen Wände. Es wird hier kein besonderer Druck benötigt. Die Reizung allein genügt.

Die Stimulierung innerhalb des Rektums wird von vielen Männern als ausgesprochene Erektionshilfe betrachtet, zumal dann, wenn die Erektion Schwierigkeiten bereitet.

Und wenn die Erektion bereits zustande gekommen ist, bringt es beachtenswerten zusätzlichen Reiz und eine spürbare Steigerung der Lust.

ANALER VERKEHR

Wie alles, was mit dem Anus als erogener Zone zu tun hat, wird auch der Gedanke an analen Verkehr von vielen Leuten spontan abgelehnt.

Viele medizinische Autoritäten warnen, daß das anale Eindringen zu Verletzungen führen kann, wenn die Muskeln dabei angerissen werden und vor allem, wenn der Partner Hämorrhoiden hat. Darum soll an dieser Stelle betont werden, daß analer Verkehr nicht empfohlen wird, weder vom Autor noch von den tantrischen Texten. Dieser Abschnitt vermittelt lediglich tantrische Vorschläge für den Fall, daß das Paar bereits beschlossen hat, den analen Verkehr zu vollziehen, oder ihn schon zuvor zu einem Teil der sexuellen Praxis gemacht hat.

Wenn der anale Verkehr vorgenommen wird, ist es unbedingt nötig, den Penis und das Rektum gleitfähig zu machen, um ein leichteres Eindringen zu ermöglichen. Es ist die für den Penis verhältnismäßig kleine Öffnung der analen Muskulatur, die Unbehagen erzeugt.

Also sollte man hier sanft und langsam vorgehen. Viele Tantriker pflegen den analen Verkehr und entwickeln die Fähigkeit, durch gleichzeitige Klitoris-Stimulierung eine Form des analen Orgasmus zu bewirken.

Ob das Paar dies versuchen will, ist eine rein persönliche Angelegenheit.

Menstruation

In den tantrischen Texten werden die Altweibergeschichten und Tabus hinsichtlich des Liebesspiels während der Menstruation als die Dummheit der Unwissenden abgetan.

Das »blutrote Zentrum« vieler tantrischer Ikonen ist ein Symbol für die Menstruation und bezieht sich auf eine Steigerung psychischer Energie, wenn der Verkehr während der Menstruation von einer verstärkten Libido begleitet, und die tantrischen Texte sagen, daß man die sexuelle Praxis währenddessen ohne Unterbrechung genießen sollte.

Und im besonderen legen sich die tantrischen Texte darauf fest, daß alle Wahrnehmungs-Rituale und das Kontroll-Ritual während der Menstruation wie zu jeder anderen Zeit ausgeführt werden sollten – ohne Unterbrechung.

Ebenso sollten die Paar-Rituale während der Menstruation nicht unterbrochen werden.

Und die verstärkte Libido sollte, wenn sie sich einstellt, während der Periode gleicherweise wie zu jeder anderen Zeit Befriedigung finden.

Kurz gesagt sollte es für den Tantriker kein Abgleiten in die alten Tabus geben.

Tantrisches Psi

Psi ist ein moderner Begriff, der gebraucht wird, um paranormale oder außersinnliche Erfahrungen zu etikettieren.

Die tantrischen Texte sind voll von Geschichten über den Gebrauch der tantrischen Kraft der Kanalisierung, um die Fähigkeit des Tantrikers auf diesem Gebiet zu steigern.

Sie erzählen von tantrischen Meistern, die durch Gedankenübertragung (Telepathie), bei der bestimmte Traumgestaltungen im Geist der anderen Person entstehen, Kontrolle über andere ausüben. Das ganze Feld des hinduistischen *Vashikarana*, der »Kontrolle des Willens und der Gedanken eines anderen«, wurde aus tantrischen Studien entwickelt, wobei das grundlegende Kanalisierungs-Ritual benützt wird und mit seiner Hilfe paranormale Bereiche erreicht werden.

Viele Fakire Indiens benützen dasselbe Yantra-Vorstellungsbild, um die normalerweise unwillkürlich funktionierenden Organe ihres Körpers, wie auch den Schmerz, unter Kontrolle zu bringen und ihre Konzentration zu Ebenen hinaufzuentwickeln, von denen die meisten Leute glauben, daß sie unerreichbar seien.

Durch die geistige Kanalisierung ihrer Energien waren laut den Texten tantrische Meister fähig, einander zum Orgasmus zu bringen, wenn sie physisch voneinander getrennt waren.

Die Texte erzählen auch von Meistern, die »durch die Macht von Mantra und Yantra Energieebenen von solcher Stärke erreichten, daß sie ihre Essenz über Berge und Meere zu irgendeinem Ort aussenden konnten, an dem sie zu sein wünschten«. Dies ist natürlich jenes Phänomen, das man die »Astrale Projektion der außerkörperlichen Erfahrung« nennt.

Es würde ein weiteres Buch nötig sein, wollte man alle Facetten des Gebrauchs der tantrischen Energie als Mittel zu paranormaler Erfahrung untersuchen.

Dies ist eine Sache, mit der ich zur Zeit experimentiere und über die ich eine ausgedehnte Forschungsarbeit durchführe. Ich bin überzeugt, daß die Verbindung zwischen tantrischer Kraft und paranormaler Psi-Erfahrung tatsächlich existiert.

Tantrisches Yoga

Der tantrische Yoga läßt sich am besten als eine mehr sexuell orientierte Form des Hatha-Yoga beschreiben.

Tantrischer Yoga ist eine körperliche Disziplin, die verschiedene sexuelle Stellungen umfaßt. Seine Philosophie basiert weitgehend auf den tantrischen Lehren.

Viele Gurus, die den sogenannten tantrischen Yoga lehren, sind in Wirklichkeit Asketen, die vielmehr die starren Disziplinen des Hatha-Yoga mit zusätzlichen sexuellen Stellungsübungen lehren.

Sie beharren auf dem meditativen Aspekt des Hatha-Yoga und auf der Trennung von Körper und Geist. Solche Lehrer lehren nichts Tantrisches im eigentlichen Sinn.

Andererseits habe ich einige Gruppen gefunden (die im allgemeinen formlos organisiert waren), die Tantra-Yoga lernen und ihre Interpretation der tantrischen Rituale und Lehren dabei *mit einbeziehen*. Sie lehren *keine* asketischen Disziplinen. Vielmehr sind sie weit von den Hatha-Doktrinen entfernt. Sie nahmen den grundlegenden Yoga, klammerten die asketische Philosophie aus und begannen statt dessen mit der Suche nach der Einheit von Körper und Geist, wie sie mit der vom reinen Tantra gewährleisteten Freiheit gelehrt wird.

In den tantrischen Texten gibt es gewisse körperliche Übungen, die den *wirklichen* Tantra-Yoga darstellen, wenn man Yoga als eine körperlich orientierte Disziplin und als nichts anderes betrachtet. Die kontemplative Haltung, wie sie in den Ritualen beschrieben ist, und die Stellung, die in den Allein-Ritualen eingenommen wird, können ohne weiteres als Yoga-Stellungen bezeichnet werden.

Zum Beispiel findet sich in den tantrischen Texten folgende Yoga-artige Übung:

Der Zweck dieser Übung besteht darin, eine neue Empfindung der sexuellen Stimulierung und des Orgasmus zu erschließen. Alle Tantriker, so sagen die Texte, können davon profitieren, wenn sie sich allwöchentlich wenigstens eine halbe Stunde auf den Kopf stellen. Bei dieser besonderen sexuellen Übung steht die Frau mit der Hilfe des Mannes auf dem Kopf, vorzugsweise von einer Wand gestützt, wobei ihre Schultern und ihr Gesäß die Wand berühren und die Beine nach oben ausgestreckt sind. Sie bleibt einige Minuten in dieser Haltung, und der Mann hilft ihr, wenn sie den Kopfstand nicht gewöhnt ist.

Der Mann massiert ihre Brüste, während sie sich in dieser Haltung befindet; dann nimmt er ihre Beine auseinander und stimuliert das Perinäum, die Schamlippen und die Klitoris. Wird die Frau erregt, so kann der Mann entweder die Frau bis zum Orgasmus masturbieren, oder sie oral stimulieren und sie mit

Cunnilingus zum Orgasmus bringen. Es geht darum, daß der Orgasmus in dieser Haltung erreicht wird, um der tantrischen Erfahrung einen weiteren Aspekt hinzuzufügen.

Der Mann sollte ebenfalls versuchen, auf dem Kopf zu stehen und manuell oder oral zum Orgasmus gebracht werden.

Das wird eine »Dimension der Empfindung hinzufügen, von welcher der Tantriker nie zuvor geträumt hat«.

Diese Übung kann man als tantrischen Yoga bezeichnen.

Der Unterschied liegt in Wirklichkeit nicht darin, welche Haltung eingenommen wird, sondern vielmehr in der zugrunde liegenden Lehre, mit der sie verbunden wird.

Ich habe in diesem Buch versucht, nur die Rituale vorzustellen, die mit der echten tantrischen sexuellen Praxis und tantrischer Zielsetzung zu tun haben.

Verhütung

Da die grundlegenden tantrischen Lehren so konzipiert sind, daß sie die sexuelle Reaktion und den Genuß steigern, wird der Gebrauch von verhütenden Methoden empfohlen. Sexuelle Lust und Energie haben einen tantrischen Zweck und sollen nur dann zur Zeugung führen, wenn es gewünscht wird. Die Lehren schließen verschiedene spezielle Übungen mit ein, die vom Kontroll-Ritual ausgehen und als Verhütungsmethoden angewandt werden. Darunter befindet sich auch das angepriesene System, daß der Mann seinen Samen bei der Ejakulation in die Blase leitet, anstatt ihn auf normalem Wege durch die Harnröhre fließen zu lassen. Allerdings kann dies über längere Zeitdauer hin zu gefährlichen Nebenwirkungen führen. Aus diesem Grund wird diese Methode hier ausgeklammert.

Außerdem gibt es im tantrischen Yoga eine Reihe von sexuellen Yoga-Stellungen, die dazu dienen, die Wahrscheinlichkeit der Empfängnis herabzusetzen. Aber sie sind alles andere als narrensicher und gehören eher in ein Buch über tantrisches Yoga als hierher.

Interpretiert man es im Licht moderner medizinischer und psychologischer Erkenntnisse, so billigen die tantrischen Lehren den Gebrauch aller Arten von Verhütungsmitteln, seien es die Pille oder mechanische Mittel, wie etwa das Pessar oder das Kondom.

Wenn ein mechanisches Verhütungsmittel benützt wird, sollte es zu einem Teil des Rituals gemacht werden.

Das Überziehen des Kondoms über den Penis durch die Partnerin des Mannes kann ein sehr erotischer Teil des sexuellen Rituals sein. Dasselbe gilt für das Einlegen des Pessars in die Vagina oder das Einführen von Verhütungscremes oder -kapseln. Die Einstellung des Paares zur Verhütung sollte ein Teil der Kommunikation über seine sexuelle Beziehung sein; denn die Kommunikation wird vom Tantra besonders nachdrücklich empfohlen.

Das Setting für die sexuelle Begegnung

Obwohl das Bett der *beste* Ort für sexuelle Begegnungen sein mag, sollte es nicht der *einzige* Ort sein. Mann und Frau empfangen ihre primäre Stimulierung voneinander und von der Quelle jeglicher Erregung, dem Geist. Verschiedene Dinge für das Auge, Klänge, Gewebe und Gerüche können viel zur Atmosphäre der Erregung beitragen, indem sie ein idyllisches Setting für die Liebe schaffen.

So wie die natürlichen Düfte des menschlichen Körpers das sexuelle Verlangen anregen, so kann dies auch durch den Geruch des Meeres oder den Klang der Wellen an einem Strand geschehen; durch die Bewegung, die man in einem Zug oder in einem Flugzeug spürt; durch den verbotenen Aspekt einer bestimmten Situation, wie etwa im Auto-Kino oder im Wald.

Das Tantra anerkennt, daß die Umgebung eine Steigerung der Sexualität bewirken kann, und deshalb billigt es den Gedanken, daß das sexuelle Vorspiel oder das gesamte sexuelle Ritual bis zum Orgasmus an jedem Ort vollzogen wird, den das Paar wählt.

Innerhalb unserer eigenen Wohnung können wir, wie das Tantra uns erinnert, viele verschiedene Settings finden: auf Kissen auf dem Fußboden; auf einer besonders bevorzugten Couch oder einem Sessel, auf der Terrasse, neben oder in einem Swimmingpool; unter der Dusche oder im Bad. Es liegt ganz am persönlichen Geschmack des Paares, *wo* und *wann* die sexuelle Begegnung stattfindet. Es wird dem Paar empfohlen, es so oft wie möglich zu arrangieren, daß die sexuelle Begegnung an einem *anderen* Platz stattfindet als in der gewohnten Umgebung.

Chakrapuja: Die tantrische Orgie

Dies ist ein sehr alter, fest organisierter tantrischer Ritus, der von einer unterschiedlichen Anzahl von Tantrikern vollzogen wird, die sich dem Genuß der fünf in den oberen Kasten der indischen Gesellschaft verbotenen Dinge hingeben: Fleisch, Alkohol, Fisch, bestimmte Getreide und völlige sexuelle Unabhängigkeit.

Der sexuelle Aspekt des Chakrapuja wird noch heute in einigen formlosen tantrischen Gruppe praktiziert.

Sexuelle Begegnungen werden zwischen allen, die an den Riten teilnehmen, empfohlen, und diese Begegnungen werden im allgemeinen von einem anerkannten tantrischen Meister »kontrolliert«, der die Aktivitäten einiger Gruppenmitglieder anleitet. Die Anzahl der Teilnehmer ist nicht begrenzt. Sie vollziehen das Ritual entweder gemäß den Anweisungen, oder sie stellen für ihre Zuschauer ihre Meisterschaft in bestimmten tantrischen Leistungen dar.

Sie wechseln einander ab, und andere haben ihren »Auftritt«.

Durch die Kontrolle über die Aktivitäten erfolgt bei den Zuschauern eine Steigerung der sexuellen Energie und eine Regeneration der Erregung bei denjenigen, die bereits zum Orgasmus gekommen waren und jetzt ihrerseits Zuschauer sind.

Irgendeiner der anwesenden Tantriker kann darum bitten, mit einem oder mehreren der Anwesenden einen Akt zu vollziehen. Und der tantrische Meister stimmt zu, wenn die Ausgewählten einverstanden sind.

Nur in gewissem Sinn ist es eine Orgie, doch steht sie unter

Kontrolle und ist ritualisiert, was für die meisten »Catch-as-catch-can«-Orgien nicht zutrifft. Die tantrischen Lehren befassen sich ausführlich mit dem Chakrapuja, aber die Teilnahme daran ist nicht vorgeschrieben. Viele Tantriker ziehen die Allein-Rituale oder sexuellen Aktivitäten mit einem festen Partner oder mit jeweils nur einem wechselnden Partner vor.

Doch ist diese Idee des »Gruppensex« als eine zusätzliche Dimension des sexuellen Ausdrucks und der Anregung sexueller Energie recht üblich.

Bei einem Chakrapuja, an dem ich teilnahm, fanden die meisten Aktivitäten in Dreiergruppen statt, aber zeitweise waren auch bis zu sechs Personen am sexuellen Akt beteiligt.

Das Beeindruckendste an diesem Abend war wohl die zeremonielle Atmosphäre, von der jegliche Aktivität durchdrungen war. In allem, was geschah, war die tantrische Kontrolle zu spüren.

In den Dreiergruppen war die Situation so, daß je zwei Personen einer dritten die Lust vermittelten, und dieser Vorgang »kreiste« dann. Dieselbe Haltung der Kontrolle blieb auch aufrechterhalten, wenn sechs Personen beteiligt waren.

Es ist offensichtlich, daß solche Gruppenerfahrungen dazu führen, daß sexuelle Hemmungen überwunden werden.

Ob der Tantriker daran teilnehmen will oder nicht, bleibt seiner persönlichen Entscheidung überlassen.

Das Studium des Tantra

Dieses Buch wurde in der Absicht geschrieben, eine moderne Interpretation der Ziele und Methoden der tantrischen Sexualität vorzulegen, die von der Mystik, den Legenden, der Geschichte und den esoterischen Doktrinen des Tantra befreit ist.

Aber es mag vielleicht Leser geben, die gerne das vollständige Tantra studieren möchten.

Es gibt viele gute Bücher, die sich mit den Lehren des Tantra befassen, und man kann auch Übersetzungen der tantrischen Texte selbst finden. Gewisse hinduistische (Yoga-) und buddhistische Philosophien beinhalten ebenfalls tantrische Ideen.

Grundsätzlich beruht die tantrische Lehre auf einer Vision von der kosmischen Sexualität – des ununterbrochenen Prozesses der Vereinigung und Schöpfung, der das Universum selbst ist, und auch alles, was jenseits davon liegt. Sie ist keine Religion, sondern eine »Art und Weise, das Selbst zu verstehen und durch das Selbst die Welt und das Universum«. Nach der tantrischen Lehre liegt das Unglück von Mann und Frau im Mangel an Verständnis ihrer selbst, und die Bestrebung geht dahin, sie mit Hilfe von Ritualen des sexuellen Aktes zurück zu ihrem eigenen Ursprung zu führen.

Durch ein Labyrinth von symbolischen Gedankenmustern führt das Tantra jeden Menschen zurück zur Identität seiner eigenen Essenz, wie sie in der Dämmerung der Schöpfung selbst gewesen ist. Das Tantra lehrt, daß Mann und Frau, die im Grunde eins sind, sich ihrer Ängste und der Fesseln aller von der Gesellschaft auferlegten Konventionen entledigen und ihre eigene unabhängige Einstellung finden müssen, mit der sie lieben können. Um dies zu ermöglichen, ziehen die Tantriker alle Energie ihres Geistes, ihrer Gefühle und ihres Körpers zusammen, und zwar in ihrem allgemeinverbindlichsten Knotenpunkt, der Sexualität. Und mit der Sexualität als Transportmittel können Mann und Frau zur wahren Erleuchtung gelangen.

Wir lernen, indem wir wiederholen; indem wir die Abläufe wiederholen und sie sorgfältig zum Ritual umgestalten, können wir uns selbst, unser Leben und unsere Freude an beidem drastisch verändern.

Das Studium des Tantra führt den Leser durch seine eigene Genesis der Welt-Schöpfung; zu einer vollkommen anderen Konzeption von der Zeit und dem Raum, den der Mensch besetzt hat; und zu seiner zutiefst symbolischen Anschauung über die Welt und über Mann und Frau.

Die ununterbrochene Erneuerung der Zeit, der Welt und des Menschen steht im Zentrum der Symbolik. Die Reise zur Erleuchtung ist genau bezeichnet, und sie kann bis zur Vollendung führen. Viele sind angekommen. Doch muß die Erleuchtung angestrebt und erlebt werden. Sie kommt nicht zu denen, die passiv warten, ungeachtet dessen, wie eifrig sie die Reisekarte studieren mögen. Das Tantra führt den Schüler zu immer weiterem Studium der Yantra-Bildgestaltungen und der symbolischen Ikonen, deren komplexeste und machtvollste das Shri-Yantra ist.

Im Zentrum des Shri-Yantra befindet sich der »Punkt der weiblichen Kraft«, jener Punkt, von dem aus das Universum erschaffen wurde. Die Ikone enthält nach oben weisende (männliche) und nach unten weisende (weibliche) Dreiecke, die sich in gegenseitiger Durchdringung zu weniger gewinkelten Zeichen ausgestalten, welche die festlegbaren Bereiche der Realität symbolisieren, die wir in dieser Welt kennen.

Diese festlegbaren Bereiche unserer Realität sind lediglich Verlängerungen unseres Geistes, der seinerseits wieder nur ein Teil der Essenz ist, aus der alles besteht.

Es wäre anmaßend, in einem Buch das ganze Wissen und die Gedanken fassen zu wollen, die in Tausenden von Bänden, die über das Tantra geschrieben wurden, enthalten sind.

Wir könnten an dieser Stelle von der sich selbst erschaffenden Yoni (Vulva) und von der Heiligung des Samens durch den Lingam (Penis) sprechen; von der Rolle der Kali, der schöpferischen Kraft als auch der zerstörerischen Kraft, die zerstören muß, um zu erschaffen; von Shiva als männlicher Energie und Shakti als weiblicher Energie; vom Feinkörper; von der Ebbe und Flut der psychischen Energie durch die Chakras des Körpers – und von Hunderten von anderen Ideen, die alle Teil des Tantra sind.

Das Erwähnen dieser wenigen Punkte läßt deutlich werden, daß das Studium des Tantra eine Sache für sich ist, die nicht in einem kleinen Abschnitt abgehandelt werden kann.

Wenn man jedoch Erfahrungen mit der tantrischen Sexualität macht, wird unweigerlich der Wunsch entstehen, mehr über die Lehre des Tantra zu erfahren.

Und je mehr man die Fülle der tantrischen Lehren erkennt, desto mehr wird sich das Leben ändern, denn dann wird man sein eigenes Wesen und seine Essenz verstehen.

Formale Studien

Es scheint keinen »Ashram« als solchen allein für tantrische Studien zu geben. Aber es gibt einige Gruppen, in deren Studien auch viele tantrische Lehren mit einbezogen sind.

Vajrayana ist die extreme Form des tibetischen tantrischen Buddhismus. In den großen, allgemein orientierten buddhistischen Studiengruppen mag man kleine Gruppen von Tantra-Anhängern finden. Sie haben im allgemeinen formal lockere Treffen und müssen erst gesucht werden. Sie haben keinerlei Neigung zu Publicity und unternehmen keinen Versuch, jemanden zu bekehren. Sie glauben, daß diejenigen, die ernsthaft nach ihren Lehren suchen, sie auch finden werden.

Auch viele Hindugruppen beziehen tantrische Lehren mit ein. Doch muß man diese Gruppen gut unter die Lupe nehmen, da es diverse Hindu-(Yoga-)Gruppen gibt, deren Lehren asketischen Charakter haben und deshalb dem Tantra völlig *entgegengesetzt* sind. Für sie, wie für viele religiöse Gruppierungen, sind die Tantriker »outcasts« (von der Gesellschaft Ausgestoßene).

Nachdem Sie die Rituale in diesem Buch studiert haben, werden Sie, wie ich annehme, eines oder mehrere Bücher über die Lehren des Tantra lesen wollen. Wenn Sie dann nach einer Gruppe suchen, gehen Sie folgendermaßen vor:

Sie versuchen ein »Buddhistisches Zentrum« oder ein »Tantra-Yoga-Zentrum« oder ein Zentrum für religiöse und psychologische Studien ausfindig zu machen (die gibt es in den meisten Hauptstädten der Welt) und stellen sich als Tantriker vor, »der auf der Suche nach der wahren Bedeutung des Tantra nach Erleuchtung ist«.

Wenn es in den Zentren irgendwelche tantrisch orientierte Gruppen gibt, werden Sie an sie verwiesen und können nach dem, was Sie jetzt wissen, leicht feststellen, ob sie das sind, was Sie suchen. Wenn die Zentren asketisch ausgerichtet sind, wird das sicher nach einem kurzen Gespräch deutlich werden.

Sollten Sie keinen Zugang zu solchen Studienzentren finden, so rate ich, daß Sie sich so viele Bücher über Tantra wie möglich besorgen und mit dem Studium beginnen. Und besprechen Sie dann das, was Sie lesen, mit dem Partner und mit Freunden. Es sind nur zwei Menschen nötig, um den Kern einer Studiengruppe zu bilden. Andere, die Interesse haben, werden sich dazugesellen, und bald können Sie Ihr eigenes Zentrum für tantrische Studien einrichten, wo die Interpretation des Tantra und tantrische Sexualpraxis ein Brennpunkt des gemeinsamen Interesses sind und zur Erfüllung der gemeinsamen Zielsetzungen führen.

Schlußwort

Wahrnehmung. Kontrolle. Kanalisierung. Yantra-Imagination. Mantras. Dies sind die Grundbausteine der tantrischen Sexualität, und sie schaffen die Basis für gesteigerten Genuß der Sinnlichkeit und der Sexualität des Tantrikers – und für die Herrschaft über alle Facetten des Lebens.

Für den Tantriker, der dieses Buch liest und seine Rituale praktiziert, wird der Lohn bald offensichtlich sein.

Das Buch selbst ist als Führer, als Nachschlagwerk und für den täglichen Gebrauch gedacht, denn der tantrische Weg bedeutet tägliches Ritual.

»Mann oder Frau können ihre innere Kraft niemals erschöpfen, und ihre Fähigkeiten sind unbegrenzt; und ihre Freuden wachsen ohne Unterlaß.«

Literaturverzeichnis

Avalon, Arthur: *Tantra. A Translation from the Sanskrit*, London 1913.

Ayyar, A. S. P.: *Hitopadesa Stories and the Panchatantra*, Madras 1960.

Bendall, C.: »Tantrákhyána. A Collection of Indian Tales«, in *Journal of the Royal Asiatic Society*, Bd. 20, London 1888.

Dawa-Samdup, Kazi: *Shrichakrasmbhāra Tantra. The Buddhist Tantra*, London 1919.

Edgerton, Franklin: *The Panchatantra*, London 1965.

Garrett, John: *Tantra. The Legends of Tantra*, Bangalore 1865.

Hertel, Johannes: *Tantrakhyayika: The Tantra. Legends and Rituals*, Boston 1915 (Harvard Oriental Series, Bd. 14).

Mudaliyar, Tandavaraya: *Tantra. Panchatantram. Interpretation of Rituals*, Madras 1891.

Nath Dutt, Manmatha: *Mahānirvāna Tantram. Interpretation of Tantric Doctrine and Ritual*, Calcutta 1900.

Rice, Stanley: *Indian Fables and Stories from the Panchatantra*, London 1924.

Ryder, Arthur W.: *Panchatantra*, Chicago 1925.

Sadagopachariar, M. C.: *The Third Story of Tantra. A Study of Tantric Meaning*, Madras 1889.

Sasparasi, P. J.: *Tantra: Text and Teaching*, Calcutta 1901.

Snellgrove, D. L.: *Hevajra Tantra*, 2 Bde., London 1959.

Tantras. Recherches sur la symbolique et l'énergie de la parole dans certains textes tantriques, Paris 1963.

Winfred, S.: *Tamil. A Tantra Translation*, Madras 1873.

Im O. W. Barth Verlag erschien:

Mookerjee, Ajit/Khanna, Madhu: *Die Welt des Tantra in Bild und Deutung*, München 1978.

Literaturverzeichnis

Avalon, Arthur: *Tantra. A Translation from the Sanskrit*, London 1913.

Ayyar, A.S.P.: *Hitopadesa Stories and the Panchatantra*, Madras 1960.

Bendall, C.: »Tantrákhyána. A Collection of Indian Tales«, in *Journal of the Royal Asiatic Society*, Bd. 20, London 1888.

Dawa-Samdup, Kazi: *Shrichakrasmbhāra Tantra. The Buddhist Tantra*, London 1919.

Edgerton, Franklin: *The Panchatantra*, London 1965.

Garrett, John: *Tantra. The Legends of Tantra*, Bangalore 1865.

Hertel, Johannes: *Tantrakhyayika: The Tantra. Legends and Rituals*, Boston 1915 (Harvard Oriental Series, Bd. 14).

Mudaliyar, Tandavaraya: *Tantra. Panchatantram. Interpretation of Rituals*, Madras 1891.

Nath Dutt, Manmatha: *Mahānirvāna Tantram. Interpretation of Tantric Doctrine and Ritual*, Kalkutta 1900.

Rambach, Pierre: *The Secret Message of Tantric Buddhism*, Genf 1979.

Rice, Stanley: *Indian Fables and Stories from the Panchatantra*, London 1924.

Ryder, Arthur W.: *Panchatantra*, Chicago 1925.

Sadagopachariar, M. C.: *The Third Story of Tantra. A Study of Tantric Meaning*, Madras 1889.

Sasparasi, P. J.: *Tantra: Text and Teaching*, Kalkutta 1901.

Snellgrove, D. L.: *Hevajra Tantra*, 2 Bde., London 1959.

Tantras, Recherches sur la symbolique et l'énergie de la parole dans certains textes tantriques, Paris 1963.

Winfred, S.: *Tamil. A Tantra Translation*, Madras 1873.

Im O.W. Barth Verlag erschien:

Mookerjee, Ajit/Khanna, Madhu: *Die Welt des Tantra in Bild und Deutung*, München 1978.

Zehn Begleiter
Gruppierungen:

Erste	Zweite	Dritte
1–2–3	2–3–4	10–1–2
4–5–6	5–6–7	3–4–5
7–8–9	8–9–10	6–7–8
10	1	9

(Vierte)
1–10–3
2–9–4
5–6–7
8

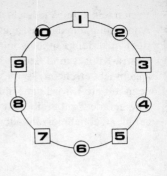

Zwölf Begleiter
Gruppierungen:

Erste	Zweite	Dritte
1–2–3	2–3–4	12–1–2
4–5–6	5–6–7	3–4–5
7–8–9	8–9–10	6–7–8
10–11–12	11–12–1	9–10–11

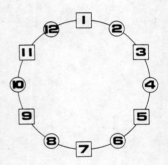

zweien sein kann. Vielleicht arrangiert der Führer dann eine vierte Anordnung, um das auszugleichen. Eine solche vierte Anordnung steht in vollem Einklang mit der grundlegenden Philosophie des Tantra-Kreises und kann eingeführt werden, wann immer es angebracht erscheint. Ist die Zahl der Begleiter ungerade (sieben, neun, elf etc.), wird der Führer zum Teil des Kreises, so daß sich eine gerade Zahl ergibt. Im folgenden werden nur Beispiele mit gerader Teilnehmerzahl gebracht.

Sechs Begleiter
Gruppierungen:

Erste	Zweite	Dritte
1–2–3	2–1–4	2–3–6
4–5–6	3–6–5	1–4–5

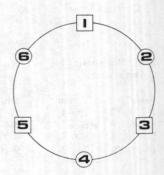

Acht Begleiter
Gruppierungen:

Erste	Zweite	Dritte
1–3	8–3–4	2–1–6
4–5–6	5–6–7	5–8–7
7–8	2–1	3–4

(Vierte)
2–7–8
1–4–3
5–6

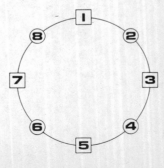

Liköre (Volles Farbprogramm)

Zeremonie	Farbe	Likör
1. Nacht	Grün	Chartreuse, Crème de menthe, Absinth
2. Nacht	Blau	Blauer Curaçao
3. Nacht	Violett	Parfait d'amour, Stonsdorfer, Prunelle
4. Nacht	Rot	Crème de noyau, Schlehenlikör
5. Nacht	Orange	Orangefarbener Curaçao, Amaretto, Mandarine
6. Nacht	Gelb	Danziger Goldwasser, Crème de bananes, Izzara
7. Nacht	Weiß	Crème de cacao, Anisette, Kümmel, Cointreau

Gruppierung der Begleiter

Die folgenden Darstellungen sollen bei der Gruppierung der Begleiter zur fünften und sechsten Zeremonie helfen. Auf den ersten Blick erscheint es vielleicht einfach, was es aber nicht ist, denn es müssen unterschiedlich starke Begleitergruppen so aufgestellt werden, daß jeder Begleiter das gesamte Ritual erleben kann.

Nach Möglichkeit sollte ein Begleiter zwischen zwei Begleitern des anderen Geschlechts postiert sein, wenn das in den Ritualen verlangt wird. Das ist vielleicht nicht immer möglich, und es kann vorkommen, daß eine Gruppe nur aus zwei Begleitern unterschiedlichen Geschlechts besteht. Der Führer sollte jedoch alles versuchen, um die Konstellation Einer-zwischen-zweien zu verwirklichen. Jeder Begleiter sollte außerdem die Gelegenheit erhalten, ein Begleiter zwischen zweien zu sein.

In einigen Fällen verlangen die Rituale drei wechselnde Gruppierungen, wobei jedoch nicht jeder Begleiter der eine zwischen

und ohne Besteck gemäß den Anweisungen gegessen werden
können. Die Liste ist in die drei Gruppen unterteilt, aus denen die
Speisen für jede Zeremonie ausgewählt werden müssen.

Fleisch: Rindfleisch, Huhn, kalter Braten, Schinken, Lamm-
fleisch, Aufschnitt, Pastete, Würstchen, Truthahn
Fische und Meeresfrüchte: Sardellen, Kaviar, Muscheln, Krabben,
Flußaal, geräucherter Fisch, Hering, Hummer, Austern, Ro-
gen, Lachs, Garnelen, Thunfisch
Getreideprodukte: Brot oder Toast, kleine Kuchen, Gebäck, Käse-
gebäck, Plätzchen, Cracker, Blätterteiggebäck, Krapfen,
Eclairs, Früchtebrot, Löffelbiskuit, Petits Fours, Quiche, Sand-
wiches, Apfelstrudel, Fleischpastetchen, Törtchen

Getränke

Die Getränke, die während der Tantra-Zeremonien gereicht werden, haben, wie die Speisen, zwei Bedeutungen. Die erste ist
symbolischer Art und gilt für die Phase der Einstimmung. Ihre
zweite Aufgabe besteht darin, dem Fest zu dienen, und gilt für die
Zeit, in der bei den Zeremonien das Fest gefeiert wird.

Zum Willkommen wird Likör empfohlen, weil er das einzige
Getränk ist, mit dem man die gesamte Symbolik des Farbprogramms nachvollziehen kann. Für das abgeänderte Farbprogramm
wird Wein empfohlen, denn die Farben Rot und Weiß reichen aus.
Das für das Fest empfohlene Getränk ist wieder Wein. Qualität
und Art hängen vom Geschmack des Führers und der Begleiter
und davon ab, wieviel man ausgeben will.

Im folgenden eine Aufzählung von Likören, die zum vollen
Farbprogramm passen. Man kann selbstverständlich auch jeden
anderen passenden Likör nehmen.

Im Anschluß an diese Liste folgt eine Zusammenstellung von Speisen, die sich für die Feste bei den Zeremonien eignen.

Einstimmung (Volles Farbprogramm)

Zeremonie	Farbe	Frucht
1. Nacht	Grün	Grüne Trauben, Feigen, Melone
2. Nacht	Blau	Blaubeeren, Pflaumen, blaue Trauben
3. Nacht	Violett	Pflaumen, dunkle Trauben, dunkle Feigen
4. Nacht	Rot	Erdbeeren, Kirschen, Himbeeren
5. Nacht	Orange	Orangen, Pfirsiche, Aprikosen, Mandarinen
6. Nacht	Gelb	Bananen, Grapefruit, Ananas
7. Nacht	Weiß	Kokosnuß, Äpfel, Birnen, Maulbeeren

Einstimmung (Abgeändertes Farbprogramm)

Zeremonie	Farbe	Frucht
1.–6. Nacht	Rot	Rote Trauben, Erdbeeren, Kirschen, Himbeeren, rote Pflaumen, Granatäpfel, rote Grapefruit
7. Nacht	Weiß	Kokosnuß, Äpfel, Birnen, Maulbeeren

Fest

Für die während des Festes gereichten Speisen und Getränke ist kein Farbprogramm vorgeschrieben. Die folgende Auflistung sind Vorschläge für Speisen, die mit Zimmertemperatur aufgetragen

5. Nacht	Orange	Morgensonne – Abendsonne
6. Nacht	Gelb	Licht des Tages – Licht der Flamme
7. Nacht	Weiß	Licht des Unendlichen

Abgeändertes Farbprogramm

Zeremonie	Farbe	Symbolik
1. Nacht	Rot	Blut der Geburt des Universums
2. Nacht	Rot	Dämmerung – Zum unendlichen Licht
3. Nacht	Rot	Brennende Sonne – Reinste Kraft
4. Nacht	Rot	Fernster Stern – Zentrum der Geburt
5. Nacht	Rot	Strahlen des Sonnenaufgangs – Strahlen des Sonnenuntergangs
6. Nacht	Rot	Kern der Sonne – Kern des Feuers
7. Nacht	Weiß	Licht des Unendlichen

Speisen

Den Speisen kommen bei den Zeremonien des Tantra-Kreises zwei Bedeutungen zu. Die erste ist symbolischer Art und soll beim Übergang von der Alltagswelt draußen zur inneren Welt des Tantra helfen. Diese Speisen werden bei der Willkommenszeremonie zur Einstimmung gereicht und bestehen aus Fruchtstücken oder -scheiben. Die Früchte entsprechen dem Farbprogramm und seiner Symbolik. Später dienen die Früchte als Nahrungsmittel und werden bei dem Fest zum Verzehr angeboten.

Im folgenden eine Zusammenstellung von Früchten, die gereicht werden können. Es kann aber auch jede andere Frucht genommen werden, die zum betreffenden Farbprogramm paßt, denn nicht auf die Frucht kommt es an, sondern auf ihre Farbe.

Erläuterungen

Farbprogramme

Da Tantra die Sinne des Menschen anspricht, sind seine Rituale und Zeremonien so angelegt, daß sie soviel sinnliche Stimulation wie möglich gewähren, um die Erzeugung und Kontrolle der sexuellen Kräfte zu steigern. Aus diesem Grund sollte man im Zusammenhang mit den tantrischen Zeremonien alle Anregungen und Vorschriften beachten, die das Auge, das Ohr, den Tast-, den Geruchs- und den Geschmackssinn betreffen.

Immer wieder taucht die Frage der Kosten auf, und wir haben das berücksichtigt. Gewänder in verschiedenen Farben können gewaltig ins Geld gehen. Auch das Servieren unterschiedlicher Liköre ist für den Geldbeutel des einen oder anderen vielleicht zuviel. Und vielleicht verbietet es sich auch, Parfums, besondere Kerzen, ausgefallene Speisen und erlesene Weine zu verwenden.

Deshalb stehen zwei Farbprogramme zur Auswahl. Die folgende Aufzählung soll das Zusammenstellen erleichtern. Sie umfaßt das volle und das abgeänderte Farbprogramm und nennt auch die jeweilige symbolische Bedeutung. Ausführlichere Erklärungen zur Symbolik der einzelnen Farben findet der Leser in den Kapiteln über die jeweilige Zeremonie.

Volles Farbprogramm

Zeremonie	*Farbe*	*Symbolik*
1. Nacht	Grün	Wasser des Lebens – Anfang
2. Nacht	Blau	Himmel – Zur Sonne – Zum unendlichen Licht
3. Nacht	Violett	Rand des Alls – Verbindung mit dem Unendlichen
4. Nacht	Rot	Fernster Stern – Zentrum der Geburt

beide wiederholen sie still das Mantra der Wahrnehmung.

Allmählich beginnt die Frau mit den Bewegungen des Beischlafs, und der Mann reagiert entsprechend.

Erreicht einer der Partner die Grenze des Orgasmus, hält er inne
und gibt dem anderen durch Berühren der Schulter zu verstehen,
ebenfalls aufzuhören. Beide wiederholen dann das Mantra der
Kontrolle, und die Frau zieht sich langsam vom Mann zurück und
nimmt wieder die rittlings kniende Position ein.

Wenn sich alle Frauen von den Männern zurückgezogen haben
und wieder über ihnen knien, erheben sie sich und gehen zum
Mann rechts von ihnen.

So geht jede Frau von einem Mann zum anderen, und jeder
Mann empfängt und durchdringt jede Frau. Bis alle Männer alle
Frauen empfangen haben.

Kehrt die Frau zu ihrem ursprünglichen Partner zurück, nehmen
beide ihre sitzende Stellung im Kreis wieder ein und bereiten sich
auf das Mantra der Kanalisierung vor.

Die anschließenden Rituale entsprechen denen der vorangegangenen Nächte mit folgender Ausnahme: Die siebente Zeremonie
verlangt, daß bei den Speisen jeder jeden bedient. Jede Speise muß
also auf einem eigenen Teller gereicht werden. Diese stehen vor
den Begleitern und werden von ihnen weitergereicht, so daß jeder
etwas bekommt. Weitergereicht wird immer nach links.

Jeder Begleiter hat sein eigenes Weinglas, aus dem er auch
andere trinken lassen kann.

Sind die Begleiter fertig, gehen sie auseinander.

Der Kreis besteht nicht mehr.

Man kann mit anderen Begleitern neue Kreise bilden, denn das
Kanalisieren der gewaltigen vom Kreis erzeugten Kräfte sollte
fortgesetzt werden.

Der Kreis des Tantra wird dabei neu erstehen.

sich dann vor und berühren mit der Zungenspitze den Nabel des Partners. Langsam fahren sie mit der Zunge durch das Schamhaar zur Basis des Penis, wo sie verweilen und still das Mantra der Wahrnehmung wiederholen.

Dann fahren die Frauen langsam mit der Zunge den Penis hinauf, nehmen die Eichel in den Mund und saugen behutsam, bis der Mann stark erregt ist. Die Frauen kehren in die rittlings kniende Position zurück und wiederholen das Mantra der Wahrnehmung.

Die Männer wiederholen das Mantra der Wahrnehmung und, wenn notwendig, das Mantra der Kontrolle.

Haben alle Frauen wieder die kniende Position eingenommen, setzen sie sich rittlings über die Männer und lassen sich ganz langsam sinken, so daß der Penis des Mannes so tief wie möglich in sie eindringt. Keiner der Partner bewegt sich, und beide wiederholen sie still das Mantra der Wahrnehmung.

Allmählich beginnt die Frau mit den Bewegungen des Beischlafs, und der Mann reagiert entsprechend. Erreicht einer der Partner die Grenze des Orgasmus, hält er inne und gibt dem anderen durch Berühren der Schulter zu verstehen, ebenfalls aufzuhören. Beide wiederholen dann das Mantra der Kontrolle, und die Frau zieht sich langsam vom Mann zurück und nimmt wieder die rittlings kniende Position ein.

Die Frau, die ihren Orgasmus vielleicht besser steuern kann als der Mann, muß besonders darauf achten, sein Signal nicht zu übersehen und sich so zurückzuziehen, daß er nicht noch mehr gereizt wird. Wenn sich alle Frauen von den Männern zurückgezogen haben und wieder rittlings über ihnen knien, erheben sie sich und wenden den Männern das Gesicht zu. Dann machen sie einen Schritt nach rechts, bis sie breitbeinig über dem Mann zu ihrer Rechten stehen.

Die Männer bleiben auf dem Rücken liegen und bereiten sich darauf vor, die Frauen zu empfangen und zu durchdringen.

Die Frauen knien sich rittlings über die Beine der Männer und lassen sich langsam sinken, so daß der Penis des Mannes sie so tief wie möglich durchdringt. Keiner der Partner bewegt sich, und

Partner die Grenze des Orgasmus, hält er inne und gibt dem anderen durch Berühren der Schulter zu verstehen, ebenfalls zu unterbrechen. Beide wiederholen dann das Mantra der Kontrolle, und der Mann zieht sich langsam von der Frau zurück und setzt sich auf die Fersen.

Haben sich alle Männer von den Frauen zurückgezogen und sitzen auf den Fersen, erheben sich alle und gehen zu der Frau rechts von ihnen.

So geht jeder Mann von einer Frau zur nächsten, und jede Frau empfängt jeden Mann, bis alle Frauen jeden Mann empfangen haben.

Ist der Mann wieder bei der Frau, mit der er das Ritual zuerst vollzogen hat, tritt er zur Seite, so daß sie aufstehen kann. Dann nimmt er ihren Platz ein und legt sich, die Füße zur Mitte des Kreises weisend, auf den Rücken. Die Beine werden nicht gespreizt, die Arme nicht ausgestreckt; er läßt die Beine vielmehr geschlossen und legt die Arme seitlich neben den Körper.

Er wird zum Symbol der Staubgefäße der Blüte, und die Befruchtung erfolgt durch ihn.

Die Frauen knien sich jetzt am Kopf der Männer nieder, beugen sich vor und berühren mit den Lippen und der Zunge den Mund des Mannes. Die Männer öffnen die Lippen und nehmen die Zunge der Frau auf.

Die Frauen ziehen die Zunge zurück, beugen sich weiter vor und berühren die Brust des Mannes mit der Zunge. Langsam beschreiben sie auf der rechten Brust eine Spirale, und wenn sie die Brustwarze erreichen, saugen sie leicht an ihr. Danach beschreiben sie eine Spirale auf der linken Brust und saugen wieder leicht an der Brustwarze.

Dann ziehen sich die Frauen zurück und setzen sich auf die Fersen.

Wenn alle Frauen auf den Fersen sitzen, erheben sie sich und wechseln den Platz. Diesmal knien sie sich rittlings über die Beine des männlichen Partners.

Die Männer bewegen sich nicht.

Die Frauen wiederholen das Mantra der Wahrnehmung, beugen

tief wie möglich in die Scheide der Frau ein. Keiner der Partner bewegt sich, während beide still das Mantra der Wahrnehmung wiederholen.

Allmählich beginnt der Mann mit den Bewegungen des Beischlafs, und die Frau reagiert entsprechend. Erreicht einer der Partner die Grenze des Orgasmus, hält er inne und gibt dem anderen durch eine Berührung an der Schulter zu verstehen, ebenfalls zu unterbrechen. Beide wiederholen dann das Mantra der Kontrolle, und der Mann zieht sich langsam von der Frau zurück und setzt sich zurück auf die Fersen. Es ist wünschenswert, wenn auch nicht erforderlich, daß beide gleichzeitig die Grenze des Orgasmus erreichen. Erreicht ein Partner diesen Punkt, ist dies das Zeichen für den Mann, von der Frau abzulassen, selbst wenn der andere noch nicht an der Grenze zum Orgasmus war.

Einige Mitglieder haben zwar unter Umständen ein solches Maß an Beherrschung erlangt, daß sie ohne Orgasmus lange Zeit koitieren können, doch müssen sie sich bei der siebenten Zeremonie davon lossagen und sich zeitlich den anderen anpassen. Wir müssen uns vor Augen halten, daß gerade bei dieser Zeremonie der einzelne völlig mit der Gruppe verschmilzt und jeder Begleiter nur ein Teil des Kreises ist.

Wenn sich alle Männer von den Frauen zurückgezogen haben und wieder auf den Fersen sitzen, stehen sie auf und wenden den Frauen das Gesicht zu. Dann machen sie einen Schritt nach rechts, so daß sie zwischen den Beinen der Frau zu ihrer Rechten stehen.

Die Frauen bleiben auf dem Rücken liegen und bereiten sich darauf vor, den neuen Begleiter zu empfangen.

Die Männer knien sich hin und bringen ihren Körper in eine solche Stellung, daß sie den Penis in die Scheide der Frau einführen können.

Ganz langsam senken sie den Körper und führen den Penis so tief wie möglich in die Scheide der Frau ein. Keiner der Partner bewegt sich, während beide still das Mantra der Wahrnehmung wiederholen.

Allmählich beginnt der Mann mit den Bewegungen des Beischlafs, und die Frau reagiert entsprechend. Erreicht einer der

Die Männer spenden der Blume Leben, die ihrerseits dann einen neuen Kreis ins Leben ruft.

Die Männer knien sich jetzt nieder, beugen sich vor, bringen ihre Lippen in die Nähe der Lippen des Partners und berühren sie mit der Zunge. Die Frauen öffnen die Lippen und nehmen die Zunge des Mannes auf.

Dann ziehen die Männer die Zunge vom Mund der Frau zurück, beugen sich weiter vor und berühren die Brust der Frau mit der Zunge. Langsam beschreiben sie eine Spirale auf der rechten Brust, und wenn sie die Brustwarze erreichen, saugen sie leicht an ihr. Ist die Brustwarze aufgerichtet, beschreiben die Männer eine Spirale auf der linken Brust und saugen wieder leicht an der Brustwarze.

Ist auch diese Brustwarze aufgerichtet, zieht sich der Mann zurück, setzt sich auf die Fersen und wiederholt das Mantra der Wahrnehmung.

Danach knien sich die Männer zwischen die Beine ihrer Partnerin.

Die Frauen bewegen sich nicht.

Die Männer wiederholen das Mantra der Wahrnehmung, beugen sich dann vor und berühren mit der Zunge den Nabel ihrer Partnerin. Langsam fahren sie mit der Zunge durch das Schamhaar nach unten bis an die Schamlippen, wo sie verweilen und still das Mantra der Wahrnehmung wiederholen.

Dann drängen die Männer mit der Zunge zwischen die Schamlippen der Partnerin und berühren deren Klitoris. Mit der Zunge reizen die Männer die Klitoris und die Vagina, bis die Frau stark erregt ist.

Die Männer setzen sich auf die Fersen und wiederholen, wenn das notwendig ist, das Mantra der Wahrnehmung und das Mantra der Kontrolle.

Wenn alle Männer wieder auf den Fersen sitzen, wechseln sie erneut die Position. Sie legen sich mit dem ganzen Körper so über die Frau, daß ihr Penis in die Vagina der Partnerin eindringen kann.

Ganz langsam senken sie den Körper und führen den Penis so

Partners, dann zu den Nasenflügeln und weiter nach unten zu den Mundwinkeln.

Sie wiederholen das Mantra der Wahrnehmung.

Die Frauen fahren darauf mit den Händen seitlich am Hals des Partners nach unten zur Mitte der Brust und dann nach außen, wo sie auf den Brüsten Spiralen beschreiben, die an den Brustwarzen enden.

Sie wiederholen das Mantra der Wahrnehmung.

Die Frauen fahren mit den Fingern von der Brust zum Nabel, wo sie verweilen und das Mantra der Wahrnehmung sprechen. Dann gleiten sie mit den Fingern weiter nach unten zum oberen Rand der Schamhaare, verweilen erneut, wiederholen das Mantra der Wahrnehmung und wandern mit den Händen weiter, bis die Finger rechts und links der Basis des Penis liegen. Die Frauen wiederholen das Mantra der Wahrnehmung und gleiten dann mit den Fingern behutsam den Penis entlang bis zur Eichel, wo sie verweilen und leicht drücken.

Beide Partner wiederholen laut das Mantra der Wahrnehmung, und die Frauen nehmen die Finger zurück und legen die Hände in den Schoß.

Beide Partner sitzen einen Augenblick ruhig da. Wenn beide sich bereit fühlen, nicken sie sich zu. Haben beide ihre Bereitschaft zu erkennen gegeben, stehen sie auf und legen das Gewand beiseite. Die Frau setzt sich an ihren Platz im Kreis zurück, während der Mann hinter ihr stehen bleibt.

Sind alle bereit, legen sich die Frauen mit gespreizten Beinen und ausgestreckten Armen auf den Rücken.

Ist der Kreis groß genug, berühren sich die Hände der Frauen und sollten miteinander verschränkt werden, die rechte Handfläche nach oben, die linke nach unten.

Gleichgültig, wie viele Frauen im Kreis sind, sie sollten es so einrichten, daß ihre gespreizten Beine sich berühren.

Diese Position lehnt sich an das Yantra der siebenten Zeremonie an und ist das Symbol der Blüte der Blume. Jede Frau ist eins der Blumenblätter, und die Blumenblätter bilden gemeinsam die volle Blüte.

Die Begleiter nehmen den Begleiterinnen jetzt ganz langsam das Gewand ab. Die Begleiterinnen bewegen sich nicht.

Wenn die Begleiter die Gewänder der Frauen haben zu Boden gleiten lassen, wiederholen sie dreimal das Mantra der Wahrnehmung.

Dann strecken sie die Hand aus und berühren mit den Fingerspitzen deren Stirn.

Sie wiederholen das Mantra der Wahrnehmung. Langsam fahren sie mit den Fingerspitzen zu den Ohren des Partners, dann zu den Nasenflügeln und weiter nach unten zu den Mundwinkeln.

Sie wiederholen das Mantra der Wahrnehmung. Die Männer fahren mit den Händen seitlich am Hals der Partnerin nach unten zur Mitte der Brust und dann nach außen zu den Brüsten, auf denen sie Spiralen beschreiben, die an den Brustwarzen enden.

Sie wiederholen das Mantra der Wahrnehmung. Die Begleiter fahren mit den Fingern von den Brüsten der Frau zum Nabel, wo sie verweilen und das Mantra der Wahrnehmung sprechen. Dann gleiten sie mit den Fingern weiter nach unten zum oberen Rand der Schamhaare, verweilen erneut, wiederholen das Mantra der Wahrnehmung und wandern mit den Händen weiter, bis die Finger rechts und links der Schamlippen zur Ruhe kommen.

Der Mann wiederholt das Mantra der Wahrnehmung, öffnet dann mit den Fingern die Schamlippen und dringt mit ihnen hinein zur Öffnung der Vagina. Beide Partner wiederholen laut das Mantra der Wahrnehmung, und die Männer nehmen die Finger zurück und legen die Hände in den Schoß.

Beide Partner sitzen einen Augenblick ruhig da. Jetzt nehmen die Begleiterinnen ihren männlichen Partnern langsam das Gewand ab. Die Begleiter bewegen sich nicht.

Wenn die Begleiterinnen die Gewänder der Männer haben zu Boden gleiten lassen, wiederholen sie dreimal das Mantra der Wahrnehmung.

Dann strecken sie die Hand aus und berühren mit den Fingerspitzen deren Stirn.

Sie wiederholen das Mantra der Wahrnehmung.

Langsam fahren sie mit den Fingerspitzen zu den Ohren des

Das Ritual des Reigens

Das Ritual der siebenten Nacht wird vom gesamten Kreis begangen. Es wird erwartet, daß alle Mitglieder des Kreises mit den Einzelheiten des Rituals vertraut sind. Es müßte sich eigentlich erübrigen, daß der Führer während des Rituals einem Begleiter Anweisungen gibt, wenngleich das natürlich geschehen kann, falls es unerläßlich ist.

In der siebenten Zeremonie sollte die Harmonie der Begleiter untereinander ein solches Maß erreicht haben, daß jetzt jeder als Teil des Ganzen fungiert. Der Kreis hört auf, eine Ansammlung einzelner Begleiter zu sein und wird in sich zu einer lebendigen Kraft.

Laßt jeden Begleiter mit den Augen aller Begleiter sehen.

Laßt jeden Begleiter mit den Ohren aller Begleiter hören.

Laßt jeden Begleiter mit den Nüstern aller Begleiter riechen.

Laßt jeden Begleiter mit dem Mund aller Begleiter schmecken.

Laßt jeden Begleiter mit den Fingerspitzen aller Begleiter spüren.

Und laßt alle Begleiter eins werden.

Die Begleiter wenden sich jetzt um, so daß sie die Begleiterinnen zur Linken ansehen. Die Begleiterinnen drehen sich und sehen die Begleiter zur Rechten an.

Jeder Begleiter sieht in die Augen seines Partners und betrachtet diese Augen als die Augen des Kreises.

Jeder Begleiter sieht die Ohren seines Partners und betrachtet diese Ohren als die Ohren des Kreises.

Jeder Begleiter sieht die Nasenflügel seines Partners und betrachtet diese Nasenflügel als die Nasenflügel des Kreises.

Jeder Begleiter sieht den Mund seines Partners und betrachtet diesen Mund als den Mund des Kreises.

Jeder Begleiter streckt den Zeigefinger aus und berührt damit den Zeigefinger des Partners, und jeder betrachtet den Zeigefinger als den Zeigefinger des Kreises.

Laßt alle Begleiter ihre Hände zurück in den Schoß legen und das Mantra der Wahrnehmung wiederholen.

Dann stellt der Führer das Yantra in die Mitte des Kreises, damit alle es betrachten und sich einprägen können.

Der Führer erklärt, daß die beiden Dreiecke die Blumenblätter der Lotusblüte sind. Aber tief im Innern des Kreises ist schon der Kern zu erkennen, der sich ebenfalls entfalten will.

Tantra ist der Makrokosmos, die ganze Entfaltung zum Unendlichen hin.

Die Zeremonie der siebenten Nacht kennt keine Demonstration wie die vorangegangenen sechs Nächte. Der Führer wird Teil des Kreises, und der Kreis ist vollständig.

Der Führer wiederholt die Worte:

> DIESE NACHT IST DIE SIEBENTE NACHT,
> DIE NACHT DER VIELEN,
> DIE ZUM KREIS WERDEN.

Yantra für die Zeremonie der siebenten Nacht

geht, was sich mit Worten ausdrücken läßt. Und nur diejenigen, die dieses Erlebnis gehabt haben, können seine Bedeutung und Tragweite verstehen. Dadurch, daß man sich den anderen im Kreis ganz öffnet, erlangt man das endgültige Wissen um die Kraft und den Sinn des Tantra.

Das Ritual der siebenten Zeremonie ist der Höhepunkt aller anderen Rituale, der grundlegenden Allein- und Paar-Rituale wie auch der ersten sechs Zeremonien des Kreises. Die siebente Zeremonie ist die Vereinigung aller Begleiter miteinander, um die größte Energie zu erzeugen und die größte Kraft zu entfalten, welche die Begleiter je erlebt haben.

Mantras und Yantra für die siebente Nacht

Der Führer stellt die Mantras vor, die verwendet werden:

DIESE MANTRAS WERDEN DIE LAUTE SEIN,
DIE UNS FÜHREN WERDEN:
DAS MANTRA DER WAHRNEHMUNG:
OMMM AHDI OMMM
DAS MANTRA DER KONTROLLE:
PAHHH SAHHH O-MAHMMM
DAS MANTRA DES ÜBERGANGS:
OMMM DAHHH AHH
DAS MANTRA DER KANALISIERUNG:
AHH NAHH YAHH TAUNNN.

Bevor die Rituale beginnen, wiederholen die Begleiter jedes Mantra laut, um ihr Gedächtnis aufzufrischen. Der Führer stellt das Yantra mit folgenden Worten vor:

DIESES YANTRA ZEIGT
DAS AUFBLÜHEN DES KREISES
SO WIE DER LOTUS BLÜHT!

146

UND DIE ZWEI WAREN VIELE.
UND DIE VIELEN WURDEN ZUM EINEN.

Der Führer hält inne und sagt dann:

JEDER VON UNS KOMMT ALS EINER.
WIR WERDEN ZUM KREIS.
DER KREIS SIND DIE VIELEN.
DER KREIS IST DER EINE.

Der Führer hält erneut inne und hebt dann sein Glas. Die Begleiter heben ihr Glas. Dann sagt der Führer:

WEISS IST DIE KÄLTE DES EISES,
WEISS IST DIE HITZE DES FEUERS,
WEISS IST DAS LICHT
DES UNENDLICHEN.

Der Führer fährt fort:

DIESE NACHT IST DIE SIEBENTE NACHT,
DIE NACHT DER VIELEN,
DIE ZUM KREIS WERDEN.

Die Worte des Tantra für die siebente Nacht lauten:

VERSUCHT NICHT ZU ERKLÄREN,
DENN DIE WORTE WERDEN EUCH FEHLEN.
ÖFFNET STATT DESSEN DEN KÖRPER, DEN GEIST
UND DIE SEELE
ALL DENEN, DIE GEMEINSAM MIT EUCH
DIE RITUALE ERLEBT HABEN.
SIE VERSTEHEN EUCH.

Der Führer interpretiert die Bedeutung dieser Worte dahinge-hend, daß das Erleben des Tantra-Kreises weit über das hinaus-

Die siebente Nacht

Das Vorbereiten des Zentrums

Die Farbe der siebenten Zeremonie ist Weiß. Das ist sie auch beim abgeänderten Farbprogramm.

Das klare Glasgefäß enthält klares Wasser und eine einzelne weiße Blüte.

Auch die Kerzen sollten weiß sein.

Die Farbe Weiß verkörpert die Farbe der Kälte und die Farbe der Hitze, und diese Extreme stehen für das Sichvermischen aller Dinge, damit sich das Unendliche bildet.

Vor dem Eintreffen der Begleiter sollten auf jeden Teller einige weiße Früchte gelegt werden, etwa geschälte Apfelstücke oder Kokosnuß.

In die Gläser sollte weißer Likör gegossen werden, zum Beispiel Crème de cacao oder Anisette.

Da sowohl das volle wie das abgeänderte Farbprogramm in der Schlußzeremonie Weiß erfordern, können die beim abgeänderten Farbprogramm benutzten Früchte die gleichen sein wie die beim vollen Farbprogramm.

Die Gewänder der siebenten Zeremonie sollten ebenfalls weiß sein.

Der Führer zeigt den Begleitern die ihnen zugeteilten Plätze im Umkreis des Tischchens. Wenn eben möglich, sollten Männer und Frauen abwechselnd sitzen, und Paare, welche die Zeremonien bisher gemeinsam vollzogen haben, sollten getrennt werden.

Worte und Symbole für die siebente Nacht

Der Führer spricht die tantrischen Worte:

AM ANFANG WAR EINER.
DANN WAREN ZWEI.

Phase mit der ersten identisch, wobei es nur eine Veränderung bei den Personen in den einzelnen Gruppen und die Änderung des Geschlechts des dritten Begleiters gibt. Diese Änderung erfolgt entweder in der zweiten oder dritten Phase, was davon abhängt, wie der Führer den Kreis neu einteilt.

Nach Beendigung der zweiten Phase sitzen alle Begleiter wieder mit dem Gesicht zur Mitte des Kreises.

Wieder bildet der Führer neue Dreiergruppen aus den Mitgliedern des Kreises.

Erneut vollziehen die Begleiter das Ritual, vom Sichansehen über das Berühren und Küssen bis zum Geschlechtsverkehr.

Wenn alle Begleiter wieder dasitzen und das Gesicht der Mitte des Kreises zuwenden, wiederholt jeder das Mantra der Kontrolle. Falls sich ein Begleiter zu schnell von der Dreiergruppe zurückgezogen oder den sexuellen Höhepunkt noch nicht erreicht hat, sollte er sich durch Stimulieren bis an den Rand des Orgasmus bringen und dann das Mantra der Kontrolle sprechen.

Die nachfolgenden Rituale entsprechen denen der vorangegangenen Nächte.

oben stoßen, um die Vagina der Begleiterin zu durchdringen, die rittlings auf ihm kniet.

Keine der Frauen sollte sich bewegen. Beide sollten sich regungslos vom Begleiter stimulieren lassen. Der Mann sollte das Mantra der Wahrnehmung wiederholen.

Die Begleiterinnen sollten das Mantra der Kontrolle wiederholen. Wenn eine der Frauen merkt, daß sie sich dem Orgasmus nähert, sollte sie das Mantra der Kontrolle sprechen und sich gegebenenfalls vom Begleiter lösen. Sobald der Mann merkt, daß die Frau ihre Zunge zurückzieht, sollte er sofort aufhören, ihre Klitoris zu reizen. Wenn er merkt, daß sich die Begleiterin von seinem Penis befreit, soll er entspannt warten, bis sie zurückkehrt.

Hat die Frau die Kontrolle wiedererlangt, führt sie ihre Zunge wieder in den Mund des Mannes ein oder senkt sich wieder auf seinen Penis, und der Mann kann seine Bewegungen wieder aufnehmen.

Nähert sich der Begleiter dem Orgasmus, berührt er beide Frauen an der Schulter, und beide Begleiterinnen ziehen sich sofort zurück. Alle drei sprechen sie das Mantra der Kontrolle und nehmen die ursprüngliche Stellung mit dem Gesicht zur Mitte des Kreises ein.

Wechsel

Wenn der Führer sieht, daß alle an ihre ursprüngliche Position im Kreis zurückgekehrt sind, bildet er neu zusammengesetzte Dreiergruppen, wieder aus zwei Personen des einen und einer Person des anderen Geschlechts. Unter Umständen heißt das, daß er nur die Richtung angeben muß, wohin sich die Begleiter zu drehen haben.

Der Führer hält sich wieder entweder abseits der Gruppe oder schließt sich zwei anderen Begleiterinnen oder Begleitern an, falls das von der Zahl der Mitglieder des Kreises her geboten erscheint.

Wenn die Begleiter ihre neuen Anweisungen erhalten haben, wohin sie sich wenden sollen, geht die gesamte Gruppe zur nächsten Phase des Rituals über.

Mit Ausnahme des Abnehmens der Gewänder ist die zweite

rin fährt mit den Fingerspitzen nach unten bis an den Rand des Schamhaars.

Die Frau am Kopf des Mannes beschreibt jetzt Spiralen, die an den Brustwarzen enden, und rollt die Brustwarzen ganz leicht zwischen Daumen und Zeigefinger.

Die rittlings über den Schenkeln des Begleiters kniende Frau gleitet mit den Fingern nach unten an die Basis des männlichen Penis, dann den Schaft nach oben zur Eichel und wieder nach unten.

Ist der Penis des Mannes vollständig erigiert, nehmen beide Frauen ihre Hände zurück und setzen sich auf die Fersen.

Beide Begleiterinnen wiederholen das Mantra der Wahrnehmung.

Die über den Schenkeln des Mannes kniende Frau richtet sich auf und rückt vor und läßt sich dann langsam wieder so weit nach unten sinken, daß der Penis des Mannes sich direkt an der Öffnung ihrer Vagina befindet.

Die Begleiterin am Kopf des Mannes beugt sich vor und berührt mit ihrem Mund seine Lippen, sonst aber nichts.

Der Mann hebt die Arme und sucht die Vulva der Frau. Er drückt die Finger zwischen die Schamlippen und öffnet gleichzeitig seine Lippen, um ihre Zunge aufzunehmen.

Wenn die Frau ihre Zunge tief in seinen Mund eingeführt hat, verharrt sie regungslos und spricht das Mantra der Wahrnehmung.

Wenn die rittlings auf den Schenkeln des Mannes kniende Begleiterin den Penis des Mannes tief in sich spürt, sollte sie jede Bewegung einstellen und das Mantra der Wahrnehmung wiederholen.

Der Begleiter sollte ruhig daliegen und sich konzentrieren auf die Zunge in seinem Mund, auf die offenen Lippen der Vagina, die er mit seinen Fingern berührt, und auf die andere Vagina, in der sich sein Penis befindet. Er sollte das Mantra der Wahrnehmung wiederholen.

Nach einigen Augenblicken sollte der Mann mit seiner Zunge auf die der Frau reagieren und anfangen, ihre Klitoris mit den Fingern zu massieren. Gleichzeitig sollte er mit den Hüften nach

Dann knien sich die beiden Frauen so hin, daß sie der Brust des Mannes zugewandt sind, beugen sich vor und beschreiben auf seiner Brust mit der Zungenspitze Spiralen, die an den Brustwarzen enden. Haben sie die Brustwarzen erreicht, saugen sie leicht an ihnen. Dann setzen sich die beiden Frauen auf und wiederholen das Mantra der Wahrnehmung.

Nun richtet sich der Mann auf und kniet sich zwischen die beiden Frauen. Er wendet sich der Begleiterin zu seiner Linken zu und nimmt ihr das Gewand ab. Ist das geschehen, berührt er ihre Stirn mit der Spitze seines Zeigefingers und fährt damit über die Nase bis zu den Lippen, wo er innehält.

Er wiederholt das Mantra der Wahrnehmung.

Dann fährt er mit dem Finger über das Kinn und den Hals nach unten zur Brust, berührt beide Brustwarzen und gleitet dann über den Bauch und durch das Schamhaar zum oberen Anfang der Schamlippen. Dann wiederholt er das Mantra der Wahrnehmung. Er nimmt die Hand zurück, wendet sich der Begleiterin zu seiner Rechten zu, nimmt ihr das Gewand ab und wiederholt seine Handlungen – er fährt ihr mit der Fingerspitze von der Stirn über die Lippen, wiederholt das Mantra der Wahrnehmung, fährt von den Lippen über die Brustwarzen zu den Schamlippen, wiederholt das Mantra der Wahrnehmung und legt seine Hand zurück in den Schoß.

Das Berühren der Frauen durch den Mann ist eine Form des Begrüßens, die Anerkennung des anderen Wesens.

Der Begleiter legt sich nun mit dem Rücken auf den Boden. Die Knie sind geschlossen, die Beine liegen flach. Die Augen hält er geschlossen, die Hände liegen neben dem Körper.

Die eine Begleiterin kniet sich oberhalb des Kopfes des Mannes hin, das Gesicht seinen Füßen zugewandt, die andere kniet rittlings über seinen Schenkeln, seinem Gesicht zugewandt.

Nun beugen sich beide Frauen vor und legen die Fingerspitzen an den Nabel des Mannes. Sie wiederholen das Mantra der Wahrnehmung und beginnen dann, die Finger vom Nabel weg zu bewegen. Die Begleiterin am Kopf des Mannes fährt mit den Fingern zu seiner Brust. Die über seinen Beinen kniende Begleite-

Bewegungen ihrer Hüfte und Kontraktionen der Scheidenmuskeln auf den Penis des Begleiters in ihrer Vagina eingehen.

Beide Begleiter verharren regungslos und lassen sich durch die Bewegungen der Frau stimulieren.

Die Begleiterin wiederholt das Mantra der Wahrnehmung.

Die Begleiter wiederholen das Mantra der Wahrnehmung und das Mantra der Kontrolle. Sobald einer der Männer merkt, daß er sich einem Orgasmus nähert, sollte er das Mantra der Kontrolle sprechen und sich nötigenfalls von der Begleiterin zurückziehen. Wenn die Frau merkt, daß der Mann seine Zunge zurückzieht, muß sie seinen Penis sofort freigeben. Spürt sie, daß er seinen Penis aus ihrer Scheide zieht, sollte sie entspannt daliegen und warten, bis er zurückkommt. Sobald sich der Begleiter wieder unter Kontrolle hat, führt er seine Zunge beziehungsweise den Penis wieder ein, und die Begleiterin nimmt ihre Bewegungen wieder auf.

Nähert sich die Frau dem Orgasmus, berührt sie die beiden Begleiter an den Schultern, die sich daraufhin sofort zurückziehen. Alle drei sprechen das Mantra der Kontrolle und nehmen ihre ursprüngliche Position mit dem Gesicht zur Mitte des Kreises wieder ein.

Zwei Frauen – ein Mann

Der männliche Begleiter liegt während der gesamten Phase des Rituals mit geschlossenen Augen da und konzentriert sich auf die Berührungen der beiden weiblichen Begleiter. Das ganze Augenmerk soll sich auf die Berührungen richten. Die Finger sollen als die des ganzen Kreises empfunden werden.

Die beiden Begleiterinnen lassen die Finger jetzt beim Mann zur Basis des Penis gleiten, dessen Schaft sie umschließen, wobei ihre Finger sich verflechten.

Der Mann spricht das Mantra der Wahrnehmung und spürt, wie er die ihn umschließenden Finger der Frauen durchdringt.

Die beiden Frauen legen die Hände zurück in den Schoß und wiederholen das Mantra der Wahrnehmung.

Daumen und Zeigefinger.

Der Begleiter zwischen ihren Beinen drängt mit den Fingern zwischen ihre Schamlippen und reizt leicht ihre Klitoris und die Öffnung der Vagina.

Die Begleiterin spricht das Mantra der Wahrnehmung und das Mantra der Kontrolle, wenn es notwendig ist. Wenn die Brustwarzen der Begleiterin völlig aufgerichtet sind, setzt sich der an ihrem Kopf kniende Mann auf die Fersen und zieht seine Hände zurück. Wenn die Vulva feucht und die Vagina geöffnet ist, setzt sich der zwischen den Beinen der Begleiterin kniende Mann auf die Fersen und nimmt die Hände von ihrem Körper.

Beide Begleiter wiederholen das Mantra der Wahrnehmung.

Der zwischen den Beinen der Frau kniende Begleiter rutscht weiter nach oben und bringt die Spitze seines Penis an die Öffnung ihrer Vagina. Die Begleiterin sollte ihre Position gegebenenfalls leicht ändern, um dem Mann dabei zu helfen.

Der am Kopf der Frau kniende Begleiter beugt sich vor und berührt mit seinen Lippen den Mund der Frau, berührt sie aber nicht mit den Händen. Sie öffnet die Lippen, um seine Zunge aufzunehmen, greift mit den Händen nach oben zum Penis und hält ihn zwischen den Handflächen.

Der zwischen den Beinen der Frau kniende Begleiter führt langsam seinen Penis in ihre Scheide ein. Die Frau öffnet sich, um ihn aufzunehmen.

Hat der Begleiter am Kopf der Frau seine Zunge tief in ihren Mund eingeführt, verhält er sich völlig regungslos und wiederholt das Mantra der Wahrnehmung. Hat der Mann zwischen den Beinen der Frau seinen Penis tief in ihre Scheide eingeführt, verhält er sich völlig regungslos und wiederholt das Mantra der Wahrnehmung.

Sobald die Begleiter aufhören, sich zu bewegen, sollte die Frau ebenfalls regungslos verharren und sich auf den Penis zwischen ihren Händen, die Zunge in ihrem Mund und den Penis in ihrer Scheide konzentrieren. Nach einigen Augenblicken sollte die Begleiterin mit ihrer Zunge auf die des Mannes reagieren, seinen Penis mit ihren ihn umschließenden Fingern masturbieren und mit und nimmt ihm das Gewand ab. Dann berührt sie seine Stirn mit dem Zeigefinger und fährt mit ihm über die Nase nach unten zu den Lippen, wo sie verweilt.

Sie wiederholt das Mantra der Wahrnehmung.

Dann fährt sie mit dem Finger nach unten über Kinn, Hals, Brust und Bauch und durch das Schamhaar bis zur Basis des Penis. Dort verweilt sie und wiederholt zweimal das Mantra der Wahrnehmung.

Dann nimmt sie die Hand zurück, wendet sich dem Begleiter zur Rechten zu, nimmt ihm das Gewand ab und fährt ihm wie dem anderen Begleiter mit dem Finger von der Stirn zu den Lippen, spricht das Mantra der Wahrnehmung und gleitet dann weiter bis zur Basis des Penis, wo sie erneut ein Mantra der Wahrnehmung spricht und dann die Hand zurücknimmt und in den Schoß legt.

Die Berührung der beiden Begleiter durch die Frau ist eine Form der Begrüßung, die Anerkennung des anderen Wesens.

Die Frau legt sich nun mit gespreizten Beinen, geschlossenen Augen und den Händen neben dem Körper auf den Rücken.

Die beiden Begleiter nehmen ihre Position so ein, daß der eine zwischen den Beinen der Frau kniet, der andere oberhalb ihres Kopfes. Das Gesicht wenden sie sich dabei zu.

Die beiden Begleiter beugen sich vor und legen die Fingerspitzen an den Nabel der Frau. Sie sprechen still das Mantra der Wahrnehmung. Sie erkennen im Nabel den Punkt im Unendlichen, der die Geburt verkörpert, und entfernen sich mit ihren Fingern vom Nabel. Der am Kopf der Frau kniende Begleiter fährt mit den Fingerspitzen zur Brust, der zwischen ihren Beinen kniende Begleiter nach unten bis an den oberen Rand der Schamhaare.

Der Begleiter am Kopf der Frau fährt mit den Fingerspitzen an ihre Brüste und beschreibt Spiralen, die an den Brustwarzen enden.

Der zwischen den Beinen der Frau kniende Begleiter fährt mit den Fingerspitzen durch ihr Schamhaar seitlich neben die Schamlippen.

Der Mann am Kopf rollt behutsam ihre Brustwarzen zwischen

Die beiden Begleiter fahren dann mit den Fingern durch das Schamhaar bis seitlich an die Genitalien, wo sie erneut innehalten und das Mantra der Wahrnehmung wiederholen.

Bei der sechsten Zeremonie besteht jede Dreiergruppe normalerweise aus Personen beiderlei Geschlechts. Das ist auch die Annahme, von der bei der folgenden Darstellung ausgegangen wird. Bei der ersten hier geschilderten Dreierkonstellation ist der dritte Begleiter eine Frau, die beiden außen sitzenden Begleiter sind Männer. Bei der zweiten Konstellation ist der dritte Begleiter ein Mann, die beiden Begleiter außen sind Frauen.

Zwei Männer – eine Frau

Die Frau, als dritter Begleiter, liegt während dieser Phase des Rituals mit geschlossenen Augen da und konzentriert sich auf die Berührungen der beiden männlichen Begleiter. Das Hauptaugenmerk soll ganz den Berührungen gelten. Die Begleiterin soll das Gefühl haben, von vielen berührt zu werden. Die beiden Begleiter berühren nun mit den Fingerspitzen die Schamlippen und auch die Finger des anderen Begleiters. Vorsichtig teilen sie die Vulva, um die Öffnung der Vagina herum und weiter nach unten zum Perineum.

Die Begleiterin wiederholt das Mantra der Wahrnehmung und öffnet sich den tastenden Fingern. Sie soll das Gefühl haben, als öffnete sie sich dem ganzen Kreis.

Die beiden Begleiter legen die Hände zurück in den Schoß und wiederholen das Mantra der Wahrnehmung.

Dann knien sich die beiden Begleiter neben die Frau, das Gesicht ihrer Brust zugewandt. Sie beugen sich vor und berühren mit der Zunge die ihnen nächstliegende Brust. Wieder beschreiben sie Spiralen, die an der Brustwarze enden. Haben sie die Brustwarzen erreicht, saugen sie leicht an ihnen.

Dann setzen sich die beiden Begleiter auf und wiederholen das Mantra der Wahrnehmung.

Nun richtet sich die Begleiterin auf und kniet sich zwischen die beiden Männer. Sie wendet sich dem Begleiter zu ihrer Linken zu

Das sollte langsam und mit Bedacht geschehen. Der eine Begleiter lockert den Gürtel, der andere läßt das Gewand von den Schultern gleiten. Man läßt das Gewand zu Boden fallen, wo es später weggenommen wird.

Die beiden außen sitzenden Begleiter nehmen ihre alte Position mit Blick auf den dritten Begleiter wieder ein und wiederholen das Mantra der Wahrnehmung. Die beiden Begleiter strecken jetzt eine Hand aus und berühren mit den Fingerspitzen ganz leicht die Schulter des dritten Begleiters. Die Berührung sollte dem Berührten zum einen Lust bereiten, zum andern sollte sie dazu beitragen, den Körper des anderen durch die Berührung kennenzulernen. Die beiden Begleiter sollten sich während der gesamten Phase des Rituals dieses doppelten Zwecks der Berührung bewußt sein.

Die beiden fahren mit den Fingerspitzen von der Schulter des dritten Begleiters zu dessen Brust. Sie sollten versuchen, sich im Gleichklang zu bewegen, als gehörten die Finger einer einzigen Person. Der dritte Begleiter sollte sich wie von Fingerspitzen umgeben vorkommen.

Die beiden außen sitzenden Begleiter sollten auf der Brust des dritten Begleiters Spiralen beschreiben, die an den Brustwarzen enden. Sie sollten die Brustwarzen sanft und langsam zwischen Daumen und Zeigefinger rollen und die Brust intensiv stimulieren. Dann legen die beiden Begleiter die Hand zurück in den Schoß und wiederholen das Mantra der Wahrnehmung.

Der dritte Begleiter legt sich nun auf den Rücken, die Füße der Mitte des Kreises zugewandt, die Knie gespreizt und die Arme neben dem Körper. Die beiden außen sitzenden Begleiter strecken wieder die Hand aus und berühren den Begleiter in der Mitte mit den Fingerspitzen unmittelbar oberhalb des Nabels. Die Finger der beiden Begleiter sollten sich nicht berühren, sich aber synchron bewegen. Die beiden Begleiter fahren langsam mit den Fingern über den Bauch des dritten Begleiters nach unten bis an den oberen Rand des Schamhaars, wo sie innehalten, dreimal das Mantra der Wahrnehmung sprechen und sich das Bild des Yantra ins Gedächtnis rufen. Das Dreieck, in das einzudringen sie sich anschicken, ist das erste Dreieck des Yantra der Gemeinsamkeit.

unterstellen, daß die beiden außen sitzenden Begleiter das gleiche Geschlecht haben, der dritte, in der Mitte sitzende Begleiter dagegen vom anderen Geschlecht ist. Falls es in dieser Richtung Schwierigkeiten gibt, erteilt der Führer besondere Anweisungen.

Die beiden außen sitzenden Begleiter blicken sich über den dritten hinweg an. Sie legen ihr Gewand nicht ab. Ganz besondere Aufmerksamkeit sollten sie den Augen ihres Gegenüber widmen, in die sie sich so intensiv vertiefen sollten, wie es ihnen möglich ist. Denn diese beiden Begleiter sollen sich als zwei Hälften eines Wesens fühlen, so daß sie dem dritten gegenüber nicht als Einzelperson dastehen, sondern als Einheit, als eine Quelle der Erregung, eine sexuelle Kraft.

Wenn beide das Gefühl haben, das erreicht zu haben, wenden sie sich dem zwischen ihnen sitzenden Begleiter zu.

Von nun an werden alle Mantras der Wahrnehmung still gesprochen, und das Yantra erscheint auf der weiten schwarzen Fläche des geistigen Auges.

Die beiden außen sitzenden Begleiter strecken jetzt eine Hand aus und berühren mit dem Zeigefinger die Stirn des dritten Begleiters. Die Fingerspitzen liegen leicht oberhalb der Augenbrauen, ohne sich zu berühren.

Beide Begleiter lassen still das Mantra der Wahrnehmung ertönen.

Die beiden Begleiter fahren mit dem Zeigefinger um die Augen des dritten Begleiters nach unten über die Wangen, berühren die Nasenflügel und gleiten weiter nach unten zu den Mundwinkeln, wo sie innehalten. Die Begleiter lassen zweimal das Mantra der Wahrnehmung ertönen.

Die beiden Begleiter fahren mit den Fingerspitzen ganz langsam zur Mitte des Mundes des dritten Begleiters und lassen sie dort liegen. Sie berühren die Lippen und den Finger des anderen. Die Kraft der drei Begleiter ist somit zum erstenmal vereint.

Die drei Begleiter wiederholen dreimal still das Mantra der Wahrnehmung.

Die beiden außen sitzenden Begleiter nehmen den Finger von den Lippen des dritten Begleiters und ziehen ihm das Gewand aus.

dann die Hände zurück in den Schoß.

Dieser Vorgang wird zweimal wiederholt. Beim zweitenmal soll der Begleiter das Gefühl haben, die Finger gehören einem anderen; außerdem soll sich das Empfinden ganz auf das Gesicht beschränken. Beim drittenmal soll der Begleiter das Gefühl haben, daß das Gesicht einem anderen gehört, die Finger aber den Begleitern gehören und alle Empfindungen durch sie ausgelöst werden.

Die Begleiter wiederholen das Mantra der Wahrnehmung, sitzen dann mit im Schoß gefalteten Händen da und schließen die Augen.

Wenn der Führer sieht, daß alle Begleiter die Hände im Schoß liegen haben, sagt er:

JEDER SOLL DEN ANDEREN ERFORSCHEN.
NIEMAND SOLL ABSEITS STEHEN ODER SICH
ZURÜCKZIEHEN.
DIE RITUALE BRINGEN NEUE FREUDEN
UND VERSTÄNDNIS.

Die Begleiter öffnen die Augen.

Das Ritual der sechsten Zeremonie wird mit drei Begleitern begangen, nur selten mit zweien.

Der Führer teilt die Mitglieder des Kreises in Dreiergruppen ein. In den meisten Fällen heißt das lediglich, daß er angibt, wer sich nach rechts beziehungsweise nach links zu wenden hat und wer weiterhin das Gesicht der Mitte des Kreises zuwendet. Weil es vielleicht ein wenig kompliziert ist, sich die verschiedenen Kombinationsmöglichkeiten vorzustellen, enthalten die Erläuterungen am Ende des Buches eine graphische Darstellung, auf die man im Bedarfsfall zurückgreifen kann.

Sind die Begleiter vom Führer einmal in Dreiergruppen eingeteilt, sitzen sie ruhig da und lassen die letzten Augenblicke der Vorbereitung auf sich wirken, bevor die nächste Phase des Rituals beginnt. Jede Dreiergruppe sitzt so, daß zwei Gruppenmitglieder sich ansehen, während der dritte sich zwischen ihnen befindet. Wir

Die Begleiter wiederholen die einzelnen Mantras, um ihr Gedächtnis aufzufrischen, bevor das Ritual beginnt.

Der Führer stellt das Yantra mit folgenden Worten vor:

DIESES YANTRA ZEIGT DIE VEREINIGUNG
DER ZWEI
MIT DEM DRITTEN,
DIE DER KREIS WERDEN.

Dann stellt der Führer das Yantra in die Mitte des Kreises, damit alle es betrachten und sich einprägen können. Gleichgültig, welches Yantra verwendet wird, es muß mit der symbolischen Bedeutung der Zeremonie übereinstimmen.

Der Führer erklärt, daß die beiden Dreiecke, die sich durch den kleinen Kreis in der Spitze gebildet haben, jetzt mit dem Kreis gewachsen und sogar über den größeren Kreis hinausgewachsen sind. Es hat den Anschein, als wären die drei etwas Lebendes, das sich von innen nährt und sich ausgedehnt hat, bis es die Grenzen der bekannten Welt gesprengt und begonnen hat, jenseits davon in die Unendlichkeit vorzudringen. Es ist wie bei der Knospe, die immer voller wird, bis sie ihre Hülle sprengen muß. Eine Knospe, aus der eine Blüte wird.

Der Führer beantwortet Fragen und entfernt dann das Yantra.

Das Ritual der Gemeinsamkeit

Der Führer bleibt entweder in der Mitte des Kreises, um das Ritual zu begehen, oder schließt sich einem Paar des Kreises an, um es zu einer Dreiergruppe zu ergänzen.

Der Führer spricht das Mantra der Wahrnehmung. Die Begleiter wiederholen das Mantra der Wahrnehmung, schließen die Augen und berühren langsam ihre Stirn mit dem Zeigefinger. Sie wiederholen das Mantra der Wahrnehmung. Dann fahren sie mit dem Finger von der Stirn nach unten über die Nasenspitze zu den Lippen. Sie wiederholen das Mantra der Wahrnehmung und legen

OMMM AHDI OMMM
DAS MANTRA DER KONTROLLE:
PAHHH SAHHH O-MAHMMM
DAS MANTRA DES ÜBERGANGS:
OMMM DAHHH AHH
DAS MANTRA DER KANALISIERUNG:
AHH NAHH YAHH TAUNNN.

Yantra für die Zeremonie der sechsten Nacht

DIE NACHT DER DREI, DIE EINS WERDEN,
DIE ZUM KREIS WERDEN.

Der Führer trinkt. Die Begleiter trinken. Die Worte des Tantra für die sechste Nacht lauten:

DIE EINFÜHRUNG NÄHERT SICH IHREM ENDE,
WÄHREND WIR UNS AUF DIESE NACHT
VORBEREITEN.
JEDER SOLL DEN ANDEREN ERFORSCHEN.
NIEMAND SOLL ABSEITS STEHEN ODER SICH
ZURÜCKZIEHEN.
DIE RITUALE BRINGEN NEUE FREUDEN UND
VERSTÄNDNIS
UND BIETEN MEHR HERRSCHAFT
ÜBER DIE EIGENE PERSON UND ANDERE.

Der Führer interpretiert die Bedeutung dieser Worte dahingehend, daß die Begleiter sich dem Ende der sieben Zeremonien nähern. Und jeder verlangt nach tieferer Hingabe, und doch gibt jeder mehr Lust und Verständnis und bringt es dahin, sich selbst und andere besser zu beherrschen.

Das Ritual der sechsten Zeremonie verlangt die völlige Hingabe jedes Begleiters an die anderen und durch diese Hingabe die Aufnahme immer größerer Kräfte. Zwischen den Begleitern wird kein Geheimnis bestehenbleiben bei der Vorbereitung der Enthüllung des größten aller Geheimnisse.

Mantras und Yantra für die sechste Nacht

Der Führer stellt die Mantras vor, die verwendet werden:

DIESE MANTRAS WERDEN DIE LAUTE SEIN,
DIE UNS FÜHREN WERDEN:
DAS MANTRA DER WAHRNEHMUNG:

DANN WAREN ZWEI.
UND DIE ZWEI WAREN VIELE.
UND DIE VIELEN WURDEN ZUM EINEN.

Der Führer hält inne und sagt dann:

JEDER VON UNS KOMMT ALS EINER.
WIR WERDEN ZUM KREIS.
DER KREIS SIND DIE VIELEN.
DER KREIS IST DER EINE.

Der Führer hält wieder inne und hebt sein Glas. Die Begleiter
heben das Glas. Dann sagt der Führer:

DER TAG IST GELB.
DIE FLAMME IST GELB.
DAS LICHT DES TAGES
WIRD ZUR FLAMME DES FEUERS.
SO WIRD DAS LICHT DES TAGES
ZUM LICHT DER NACHT,
UND DER KREIS BESTEHT FORT!

(Beim abgeänderten Farbprogramm ist die Farbe Rot. Der Führer
sagt:

ROTER KERN DER SONNE,
ROTER KERN DER GLUT.
DIE KRAFT DES EINEN
IST DIE KRAFT DES ANDEREN,
SO AUCH IM KREIS.)

Der Führer fährt fort:

DIESE NACHT IST DIE SECHSTE NACHT VON
SIEBEN,
DIE NACHT DER VEREINIGUNG,

Die sechste Nacht

Das Vorbereiten des Zentrums

Die Farbe der sechsten Zeremonie ist Gelb. Wird das abgeänderte Farbprogramm verwendet, ist die Farbe Rot.

In die Mitte des Raums sollte ein klares Glasgefäß mit gelbem Wasser gestellt werden. Das Gefäß soll eine einzelne gelbe Blüte enthalten.

Auch die Kerzen sollten gelb sein.

Die Farbe verkörpert das Licht und die Flamme. So wie das Feuer seine Kraft von der Sonne bezieht, wird das Licht des Tages zum Licht der Nacht, welches das Strömen der Energie im Tantra verkörpert.

Vor dem Eintreffen der Begleiter sollten einige gelbe Früchte auf die einzelnen Teller gelegt werden, zum Beispiel einige Bananenscheiben oder Grapefruitstücke.

In die Gläser sollte gelber Likör gegossen werden, etwa Crème de bananes.

Wird das abgeänderte Farbprogramm verwendet, sollten die Früchte rot sein, und anstelle des Likörs sollte Rotwein gereicht werden.

Die Farbe Rot in dieser Zeremonie symbolisiert den roten Kern der Sonne und die Glut des Feuers. Die Kraft des einen wird zur Kraft des anderen. So strömt auch im Tantra-Kreis die Kraft des einen zu den anderen.

Die Gewänder der sechsten Zeremonie sollten gelb sein, oder rot oder weiß beim abgeänderten Farbprogramm.

Worte und Symbole für die sechste Nacht

Der Führer spricht die tantrischen Worte:

AM ANFANG WAR EINER.

sich der Führer der Teilnahme enthalten oder aber doch teilnehmen, damit jeder Begleiter die Erfahrung macht, sich dem Kreis zu öffnen.

Erneut vollziehen die Begleiter das Ritual in der bereits geschilderten Weise: Die beiden außen sitzenden Begleiter sehen sich an, berühren, küssen und stimulieren dann den Begleiter in der Mitte. Wenn alle Begleiter wieder mit dem Gesicht zur Mitte des Kreises dasitzen, wiederholt jeder Begleiter das Mantra der Kontrolle.

Für die anschließenden Rituale ziehen sich die Begleiter *nicht* an.

Die fünfte Zeremonie verlangt, daß von den Speisen jeweils drei Portionen auf jedem Teller sind, denn die kleinen Dreiergruppen essen gemeinsam von einem Teller. Die Gruppen bestehen aus den drei Begleitern, die das letzte Ritual gemeinsam vollzogen haben. Diese drei trinken auch aus einem Glas.

Falls nötig, wiederholt er das Mantra der Kontrolle. Sobald er merkt, daß ein Orgasmus unmittelbar bevorsteht, berührt er die Begleiterinnen an den Schultern, was das Signal für sie ist aufzuhören. Wenn die Begleiterinnen diese Berührung spüren, sollten sie sofort innehalten und sich aufsetzen. Der Begleiter wiederholt das Mantra der Kontrolle und schreibt es auf die schwarze leere Fläche seines Geistes, bis er den Orgasmus voll unter Kontrolle hat. Hat er diese Kontrolle erlangt, richtet er sich auf, und alle drei setzen sich wieder an ihren ursprünglichen Platz, das Gesicht der Mitte des Kreises zugewandt. An diesen Plätzen bleiben sie, bis der Führer ein Zeichen gibt, daß die nächste Phase beginnt.

Wechsel

Wenn der Führer sieht, daß alle an ihre ursprüngliche Position im Kreis zurückgekehrt sind, bildet er neu zusammengesetzte Dreiergruppen. Das heißt nichts anderes, als daß er die Richtung angibt, wohin sich die einzelnen Begleiter zu drehen haben, wenn sie erneut Gruppen mit einem Begleiter in der Mitte und zwei Begleitern des anderen Geschlechts rechts und links bilden. Unter Umständen muß nicht einmal ein Begleiter aufstehen und einen neuen Platz einnehmen.

Der Führer bleibt auch jetzt abseits der Gruppen, kann sich aber auch einer Gruppe anschließen, falls das von der Zahl her geboten ist.

Wenn die Begleiter ihre neuen Anweisungen erhalten haben, wohin sie sich zu wenden haben, kommen alle dieser Aufforderung nach. Dann setzen sich alle Begleiter und wiederholen still das Mantra der Kontrolle.

Die beiden außen sitzenden Begleiter sehen einander daraufhin genau an, wiederholen dabei das Mantra der Wahrnehmung, und dann beginnen die neugebildeten Gruppen das gesamte Ritual.

Ist das Ritual beendet, setzen sich die Gruppen wieder mit dem Gesicht zur Mitte des Kreises.

Wieder teilt der Führer die Mitglieder des Kreises anders ein und bildet neue Dreiergruppen. Unter bestimmten Umständen muß

Kniescheibe mit der Zunge. Ganz langsam gleiten sie mit der Zunge über das Schienbein nach unten bis zur Oberseite der Füße. Dann heben sie die Füße hoch und fahren mit der Zunge weiter bis zur großen Zehe.

Der Begleiter wiederholt das Mantra der Kontrolle, falls er Angst hat, daß es kitzelt. Da aber nur eine schwache Berührung stattfindet, läßt sich die Empfindung leicht ertragen.

Ohne daß die Zähne mit dem großen Zeh in Berührung kommen, nehmen die beiden Begleiterinnen jetzt langsam die großen Zehen in den Mund, lassen sie hinein- und hinausgleiten und saugen sanft an ihnen.

Der Begleiter wiederholt das Mantra der Kontrolle. Die beiden Begleiterinnen nehmen nun ihren Mund zurück, stellen die Füße des Begleiters zurück auf den Boden und wiederholen das Mantra der Wahrnehmung.

Eine Begleiterin kniet sich oberhalb des Kopfes des Begleiters hin, die andere zwischen seine Füße. Haben beide die gewünschte Position eingenommen, beugen sie sich vor.

Die Begleiterin am Kopf des Begleiters fährt ihm mit der Zunge in einer Linie von der Stirn über den Nasenrücken zu den Lippen, auf denen sie die eigenen Lippen leicht ruhen läßt.

Die Begleiterin zu Füßen des Begleiters fährt mit ihrer Zunge in einer Linie vom Nabel durch das Schamhaar nach unten zur Basis des Penis, wo sie die eigenen Lippen leicht ruhen läßt.

Beide Begleiterinnen wiederholen das Mantra der Wahrnehmung und rufen sich das yantrische Bild zurück.

Die Begleiterin am Kopf des Begleiters läßt ihre Zunge langsam in seinen Mund gleiten und erhöht leicht den Druck ihrer Lippen. Der Begleiter erwidert den Druck.

Die Begleiterin zu Füßen des Begleiters läßt ihre Zunge den Schaft des Penis über die Eichel am Ende hinaufgleiten, ihn dann umkreisen und auf und ab fahren.

Der Begleiter kann den Kuß erwidern und mit den Hüften auf das Stimulieren des Penis reagieren, doch er muß die Hände neben dem Körper liegen lassen, bis er den nahenden Orgasmus anzeigen kann.

jemandem, der von mehr als einer Person berührt wird. Er fühlt sich über sich selbst und das Paar hinauswachsen zum Kreis.

Die weiblichen Begleiter rechts und links lassen ihre Finger an der Basis des Penis des dritten Begleiters liegen. Dann umschließen sie den Penis, wobei sich ihre Finger verflechten. Sie gleiten mit den Fingern den Penisschaft hinauf und wiederholen dabei das Mantra der Wahrnehmung.

Der Begleiter wiederholt das Mantra der Wahrnehmung und reagiert auf die ihn berührenden Finger. Er soll das Gefühl haben, als wären es die Finger des ganzen Kreises.

Die beiden Begleiterinnen legen ihre Hände zurück in den Schoß und wiederholen das Mantra der Wahrnehmung.

Dann knien sie sich so hin, daß sie sich vorbeugen und den Begleiter mit der Zunge berühren können. Die Begleiterin zur Rechten des Begleiters beugt sich vor und berührt mit ihrer Zunge seine rechte Brust. Langsam beschreibt sie auf der Brust eine Spirale, die an der Brustwarze endet. Hat sie die Brustwarze erreicht, saugt sie leicht daran.

Dann setzt sie sich auf und wiederholt das Mantra der Wahrnehmung.

Jetzt beugt sich die Begleiterin zur Linken des Begleiters vor und berührt mit ihrer Zunge seine linke Brust. Langsam beschreibt sie auf der Brust eine Spirale, die an der Brustwarze endet. Hat sie die Brustwarze erreicht, saugt sie leicht an ihr.

Dann richtet sie sich auf und wiederholt das Mantra der Wahrnehmung.

Nun beugen sich beide Begleiterinnen gleichzeitig vor und beschreiben mit der Zunge auf der rechten beziehungsweise linken Brust eine Spirale, die an der Brustwarze endet. Haben sie die Brustwarzen erreicht, saugen sie beide leicht an ihr, um die Brust aufs höchste zu stimulieren.

Der Begleiter wiederholt das Mantra der Wahrnehmung.

Die beiden Begleiterinnen setzen sich auf und wiederholen das Mantra der Wahrnehmung.

Die beiden Begleiterinnen gehen nun zu den Füßen des Begleiters. Dort knien sie sich hin, beugen sich vor und berühren seine unten zu den Schamlippen, auf denen er die eigenen Lippen leicht ruhen läßt.

Beide Begleiter wiederholen das Mantra der Wahrnehmung und rufen sich das Bild des Yantra zurück. Der Begleiter, der den dritten Begleiter küßt, läßt seine Zunge in dessen Mund gleiten und erhöht leicht den Druck seiner Lippen. Der dritte Begleiter kommt der Zunge entgegen und erwidert den Druck. Der Begleiter zu Füßen des dritten Begleiters läßt seine Zunge zwischen dessen Schamlippen gleiten, ertastet die Klitoris, übt leichten Druck aus und bewegt sie langsam vor und zurück.

Der dritte Begleiter kann den Kuß erwidern und mit den Hüften und der Vagina auf die Stimulierung reagieren, doch die Hände müssen während der gesamten Phase des Rituals neben dem Körper liegen.

Vielleicht empfindet es der dritte Begleiter als notwendig, das Mantra der Kontrolle zu wiederholen. Merkt der dritte Begleiter, daß er sich dem Orgasmus nähert, kann er die beiden anderen Begleiter an die Schulter tippen, was das Signal für letztere ist aufzuhören.

Wenn die beiden Begleiter die Berührung an der Schulter spüren, sollen sie sofort innehalten und sich aufsetzen.

Der dritte Begleiter wiederholt das Mantra der Kontrolle und schreibt es auf die schwarze leere Fläche seines Geistes, bis er den Orgasmus voll unter Kontrolle hat. Hat er diese Kontrolle erlangt, richtet er sich auf, und alle drei Begleiter setzen sich wieder an ihren alten Platz, das Gesicht der Mitte des Kreises zugewandt.

An diesen Plätzen bleiben sie, bis der Führer ein Zeichen gibt, daß die nächste Phase beginnt.

Zwei Frauen – ein Mann

Der Mann, als dritter Begleiter, liegt während der gesamten Phase des Rituals mit geschlossenen Augen da und konzentriert sich auf die Berührungen der beiden weiblichen Begleiter. Das ganze Augenmerk gilt nur den Berührungen. Der Geist nimmt die zweifachen Berührungspunkte auf. Seine Reaktionen sind wie bei vor und berührt mit der Zunge dessen linke Brust. Langsam beschreibt er auf der Brust eine Spirale, die an der Brustwarze endet. Hat er die Brustwarze erreicht, saugt er leicht an ihr, bis sie sich versteift.

Dann setzt er sich auf und wiederholt das Mantra der Wahrnehmung.

Nun beugen sich beide Begleiter gleichzeitig vor und beschreiben mit der Zunge auf der ihnen zugewandten Brust eine Spirale, die sich langsam den Brustwarzen nähert. Haben sie die Brustwarzen erreicht, saugen sie beide leicht an ihr, um die Brust aufs höchste zu erregen.

Der dritte Begleiter wiederholt das Mantra der Wahrnehmung oder, falls das notwendig ist, das Mantra der Kontrolle.

Dann richten sich die beiden Begleiter auf und wiederholen das Mantra der Wahrnehmung.

Die beiden Begleiter gehen nun zu den Füßen des dritten Begleiters. Dort knien sie sich hin, beugen sich vor und berühren seine Kniescheiben mit der Zunge. Ganz langsam gleiten sie mit der Zunge über das Schienbein nach unten bis zu den Oberseiten der Füße. Sie heben die Füße hoch und fahren mit der Zunge weiter bis zur großen Zehe.

Ohne daß die Zähne mit dem großen Zeh in Berührung kommen, nehmen die beiden Begleiter langsam die großen Zehen in den Mund, lassen sie hinein- und hinausgleiten und saugen sanft an ihnen. Der dritte Begleiter wiederholt das Mantra der Kontrolle.

Die beiden Begleiter nehmen dann ihren Mund zurück, stellen die Füße des dritten Begleiters zurück auf den Boden und wiederholen das Mantra der Wahrnehmung.

Einer der beiden Begleiter kniet sich oberhalb des Kopfes des dritten Begleiters hin, der andere zwischen dessen Füße. Haben beide die gewünschte Position eingenommen, beugen sie sich vor.

Der Begleiter am Kopf des dritten Begleiters fährt diesem mit der Zunge in einer Linie von der Stirn über den Nasenrücken zu den Lippen, auf denen er die eigenen Lippen leicht ruhen läßt.

Der Begleiter zu Füßen des dritten Begleiters fährt mit seiner Zunge in einer Linie von dessen Nabel durch das Schamhaar nach weise aus Personen beiderlei Geschlechts. Das heißt, daß der dritte Begleiter in einigen Fällen ein Mann, in anderen eine Frau ist. Je nach dem Geschlecht des dritten Begleiters gibt es Unterschiede in den Handlungen, die allerdings jedem einleuchten sollten, der erfahren im Tantra ist. Die ersten hier dargestellten Handlungen gehen davon aus, daß der dritte Begleiter eine Frau ist. Die sich daran anschließende Darstellung unterstellt einen Mann als dritten Begleiter.

Zwei Männer – eine Frau

Die Frau, als dritter Begleiter, liegt während dieser Phase des Rituals mit geschlossenen Augen da und konzentriert sich auf die Berührungen der beiden männlichen Begleiter. Das ganze Augenmerk soll nur den Berührungen gelten. Der Geist soll die zweifachen Berührungspunkte aufnehmen. Die Reaktionen sollen wie bei jemandem sein, der von mehr als einer Person berührt wird. Der dritte Begleiter soll über sich selbst oder das Paar hinauswachsen, um zum Kreis selbst zu werden.

Die beiden Begleiter berühren nun mit ihren Fingern die Schamlippen, teilen sie vorsichtig, gleiten mit leichtem Druck in die Vulva, um die Öffnung der Vagina herum und weiter nach unten zum Perineum. Der dritte Begleiter wiederholt das Mantra der Wahrnehmung und öffnet sich den tastenden Fingern. Dieses Sichöffnen wird empfunden, als öffnete man sich dem Kreis.

Die beiden Begleiter ziehen die Finger zurück und legen die Hände in den Schoß. Sie wiederholen das Mantra der Wahrnehmung.

Dann knien sie sich so hin, daß sie sich vorbeugen und den dritten Begleiter mit der Zunge berühren können. Der Begleiter zur Rechten des dritten Begleiters beugt sich vor und berührt mit seiner Zunge die rechte Brust. Langsam beschreibt er eine Spirale auf der Brust, die an der Brustwarze endet. Hat er die Brustwarze erreicht, saugt er leicht an ihr, bis sie sich versteift.

Er setzt sich auf und wiederholt das Mantra der Wahrnehmung.

Jetzt beugt sich der Begleiter zur Linken des dritten Begleiters intensiver. Der dritte Begleiter sollte daher das Mantra der Kontrolle sprechen, wenn das erforderlich wird, damit die sich sammelnde Sexualenergie nicht in einem Orgasmus vergeudet wird. Die beiden außen sitzenden Begleiter nehmen den Finger von den Lippen des dritten Begleiters und ziehen ihm das Gewand aus. Einer löst gegebenenfalls den Gürtel, während der andere das Gewand anhebt und von den Schultern zu Boden gleiten läßt.

Beide nehmen ihre ursprüngliche Position mit Blick auf den dritten Begleiter wieder ein und sprechen das Mantra der Wahrnehmung. Danach streckt jeder eine Hand aus und berührt ganz leicht mit den Fingerspitzen die Schulter des dritten. Die beiden sollen den Körper des dritten kennenlernen und gleichzeitig durch das Berühren Lust vermitteln.

Die beiden fahren mit den Fingern von der Schulter zur Brust, deren Warze sie langsam umkreisen. Schließlich gehen sie dazu über, die Brustwarze zwischen Daumen und Zeigefinger zu rollen. Sie sollen sich bemühen, nur ganz leicht zu massieren und die Brust trotzdem in einem Höchstmaß zu stimulieren. Dann ziehen die beiden Begleiter ihre Hand zurück und legen sie wieder in den Schoß. Still wiederholen sie das Mantra der Wahrnehmung.

Jetzt sollte das Gewand des dritten Begleiters beiseite geschoben werden, damit er sich bequem auf den Rücken legen kann. Die Füße sollen dabei zur Mitte des Kreises weisen, die Beine gespreizt sein und die Arme seitlich neben dem Körper liegen.

Die beiden Begleiter strecken wieder die Hand aus und berühren den dritten Begleiter mit den Fingerspitzen am Bauch direkt über dem Nabel. Die Finger der beiden Begleiter sollen sich nicht berühren, sich aber parallel zueinander bewegen.

Die beiden Begleiter sollten langsam mit den Fingern über den Bauch bis zum Ansatz der Schamhaare fahren, wo sie innehalten, dreimal das Mantra der Wahrnehmung wiederholen und sich das ursprüngliche Bild des Yantra in die Erinnerung zurückrufen. Dann fahren die beiden Begleiter mit den Fingern durch das Schamhaar und an den Seiten der Genitalien entlang, wo sie erneut innehalten und das Mantra der Wahrnehmung wiederholen.

Bei der fünften Zeremonie besteht jede Dreiergruppe normaler-

Diese beiden Begleiter sollen den jeweils anderen völlig in sich aufnehmen, damit sie, wenn sie sich dem dritten zuwenden, ihn wie *eine* Person wahrnehmen. Jeder soll die Lippen des anderen als seine eigenen betrachten, die Hände des anderen als die seinen, und jeder soll begreifen, daß sie wie eine Person handeln und sein werden.

Sind beide bereit, geben sie das einander durch Nicken zu verstehen. Dann wenden sie sich dem dritten Begleiter zwischen ihnen zu.

Von da an werden still alle Mantras wiederholt, und das Yantra wird auf das lautlose Schwarz des geistigen Auges der Betreffenden geworfen.

Die beiden außen sitzenden Begleiter strecken jetzt jeder eine Hand aus und berühren mit der Spitze des Zeigefingers die Stirn des dritten. Die beiden Zeigefinger sollen über den Augen liegen, sich aber nicht berühren.

Jeder der beiden Begleiter spricht still das Mantra der Wahrnehmung.

Jeder der beiden Begleiter fährt mit der Spitze seines Zeigefingers um das Auge des dritten Begleiters herum über die Wange, berührt den Nasenflügel und gleitet nach unten zum Mundwinkel.

Beide Begleiter sprechen still zweimal das Mantra der Wahrnehmung.

Jetzt fahren die beiden Begleiter mit der Spitze ihres Zeigefingers langsam zur Mitte der Lippen des dritten Begleiters. Ist sie erreicht, lassen die beiden Begleiter ihre Fingerspitze ganz leicht auf den Lippen und gegeneinandergelehnt liegen. Jetzt haben sie sich zum erstenmal berührt, und sie sollten sich ganz des gemeinsamen Empfindungsvermögens und der Energie bewußt sein, die durch ihre Fingerspitzen zum anderen und dem dritten Begleiter strömt.

Der dritte Begleiter bleibt ruhig sitzen und läßt in sich das Mantra der Wahrnehmung ertönen. Er verhält sich das ganze Ritual über passiv, was jedoch nicht heißt, ohne Empfindung. Vielmehr wird das Gefühl der Lust für den dritten Begleiter dank der Zusammenführung der Energien der beiden Begleiter immer

Das Ritual der Öffnung

Das Ritual der fünften Zeremonie wird von drei Begleitern ausgeführt, nicht mehr nur von einem Paar. Die Begleiter können sich nun nicht mehr einfach einander zuwenden und das Ritual vollziehen. Der Führer muß eine neue Sitzordnung festlegen. Der Führer teilt die Mitglieder des Kreises in Dreiergruppen ein. In den meisten Fällen heißt das lediglich, daß er angibt, wer sich nach rechts beziehungsweise nach links zu wenden hat und wer weiterhin das Gesicht der Mitte des Kreises zuwendet. Weil es vielleicht ein wenig kompliziert ist, sich die verschiedenen Kombinationsmöglichkeiten vorzustellen, enthalten die Erläuterungen am Ende des Buches eine graphische Darstellung, an der man sich im Bedarfsfalle orientieren kann.

Wenn die Begleiter ihre Anweisungen erhalten haben, zu welcher Seite sie sich wenden sollen, kommt die ganze Gruppe diesen Aufforderungen nach. Dann sitzen alle schweigend da. Das gewährt einen letzten Augenblick der Vorbereitung, bevor die Entfaltung über Zwei hinaus beginnt.

Jede Dreiergruppe sitzt so, daß zwei Gruppenmitglieder sich ansehen, während das dritte sich zwischen ihnen befindet und das Gesicht der Mitte des Kreises zuwendet. Der Sinn dieser Anordnung besteht darin, daß sich die ganze Aufmerksamkeit der zwei Begleiter auf den einen Begleiter in der Mitte konzentrieren kann. Im allgemeinen haben die beiden Begleiter, die außen sitzen, das gleiche Geschlecht, während der Begleiter in der Mitte vom anderen Geschlecht ist. Die hier gewählte Darstellung des Rituals geht von dieser Personenkonstellation aus.

Die beiden außen sitzenden Begleiter legen jetzt ihr Gewand ab und lassen es zu Boden gleiten.

Die beiden äußeren Begleiter wiederholen das Mantra der Wahrnehmung und sehen sich dabei genau und lange an. Sie lassen die Augen zu ihren Händen werden und gleiten mit ihnen von der Stirn über Nase, Lippen, Brust, Bauch und Schamhaar direkt zur Basis des sexuellen Dreiecks. Doch sie berühren sich nur mit den Augen.

Dann stellt der Führer das Yantra in die Mitte des Kreises, damit alle es betrachten und sich einprägen können.

Der Führer sollte erklären, daß das Symbol des Weiblichen, das mit der Spitze nach unten weisende Dreieck, sich wieder mit dem Symbol des Männlichen überschneidet, dem mit der Spitze nach oben weisenden Dreieck, daß sich innerhalb dieser Überschneidung aber jetzt ein kleiner Kreis befindet, der sowohl für den dritten Begleiter wie für die Geburt des Kreises steht.

Yantra für die Zeremonie der fünften Nacht

anderen Seite versteht kaum jemand, der nicht Teil des Tantra-Kreises ist, die sexuellen Praktiken, bei denen mehr als zwei Personen beteiligt sind. Ohne die Erfahrung aus dem Tantra-Kreis kann niemand außerhalb des Kreises etwas über die Bedeutung dessen wissen, was diejenigen im Kreis tun, denken und wissen.

Das Ritual der fünften Zeremonie steigert nicht nur die sexuelle Lust der Begleiter, es ist auch der erste Schritt dahin, daß sich die festen Paare öffnen, daß sie ihr Gefühl für den Kreis über sich hinaus entwickeln, daß sie diejenigen akzeptieren, die jenseits stehen, und die Kräfte begreifen, die jenseits sind.

Mantras und Yantra für die fünfte Nacht

Der Führer stellt die Mantras, die verwendet werden, mit folgenden Worten vor:

> DIESE MANTRAS WERDEN DIE LAUTE SEIN,
> DIE UNS FÜHREN WERDEN:
> DAS MANTRA DER WAHRNEHMUNG:
> OMMM AHDI OMMM
> DAS MANTRA DER KONTROLLE:
> PAHHH SAHHH O-MAHMMM
> DAS MANTRA DES ÜBERGANGS:
> OMMM DAHHH AHH
> DAS MANTRA DER KANALISIERUNG:
> AHH NAHH YAHH TAUNNN.

Die Begleiter wiederholen jedes einzelne Mantra, um ihr Gedächtnis aufzufrischen, bevor das Ritual beginnt. Der Führer stellt das Yantra mit folgenden Worten vor:

> DIESES YANTRA ZEIGT,
> WIE SICH DAS PAAR ÖFFNET,
> UND DER DRITTE SOLL HINZUKOMMEN,
> UM DER KREIS ZU WERDEN.

(Beim abgeänderten Farbprogramm ist die Farbe Rot. Der Führer sagt:

ROTE STRAHLEN DES SONNENAUFGANGS,
ROTE STRAHLEN DES SONNENUNTERGANGS.
STRAHLEN DER GEBURT,
STRAHLEN DES TODES,
UND DER KREISLAUF
DES KREISES.)

Der Führer fährt fort:

DIESE NACHT IST DIE FÜNFTE VON SIEBEN,
DIE NACHT DES SICHÖFFNENS,
DIE NACHT DER ZWEI, DIE DREI WERDEN,
DIE ZUM KREIS WERDEN.

Die Worte des Tantra für die fünfte Nacht lauten:

VERLANGT NICHT, DASS ANDERE
DIE VEREINIGUNG EURER KÖRPER
IN LUST BEGREIFEN,
ODER EUREN GEIST
IN ERKENNTNIS,
ODER EURE SEELEN
IM VERSTEHEN.
WER ES NICHT ERLEBT HAT,
KANN NICHTS DAVON WISSEN.

Der Führer interpretiert die Bedeutung dieser Worte dahingehend, daß die Erfahrung des Kreises weit über das hinausgeht, was vom Nichteingeweihten verstanden werden kann. Die Handlungen eines sexuell vereinigten Paares können sehr viel mehr bedeuten, als andere wissen, sofern sie innerhalb des Tantra-Kreises vollzogen werden, selbst wenn sie rein äußerlich den sexuellen Praktiken der meisten Paare ähnlich zu sein *scheinen*. Auf der

allerdings sollten die Paare, die die Rituale bisher gemeinsam
ausgeübt haben, in den verbleibenden drei Nächten getrennt
werden. Diese letzten Rituale verlangen, daß bei all ihren Einzel-
schritten mehr als zwei Begleiter beteiligt sind. Viele Probleme
lassen sich vermeiden, wenn man die festen Paare auseinander-
nimmt, da das Besitzdenken immer die Gefahr von Eifersucht
birgt.

Worte und Symbole für die fünfte Nacht

Der Führer spricht die tantrischen Worte:

AM ANFANG WAR EINER.
DANN WAREN ZWEI.
UND DIE ZWEI WAREN VIELE.
UND DIE VIELEN WURDEN ZUM EINEN.

Der Führer hält inne und sagt dann:

JEDER VON UNS KOMMT ALS EINER.
WIR WERDEN ZUM KREIS.
DER KREIS SIND DIE VIELEN.
DER KREIS IST DER EINE.

Der Führer hält erneut inne und hebt dann sein Glas. Die Begleiter
heben ihr Glas. Dann sagt der Führer:

ORANGEROT WIRD DIE SONNE GEBOREN
JEDEN MORGEN.
ORANGEROT STIRBT DIE SONNE
JEDEN ABEND.
GEBURT UND TOD
SIND DER KREISLAUF
DES KREISES.

Die fünfte Nacht

Das Vorbereiten des Zentrums

Die Farbe der fünften Zeremonie ist Orange. Wird das abgeänderte Farbprogramm verwendet, ist die Farbe Rot.

Auf das Tischchen in der Mitte des Raums sollte ein klares Glasgefäß mit orangefarbenem Wasser gestellt werden. Das Orange erhält man durch Mischen roten und gelben Lebensmittelfarbstoffs.

In das Gefäß sollte eine einzelne orangefarbene Blüte gelegt werden.

Auch die Kerzen sind orangefarben.

Beim abgeänderten Farbprogramm sind das Wasser, die Blüte und die Kerzen rot.

Die Farbe Orange verkörpert die Sonne in ihren beiden aufregendsten Phasen – dem Auf- und Untergang. Die Sonne wird jeden Tag neu geboren und stirbt jeden Tag aufs neue, und Tantra erkennt die Dualität aller Dinge, auch die Gerechtigkeit der Geburt, die mit der des Todes verbunden ist.

Vor Eintreffen der Begleiter sollten auf jeden Teller ein paar orangefarbene Früchte gelegt werden, zum Beispiel Orangen- oder Pfirsichstückchen. In die Gläser sollte orangefarbener Likör gefüllt werden, etwa ein orangefarbener Curaçao oder Amaretto. Wird das abgeänderte Farbprogramm verwendet, sollten die Früchte rot sein, und anstelle des Likörs sollte Rotwein gereicht werden.

Rot symbolisiert in dieser Zeremonie die Strahlen der auf- und untergehenden Sonne und verkörpert somit den Kreislauf zwischen Geburt und Tod.

Die Gewänder für die fünfte Zeremonie sollten orangefarben sein, oder rot oder weiß, falls das abgeänderte Farbprogramm verwendet wird. Der Führer bringt die Begleiter zu den ihnen zugeteilten Plätzen rund um das Tischchen. Soweit eben möglich, sollten sich Männer und Frauen in der Sitzordnung abwechseln, sich zeitlich soweit wie möglich aufeinander abstimmt.

Wie beim Einzelnen muß auch das Paar die Tatsache zur Kenntnis nehmen, daß der Kreis die Aufgabe hat, Energie miteinander zu verbinden und nicht einfach nur um des Vergnügens willen die Rituale auszuüben. Um diese Verbindung in ihrer ganzen Kraft zu verwirklichen, muß jedes Paar so viel Sexualenergie in den neuformierten Kreis einbringen, wie es erzeugen und kontrollieren kann.

Die sich anschließenden Zeremonien sind die gleichen wie in den vorangegangenen Nächten, mit der Ausnahme, daß der Führer das Gewand *nicht* anlegt. Auch die Begleiter legen kein Gewand an.

Vagina einzuführen. Dann bleibt sie ganz ruhig sitzen.

Nun legt die Frau ihre Hände auf die des Mannes, die er auf seinem Bauch gefaltet hat.

Beide schließen jetzt die Augen und konzentrieren sich auf das Yantra der Vereinigung. Der Mann spürt, daß er die Frau ausfüllt, und die Frau, daß sie vom Mann ausgefüllt wird.

Mann und Frau ziehen abwechselnd die Muskeln zusammen. Dann halten sie inne und bereiten sich auf die völlige Kontrolle vor.

Sind sie soweit, geben sie es sich durch Kontraktion der Genitalmuskeln zu verstehen. Wenn beide sich auf diese Weise verständigt haben, fahren sie im Geschlechtsverkehr fort.

Beide müssen sich jedoch mit Hilfe des Mantras der Kontrolle und des yantrischen Bildes völlig in der Gewalt haben. Sie sollen zwar beide bis unmittelbar an den Rand des Orgasmus gelangen, keiner soll jedoch einen wirklichen Orgasmus erleben. Es sei noch einmal daran erinnert, daß es diese gesteigerte Erregung ist, welche die Energie aufbaut, die für das Kanalisieren der Kraft des Kreises gebraucht wird. Ist jeder Partner bis an die Grenzen seiner Fähigkeit gegangen, seinen Orgasmus zu kontrollieren, gehen beide auseinander und nehmen die ursprüngliche Stellung ein – sie sitzen nebeneinander, das Gesicht der Mitte des Kreises zugewandt.

Der Führer muß genau über den Zustand aller Paare Bescheid wissen, die sich dem Orgasmus nähern, und ihn zu kontrollieren versuchen. Falls irgend etwas darauf schließen läßt, daß ein Paar die Kontrolle verliert, sollte der Führer gemeinsam mit ihm das Mantra der Kontrolle sprechen.

Jedes Paar soll sich zwar auf sich selbst konzentrieren, aber dennoch nicht den Kontakt zu den anderen Begleitern des Kreises verlieren. Denn es ist durchaus möglich, daß ein Paar ziemlich schnell den Orgasmus erreicht, während andere Paare eine ganze Weile geschlechtlich miteinander verkehren können, ohne einen Orgasmus zu erleben. Man kann nicht garantieren, daß jedes Paar zur gleichen Zeit den sexuellen Höhepunkt erreicht, und daher ist es erforderlich, daß jeder ein Auge auf den anderen hat, damit man wieder auf die Fersen. Sie wiederholt das Mantra der Wahrnehmung.

Die Frau beugt sich vor und berührt mit der Zungenspitze den Bauch des Mannes. Langsam fährt sie mit der Zunge durch das Schamhaar nach unten um den Penis herum bis unmittelbar zur Basis. Sie atmet tief ein und konzentriert sich auf den Duft des männlichen Schoßes.

Sanft fährt die Frau mit der Zungenspitze den erigierten Penis nach oben. An der Eichel hält sie inne und konzentriert sich auf den Geschmack des Geschlechts. Dann setzt sich die Frau wieder auf die Fersen und wiederholt das Mantra der Wahrnehmung.

Regungslos bleibt die Frau einige Augenblicke sitzen, schließt die Augen und ruft sich im Geist ganz deutlich das Bild der Vereinigung vor Augen.

Der Mann liegt ruhig da und ruft sich ebenfalls das Bild der Vereinigung vor sein geistiges Auge.

Danach öffnen sie die Augen. Das ist das Zeichen für die nächste Phase des Rituals.

In dieser Phase liegt der Mann auf dem Rücken, die Füße zur Mitte des Kreises weisend. Diesmal läßt er die Augen jedoch offen, da er die Frau ganz bewußt wahrnehmen will.

Die Frau streckt die Hände aus und berührt mit den Fingerspitzen den Bauch des Mannes. Die Finger gleiten durch das Schamhaar nach unten, bis sie den Penis des Mannes an der Basis umschließen. Langsam läßt sie die Hände den Schaft des Penis auf und ab gleiten.

Der Mann beginnt, das Mantra der Kontrolle zu sprechen.

Ist der Penis des Mannes vollkommen erigiert, läßt die Frau ihn los, steht auf und macht einen Schritt nach vorn, so daß sie direkt über ihm steht.

Dann geht die Frau ganz langsam in die Hocke, bis die Spitze des Penis ihre Schamlippen berührt. Sie verweilt, und beide stellen sich das Bild der sich durchdringenden Dreiecke vor und machen sich seine Bedeutung klar.

Die Frau geht nun langsam noch tiefer über dem erigierten Penis in die Hocke und nimmt notfalls die Hände zu Hilfe, um ihn in die

Der Mann schließt die Augen.

Die Frau beugt sich vor und küßt die Stirn des Mannes ganz leicht. Dann küßt sie seine geschlossenen Augen, seine Nasenspitze und seine Lippen. Dann setzt sich die Frau zurück auf die Fersen und wiederholt dreimal das Mantra der Wahrnehmung.

Die Frau beugt sich wieder vor und berührt mit ihrer Zungenspitze die Stirn des Mannes, seine geschlossenen Augen, seine Nase und seine Lippen. Der Mann öffnet die Lippen nicht, denn die Frau will mit ihrer Zunge nicht in seinen Mund eindringen.

Dann setzt sich die Frau wieder auf die Fersen.

Sie wiederholt dreimal das Mantra der Wahrnehmung.

Jetzt rückt die Frau nach vorn und spreizt ihre Schenkel, so daß der Kopf des Mannes zwischen ihnen liegt. Die Frau streckt beide Hände aus, berührt die Brust des Mannes und beschreibt Spiralen um seine Brustwarzen. Danach nimmt sie die Hände zurück und wiederholt das Mantra der Wahrnehmung.

Die Frau beugt sich vor und berührt mit der Zunge den Punkt mitten auf der Brust des Mannes. Langsam fährt sie mit der Zungenspitze zur rechten Brust und beschreibt erneut eine Spirale, die an der Brustwarze endet.

Sie richtet sich auf, wiederholt das Mantra der Wahrnehmung und zeichnet mit der Zunge eine Spirale auf die linke Brust des Mannes. Wieder richtet sie sich auf, sobald sie die Brustwarze erreicht hat.

Der Mann bleibt mit geschlossenen Augen ruhig liegen.

Die Frau geht um den Mann herum und kniet sich zwischen seine Schenkel. Unter Umständen muß sie seine Beine etwas anheben und spreizen, um sich Platz zu verschaffen.

Dann setzt sie sich zurück auf die Fersen und wiederholt das Mantra der Wahrnehmung.

Die Frau streckt beide Hände aus und berührt den Bauch des Mannes oberhalb der Schamhaare. Langsam gleiten ihre Finger durch das Schamhaar nach unten, bis sie rechts und links der Basis des Penis liegen.

Ohne Hast umschließen ihre Finger den Penis; sie gleiten nach oben zur Eichel. Dann zieht sie die Hände zurück und setzt sich beugt sich wieder vor und fährt mit seiner Zungenspitze in einer Spirale auf der linken Brust der Frau zur Brustwarze. Wenn er sie erreicht, setzt er sich wieder auf.

Der Mann wiederholt das Mantra der Wahrnehmung. Die Frau bleibt mit geschlossenen Augen ruhig liegen. Der Mann geht um die Frau herum und kniet sich erneut hin, diesmal jedoch zwischen ihre Schenkel. Er kann ihre Beine anheben und weiter spreizen, um sich Platz zu verschaffen.

Dann setzt er sich zurück auf seine Fersen und wiederholt das Mantra der Wahrnehmung.

Der Mann streckt beide Hände vor und berührt den Bauch der Frau oberhalb der Schamhaare. Seine Finger gleiten langsam durch das Schamhaar nach unten, bis sie rechts und links der Schamlippen liegen. Behutsam teilt er die Schamlippen mit den Fingerspitzen und berührt ihre Innenseiten. Vorsichtig fährt er mit den Fingerspitzen zur Öffnung der Vagina, zieht dann seine Hände zurück und setzt sich zurück auf die Fersen.

Er wiederholt das Mantra der Wahrnehmung.

Der Mann beugt sich vor und berührt mit seiner Zungenspitze den Bauch der Frau. Langsam fährt er mit der Zunge durch das Schamhaar der Frau zu den Schamlippen. Er hält inne und nimmt in tiefen Zügen den Duft der Frau auf. Dann gleitet er mit der Zunge zwischen den Schamlippen nach unten bis zur Öffnung der Vagina.

Der Mann beschreibt mit der Zungenspitze langsam einen Kreis um die Öffnung der Vagina und nimmt dabei nicht nur das Gefühl, sondern auch den Geschmack der Säfte der Frau wahr.

Dann setzt sich der Mann zurück auf die Fersen und wiederholt das Mantra der Wahrnehmung.

Regungslos bleibt der Mann einige Augenblicke sitzen.

Die Frau ruft sich im Geist das yantrische Bild vor Augen, wohl wissend um seine Bedeutung, die Vereinigung mit dem Mann.

Ist sie bereit, richtet sie sich langsam auf und öffnet die Augen.

Mann und Frau tauschen die Plätze. Der Mann legt sich auf den Rücken, und die Frau kniet, das Gesicht der Mitte des Kreises zugewandt, oberhalb seines Kopfes.

Die Frau legt sich auf den Rücken, wobei ihre Füße zur Mitte des Kreises weisen. Der Mann kniet oberhalb ihres Kopfes, das Gesicht der Mitte des Kreises zugewandt. Der Mann kniet also, und die Frau liegt auf dem Rücken, wobei ihr Kopf fast die Knie des Mannes berührt.

Die Frau schließt die Augen.

Der Mann beugt sich vor und küßt ganz leicht die Stirn der Frau, dann ihre geschlossenen Augen, ihre Nasenspitze und ihre Lippen. Der Mann richtet sich wieder auf, so daß er auf den Fersen sitzt, und wiederholt dreimal das Mantra der Wahrnehmung. Das Bild, das er vor Augen haben sollte, ist das Dreieck des Weiblichen, wie es im Yantra des Rituals dargestellt ist. Das Dreieck ist mehr als die Verkörperung des Schambereichs der Frau. Es stellt das ganze Wesen dar. Der Mann muß das spüren, wenn er ihren Körper erforscht.

Der Mann beugt sich wieder vor und berührt mit der Zungenspitze die Stirn der Frau, ihre geschlossenen Augen, ihre Nase und schließlich ihre Lippen.

Die Frau braucht die Lippen nicht zu öffnen, denn die Zunge des Mannes soll nur leicht auf ihnen ruhen.

Der Mann setzt sich wieder zurück auf die Fersen.

Er wiederholt dreimal das Mantra der Wahrnehmung. Der Mann rückt nach vorn, wobei er seine Schenkel spreizt, so daß der Kopf der Frau jetzt zwischen ihnen liegt. Dann streckt der Mann beide Hände aus und berührt ganz leicht jeweils eine Brust der Frau. Er beschreibt mit den Händen Spiralen, wobei er außen an den Brüsten beginnt, bis er zu den Brustwarzen kommt. Wenn er sie erreicht, legt er jeweils die Spitzen seiner Zeigefinger auf die rechte beziehungsweise linke Brustwarze. Dann nimmt er die Hände wieder zurück und wiederholt das Mantra der Wahrnehmung.

Danach beugt sich der Mann vor und berührt mit seiner Zunge den Punkt genau zwischen den Brüsten der Frau. Langsam fährt er mit der Zungenspitze zur rechten Brust und beschreibt wieder eine Spirale, die an der Brustwarze endet.

Er richtet sich auf, wiederholt das Mantra der Wahrnehmung,

Das Ritual der Vereinigung

Der Führer und ein Begleiter führen das Ritual vor, das die anderen Begleiter nachvollziehen. Der Führer und ein Begleiter bleiben in der Mitte des Kreises, um das Ritual durchzuführen, es sei denn, der Begleiter wird gebraucht, den Kreis zu vervollständigen.

Der Führer spricht das Mantra der Wahrnehmung. Die Begleiter wiederholen das Mantra der Wahrnehmung, schließen die Augen und berühren langsam mit den Zeigefingern ihre Stirn. Sie sprechen nochmals das Mantra der Wahrnehmung.

Die Begleiter fahren mit den Zeigefingern von der Stirn über die Nasenspitze nach unten und lassen sie auf den Lippen zur Ruhe kommen. Sie wiederholen das Mantra der Wahrnehmung und legen dann die Hände in den Schoß zurück.

Diese Abfolge wird wiederholt, doch sollen die Finger beim zweitenmal als die eines anderen empfunden werden, und die Empfindung erfolgt nur im Gesicht selbst. Am Ende der Abfolge wird das Mantra der Wahrnehmung wiederholt.

Am Schluß dieser Phase des Rituals sitzen die Begleiter mit im Schoß gefalteten Händen und geschlossenen Augen da.

Wenn der Führer sieht, daß alle Begleiter die Hände im Schoß liegen haben, sagt er:

LUST SOLL DIE LUST STEIGERN
UND SIE BEHERRSCHEN.

Die Begleiter öffnen die Augen.

Die Begleiter, die das Ritual gemeinsam begehen, wenden sich einander zu. Dann öffnet jeder sein Gewand und läßt es zu Boden gleiten. Wer andere Kleidung trägt, steht auf, entkleidet sich und setzt sich wieder.

Die Begleiter wiederholen dreimal das Mantra der Wahrnehmung.

Die Paare ändern nun ihre Stellung, wobei sie die Gewänder zur Seite schieben können, damit sie nicht im Weg sind.

Dann stellt der Führer das Yantra in die Mitte des Kreises, damit die Begleiter es betrachten und sich einprägen können. Gleichgültig, welches Yantra verwendet wird, es muß zur symbolischen Bedeutung der Zeremonie passen.

Der Führer sollte erklären, daß das Symbol des Weiblichen, das mit der Spitze nach unten weisende Dreieck, und das Symbol des Männlichen, das mit der Spitze nach oben weisende Dreieck, sich jetzt über das bloße Überschneiden hinaus vereint haben. Sie durchdringen sich, so daß die Spitzen auch noch den fernsten Punkt beim anderen berühren.

Yantra für die Zeremonie der vierten Nacht

Erleben der Lust und das Beherrschen der Lust zu steigern. Und das Beherrschen der Lust erhöht die Lust. Jeder Schritt auf dem Weg des Tantra ist ein Schritt zu größerer Lust, und durch größere Lust zu größerer Beherrschung und Kontrolle. Und durch die Beherrschung und Kontrolle der Lust kann man lernen, das Leben und das Universum zu beherrschen.

Das Ritual der vierten Zeremonie steigert die Lust der Begleiter, und dadurch, daß er diese Lust beherrscht, bereitet sich jeder auf den nächsten Schritt und die nächste Zeremonie vor.

Mantras und Yantra für die vierte Nacht

Der Führer stellt die Mantras, die verwendet werden, mit folgenden Worten vor:

> DIESE MANTRAS WERDEN DIE LAUTE SEIN,
> DIE UNS FÜHREN WERDEN:
> DAS MANTRA DER WAHRNEHMUNG:
> OMMM AHDI OMMM
> DAS MANTRA DER KONTROLLE:
> PAHHH SAHHH O-MAHMMM
> DAS MANTRA DES ÜBERGANGS:
> OMMM DAHHH AHH
> DAS MANTRA DER KANALISIERUNG:
> AHH NAHH YAHH TAUNNN.

Die Begleiter wiederholen jedes einzelne Mantra. Das dient dazu, sich die Mantras einzuprägen, damit sie beim Ritual jederzeit abrufbereit sind.

Der Führer stellt das Yantra mit folgenden Worten vor:

> DIESES YANTRA ZEIGT DIE VEREINIGUNG
> DES EINEN MIT DEM ANDEREN,
> DIE DER ANFANG IST
> DER VEREINIGUNG DES KREISES.

Der Führer hält einige Augenblicke inne und sagt dann:

> JEDER VON UNS KOMMT ALS EINER.
> WIR WERDEN ZUM KREIS.
> DER KREIS SIND DIE VIELEN.
> DER KREIS IST DER EINE.

Der Führer hält wiederum inne und hebt dann sein Glas. Die Begleiter heben ebenfalls ihr Glas. Dann sagt der Führer:

> ROT IST DER FERNSTE STERN,
> ROT IST DIE MITTE DER GEBURT.
> DER STERN IST DIE GEBURT
> DES KOSMOS.

Der Führer fährt fort:

> DIESE NACHT IST DIE VIERTE NACHT VON SIEBEN,
> DIE NACHT DER VEREINIGUNG,
> DIE NACHT DER ZWEI,
> DIE ZUM KREIS WERDEN.

Der Führer spricht die folgenden Worte des Tantra:

> LUST SOLL DIE LUST STEIGERN
> UND SIE BEHERRSCHEN.
> UND DAS BEHERRSCHEN DER LUST
> SOLL EURE LUST ERHÖHEN.
> DAS ERHÖHEN DER LUST
> SOLL JEDEN SCHRITT KENNZEICHNEN
> AUF DEM WEG NACH OBEN
> ZUR VÖLLIGEN BEHERRSCHUNG DES LEBENS
> UND DES UNIVERSUMS.

Der Führer interpretiert die Bedeutung dieser Worte dahingehend, daß es die Pflicht der Begleiter ist, ihre Lust durch das

Die vierte Nacht

Das Vorbereiten des Zentrums

Die Farbe der vierten Zeremonie ist Rot. Wird das abgeänderte Farbprogramm verwendet, ist die Farbe die gleiche.

In die Mitte des Tischchens sollte ein klares Glasgefäß mit rotem Wasser gestellt werden. In das Gefäß sollte eine einzelne rote Blüte gelegt werden.

Auch die Kerzen sind rot.

Die Farbe Rot verkörpert den fernsten Punkt des Alls und den Mittelpunkt des Universums und der Geburt. Jenseits des fernsten Sterns liegt das Letzte. Jenseits des Punktes der Geburt liegt der Eine.

Auf jeden Teller sollten ein paar rote Früchte gelegt werden, zum Beispiel rote Beeren oder Kirschen.

In die Gläser sollte roter Likör gefüllt werden, etwa ein Crème de noyau.

Hat die Gruppe bisher das abgeänderte Farbprogramm gewählt, wird sie vielleicht auch weiterhin bei Rotwein bleiben wollen und nicht den vorgeschlagenen Likör nehmen. Wird Wein gereicht, sind die Likör- durch Weingläser zu ersetzen.

Die Gewänder für die vierte Zeremonie sollten rot sein; beim abgeänderten Farbprogramm können sie auch weiß sein. Das Gewand des Führers ist immer weiß.

Worte und Symbole für die vierte Nacht

Der Führer spricht die tantrischen Worte:

AM ANFANG WAR EINER.
DANN WAREN ZWEI.
UND DIE ZWEI WAREN VIELE.
UND DIE VIELEN WURDEN ZUM EINEN.

Schulter fassen und ihr bedeuten aufzuhören.

Sobald die Frau die Berührung an ihrer Schulter spürt, sollte sie unverzüglich ihren Mund und die Hände zurücknehmen, sich aufsetzen und ruhig verharren. Der Mann sollte sich auf das Mantra der Kontrolle konzentrieren und die Worte auf den schwarzen Hintergrund des Yantra schreiben. Die hierfür erforderliche Kontrolle ist nur durch Übung zu erlangen, und die grundlegenden Rituale sind ganz sicher eine Voraussetzung für dieses Ritual und alle anderen, die noch folgen.

Sobald der Mann völlige Kontrolle über seinen Orgasmus erlangt hat, sollte er sich aufsetzen und das Gesicht der Mitte des Kreises zuwenden.

Die Frau sollte es ihm gleichtun, sich aber sicher sein, daß die eigene Sexualenergie den höchsten Punkt erreicht hat, was sie durch Stimulieren der Klitoris mit dem Finger erreichen kann. Während der Mann versucht, den Gipfel sexueller Erregung nicht zu überschreiten, stellt sie sicher, am höchsten Punkt angelangt zu sein.

Der Führer muß genau über den Zustand jedes Begleiters, der sich dem Orgasmus nähert, Bescheid wissen. Falls etwas darauf schließen läßt, daß der Betreffende die Kontrolle verliert, sollte der Führer gemeinsam mit dem Begleiter das Mantra der Kontrolle sprechen, um ihm wieder zur Kontrolle zu verhelfen. Bei den Ritualen, an denen mehr als ein Begleiter teilnimmt, können der oder die Partner diese Verantwortung übernehmen und dadurch dem Führer die Freiheit verschaffen, selbst den höchsten Gipfel der Erregung zu erreichen und den Zeitpunkt zu erspüren, an dem die ganze Gruppe bereit ist, den Kreis neu zu bilden.

Die sich anschließenden Zeremonien sind wieder die gleichen wie in den vorangegangenen Nächten.

Basis des Penis gleiten, den sie mit Daumen und Zeigefinger umschließt. Sie drückt und spricht gleichzeitig im Geist drei Mantras der Wahrnehmung. Dann läßt sie die Finger den Schaft des Penis hinauf zur Eichel gleiten, drückt die Eichel und nimmt ihre Hände zurück.

Sie spricht zwei Mantras der Wahrnehmung.

Wieder greift sie nach unten und fährt mit den Fingerspitzen über die Unterseite des Penis an der Basis vorbei über die Hoden zum Perineum.

Der Mann bleibt weiter ruhig liegen.

Die Frau führt die Hände wieder nach oben, bis die Finger erneut die Basis des Penis umschließen. Sie lockert die Umspannung und wiederholt zweimal das Mantra der Wahrnehmung.

Dann beugt sich die Frau vor und führt ihre Lippen an die Spitze des Penis, die sie leicht küßt. Mit den Fingern drückt sie den Penis auf den Bauch des Mannes, wodurch die Unterseite sichtbar wird. Sie fährt mit den Lippen nach unten zur Basis des Penis und küßt ihn dabei leicht.

Der Mann kann das Mantra der Kontrolle sprechen, wenn er spürt, daß sich seine Sexualenergie auflädt und sich ein Orgasmus ankündigt. Er darf nicht zulassen, daß er einen Orgasmus bekommt, und muß seine Reaktionen daher genau überwachen und kontrollieren.

Hat die Frau die Basis des Penis erreicht, fährt sie mit der Zungenspitze zurück zur Eichel.

Sie läßt den Penis in seine aufrechte Stellung zurückkehren und hält ihn lediglich mit den Händen fest. Dann nimmt die Frau die Eichel in den Mund. Sie beginnt, leicht zu saugen, und fährt mit der Zunge um die Eichel.

Allmählich läßt sie den Penis weiter in ihren Mund eindringen, bis sie so viel aufgenommen hat, wie ihr angenehm ist. Sie fängt an zu saugen und läßt ihren Mund den Schaft des Penis auf und ab gleiten.

Der Mann wiederholt das Mantra der Kontrolle. Er bleibt passiv liegen und berührt die Frau in keiner Weise. Wenn der Mann merkt, daß sich ein Orgasmus ankündigt, sollte er die Frau an der umfaßt sie mit den Handflächen sein Kinn, beugt sich vor und bringt ihre Lippen ganz nah an seine, ohne seinen Körper sonst zu berühren.

Beide sollten den Atem des anderen spüren.

Die Frau fährt ganz langsam mit der Zungenspitze die Lippen des Mannes nach, die er leicht geöffnet hat, damit sie seine Zungenspitze spüren kann.

Die Frau sollte den Druck auf seine Lippen verstärken, ihre Zunge in seinen Mund einführen und ausführlich das Innere seines Mundes erkunden. Der Mann sollte mit seiner Zunge nachgeben, damit die Frau sich frei bewegen kann, doch sollte seine Zungenspitze die der Frau während dieser Erkundung berühren.

Die Frau nimmt nun zuerst ihre Zunge und dann die Lippen zurück und setzt sich wieder aufrecht.

Sie sollte dreimal das Mantra der Wahrnehmung sprechen.

Bis auf die Lippen und die Zunge bewegt der Mann während dieses Kußrituals nichts.

Die Frau richtet den Blick auf die Brustwarzen des Mannes und spricht zweimal das Mantra der Wahrnehmung. Dann legt sie die Handflächen auf seine Brust, nimmt die Brustwarzen zwischen Daumen und Zeigefinger und rollt sie ganz behutsam.

Die Frau nimmt ihre Hand von der rechten Brust des Mannes, beugt sich vor und nimmt die rechte Brustwarze in den Mund. Sie saugt leicht an ihr und stimuliert gleichzeitig weiter seine linke Brust mit den Fingerspitzen.

Dann richtet sich die Frau auf und nimmt beide Hände zurück.

Der Mann bleibt mit geschlossenen Augen liegen.

Die Frau berührt mit den Fingerspitzen die rechte Brust, beugt sich vor, nimmt die linke Brustwarze in den Mund und saugt leicht an ihr.

Dann richtet sich die Frau auf und dreht sich um, so daß sie jetzt auf die Füße des Mannes blickt.

Der Mann liegt mit gespreizten Beinen da oder mit gegeneinandergestellten Fußsohlen in der Wahrnehmungshaltung.

Die Frau legt beide Hände auf den Bauch des Mannes und läßt sie ganz langsam und leicht nach unten durch das Schamhaar an die

Schamlippen eindringen lassen, bis sie die Klitoris berührt. Dann sollte er die Klitoris mit der Zunge reizen.

Die Frau kann auf die Stimulierung des Mannes durch rhythmisches Bewegen des Körpers reagieren. Vielleicht verspürt sie auch den Wunsch, das Mantra der Wahrnehmung und das Mantra der Kontrolle zu sprechen.

Der Mann sollte mit seiner Zunge zur Öffnung der Vagina gleiten und so weit in sie eindringen, wie er kann, sich dann wieder zurückziehen und zur Klitoris zurückkehren, wo er fortfahren sollte, die Frau zu stimulieren, bis sie ihm bedeutet aufzuhören.

Die Frau soll den Mann während dieser Phase des Rituals nicht berühren. Erst wenn die Frau merkt, daß der Orgasmus naht, sollte sie den Mann an der Schulter fassen, um ihm anzudeuten, daß er aufhört, sie zu stimulieren.

Sobald der Mann das Zeichen der Frau bemerkt, sollte er unverzüglich innehalten, seine Zunge zurückziehen und sich aufrecht setzen.

Die Frau sollte das Mantra der Kontrolle sprechen, bis sie Herr über den sich anbahnenden Orgasmus geworden ist.

Der Mann bewegt sich nicht, wenn die Frau versucht, ihren Orgasmus unter Kontrolle zu bringen. Er kann selbst das Mantra der Kontrolle sprechen, falls er das Bedürfnis empfindet.

Hat die Frau die Kontrolle über ihren Orgasmus erlangt, setzt sie sich aufrecht.

Der Mann sitzt neben ihr.

Beide bleiben still einige Minuten sitzen.

Dann legt sich der Mann auf den Rücken, die Füße zur Mitte des Kreises weisend und entweder leicht gespreizt oder in der Wahrnehmungs-Position mit gegeneinandergestellten Fußsohlen.

Die Frau kniet sich hin, das Gesicht dem Mann zugewandt.

Der Mann schließt die Augen, spricht dreimal für sich das Mantra der Wahrnehmung und sagt danach, daß er bereit sei. Er liegt dabei ganz ruhig und wartet.

Die Frau spricht zweimal für sich das Mantra der Wahrnehmung, hebt dann die Hände und legt die Zeigefinger auf die Lippen des Mannes, wobei sie sanft deren Umrisse nachzieht. Dann spricht gleichzeitig im Geist das Mantra der Wahrnehmung.

Dann richtet sich der Mann wieder auf und dreht sich um, so daß er jetzt auf die Füße der Frau blickt.

Die Frau hebt die Beine und öffnet sie. Sie kann die Füße auseinandersetzen oder die Knie anziehen und die Fußsohlen in der Wahrnehmungshaltung gegeneinanderstellen.

Der Mann legt beide Hände auf den Bauch der Frau, läßt sie dann ganz langsam und leicht nach unten durch das Schamhaar gleiten, bis die Fingerspitzen den Rand ihrer Schamlippen berühren.

Er öffnet die Schamlippen mit den Daumen und drückt gegen die Klitoris. Gleichzeitig läßt er im Geist das Mantra der Wahrnehmung ertönen.

Dann gleiten seine Hände nach unten, bis die Fingerspitzen gegen das Perineum drücken; er wiederholt dabei still das Mantra der Wahrnehmung.

Dann zieht er seine Hände zurück, bis sie wieder leicht auf den Schamlippen ruhen. Anschließend nimmt er die Hände ganz zurück und setzt sich aufrecht.

Die Frau bleibt still liegen.

Der Mann beugt sich vor und hält sein Gesicht über die Schenkel der Frau. Dann senkt er das Gesicht, bis seine Zunge die Innenseite des linken Schenkels der Frau berühren kann. Mit der Zungenspitze zieht der Mann eine Linie nach oben zur Vagina, hält jedoch wenige Zentimeter, bevor er sie erreicht, inne.

Dann zieht er mit der Zunge auf dem rechten Schenkel eine Linie aufwärts zur Vagina, aber wieder nur bis wenige Zentimeter vor sie.

Er hält den Kopf direkt über die Vagina, senkt ihn langsam und berührt die Schamlippen mit der Zungenspitze. Langsam fährt er mit der Zunge den Umriß der Schamlippen nach und spricht dabei im Geist das Mantra der Wahrnehmung.

Der Mann sollte sich nicht nur des Gefühls der Schamlippen bewußt sein, das er durch seine Zunge empfindet, sondern auch des Geschmacks und Geruchs der Säfte der Frau.

Ganz allmählich sollte der Mann die Zunge tiefer zwischen die

94

Der Mann spricht zweimal das Mantra der Wahrnehmung, hebt dann die Hände und legt die Zeigefinger auf die Lippen der Frau, wobei er sanft deren Umrisse nachzieht. Dann umfaßt er mit den Handflächen ihr Kinn, beugt sich vor und bringt seine Lippen ganz nah an ihre, ohne ihren Körper sonst zu berühren.

Beide sollten den Atem des anderen spüren.

Der Mann zieht nun ganz langsam mit der Zungenspitze die Lippen der Frau nach, die sie leicht öffnen sollte, damit er ihre Zungenspitze spüren kann.

Der Mann verstärkt den Druck auf ihre Lippen, führt seine Zunge in ihren Mund ein und erkundet ausführlich das Innere ihres Mundes. Die Frau sollte mit ihrer Zunge nachgeben, damit die des Mannes sich frei bewegen kann, doch sollte ihre Zungenspitze die seine während dieser Erkundung berühren.

Der Mann nimmt schließlich die Zunge, dann die Lippen zurück und setzt sich wieder aufrecht hin. Er sollte dreimal das Mantra der Wahrnehmung sprechen.

Bis auf die Lippen und die Zunge bewegt die Frau während dieses Kußrituals nichts.

Der Mann richtet den Blick auf die Brüste der Frau und spricht zweimal das Mantra der Wahrnehmung. Dann legt er die Handflächen auf die Brüste und nimmt die Brustwarzen zwischen Daumen und Zeigefinger. Ganz behutsam rollt er die Brustwarzen zwischen den Fingern.

Der Mann nimmt die Hand von der rechten Brust der Frau, beugt sich vor und nimmt die rechte Brustwarze in den Mund. Er saugt leicht an ihr und stimuliert gleichzeitig weiter ihre linke Brust mit den Fingerspitzen. Er läßt seine Zungenspitze die Brustwarze umkreisen und spricht gleichzeitig im Geist das Mantra der Wahrnehmung.

Dann richtet sich der Mann wieder auf und zieht beide Hände zurück.

Die Frau bleibt mit geschlossenen Augen liegen.

Der Mann berührt mit den Fingerspitzen die rechte Brust, beugt sich vor, nimmt die linke Brustwarze in den Mund und saugt leicht an ihr. Er umkreist mit der Zungenspitze die Brustwarze und

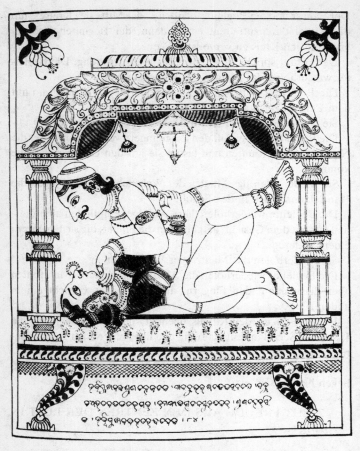

Dann nehmen die Paare folgende Position ein: Die Frau legt sich auf den Rücken, wobei die Füße zur Mitte des Kreises weisen. Der Mann kniet sich, das Gesicht ihr zugewandt, neben ihren rechten Schenkel. Die Frau schließt die Augen.

Die Frau spricht dreimal für sich das Mantra der Wahrnehmung und erklärt dann, daß sie bereit sei.

Sie liegt jetzt ruhig da und wartet.

Der Führer und ein Begleiter bleiben in der Mitte des Kreises, um das Ritual durchzuführen, es sei denn, der Begleiter wird gebraucht, den Kreis zu vervollständigen.

Der Führer spricht das Mantra der Wahrnehmung. Die Begleiter wiederholen das Mantra der Wahrnehmung.

Die Begleiter schließen die Augen und berühren langsam mit dem Zeigefinger ihre Stirn.

Sie wiederholen das Mantra der Wahrnehmung.

Die Begleiter fahren mit den Zeigefingern von der Stirn über die Nasenspitze nach unten und lassen sie auf den Lippen zur Ruhe kommen.

Sie wiederholen das Mantra der Wahrnehmung und legen die Hand dann zurück in den Schoß.

Die Begleiter wiederholen diese Abfolge, empfinden aber diesmal nur mit dem Gesicht, als gehörten die Finger, die sie berühren, einem anderen.

Sie wiederholen das Mantra der Wahrnehmung.

Die Begleiter wiederholen die Abfolge ein weiteres Mal, fühlen aber diesmal mit den Fingern, als gehörte das Gesicht einem anderen.

Ist diese Phase des Rituals beendet, falten die Begleiter die Hände im Schoß und sitzen ruhig und mit immer noch geschlossenen Augen da.

Wenn der Führer sieht, daß alle Begleiter die Hände im Schloß liegen haben, sagt er:

ZIEHT FREUDE AUS DEN ZENTREN DER LUST IN EUCH.

Die Begleiter öffnen die Augen.

Die Partner, die das Ritual gemeinsam begehen, wenden sich einander zu. Sie öffnen das Gewand und lassen es zu Boden gleiten. Falls sie andere Kleidung tragen, stehen sie auf, entkleiden sich und setzen sich wieder.

Die Begleiter wiederholen dreimal das Mantra der Wahrnehmung.

DAS MANTRA DES ÜBERGANGS:
OMMM DAHHH AHH
DAS MANTRA DER KANALISIERUNG:
AHH NAHH YAHH TAUNNN.

Der Führer stellt das Yantra mit folgenden Worten vor:

DIESES YANTRA ZEIGT DIE HINNAHME
DES EINEN DURCH DEN ANDEREN,
DIE DER ANFANG IST
DER HINNAHME DES KREISES.

Dann stellt der Führer das Yantra in die Mitte des Kreises, damit die Begleiter es betrachten und sich einprägen können. Der Führer sollte erklären, daß das Symbol des Weiblichen, das mit der Spitze nach unten weisende Dreieck, und das Symbol des Männlichen, das mit der Spitze nach oben weisende Dreieck, die Phase des bloßen Berührens hinter sich haben und sich jetzt überschneiden und beginnen, sich zu durchdringen. Das symbolisiert die Akte, wie sie im Ritual vollzogen werden, das seinerseits für die totale Anteilnahme an den Zentren der Lust bei den Paaren steht. Der Führer beantwortet alle Fragen und entfernt dann das Yantra wieder.

Das Ritual der Hinnahme

Der Führer und ein Begleiter führen das Ritual vor, das die übrigen Begleiter nachvollziehen, und der Führer wiederholt dann die Worte des Willkommens:

DIESE NACHT IST DIE DRITTE NACHT VON SIEBEN,
DIE NACHT DER HINNAHME,
DIE NACHT DER ZWEI,
DIE ZUM KREIS WERDEN.

Mantras und Yantra für die dritte Nacht

Der Führer stellt die Mantras, die bei den Ritualen verwendet werden, mit diesen Worten vor:

> DIESE MANTRAS WERDEN DIE LAUTE SEIN,
> DIE UNS FÜHREN WERDEN:
> DAS MANTRA DER WAHRNEHMUNG:
> OMMM AHDI OMMM
> DAS MANTRA DER KONTROLLE:
> PAHHH SAHHH O-MAHMMM

Yantra für die Zeremonie der dritten Nacht

DIESE NACHT IST DIE DRITTE NACHT VON SIEBEN,
DIE NACHT DER HINNAHME,
DIE NACHT DER ZWEI,
DIE ZUM KREIS WERDEN.

Das sich anschließende Ritual läuft genau wie in den vorangegangenen Nächten ab.

Der Führer spricht die folgenden Worte des Tantra für die dritte Nacht:

FRAU UND MANN ZIEHEN DIE FREUDE
AUS DEN ZENTREN DER LUST
IN SICH.
JEDER DIENT,
UND JEDER GIBT DEM ANDEREN.
SO WIRD JEDEM GEDIENT UND JEDER WIRD
EMPFANGEN.
UND DIE KETTE DER LUST
IST UNGEBROCHEN,
DIE ERZEUGTE ENERGIE VERMEHRT,
DIE KRAFT ÜBER DAS UNIVERSUM BEWAHRT.

Der Führer interpretiert die Bedeutung dieser Worte dahingehend, daß die ungebrochene Kette der Lust, die vermehrte Energie und die Kraft des Kreises davon abhängen, daß jeder Begleiter höchste körperliche Lust empfängt und selbst höchste körperliche Lust schenkt.

Es ist unerläßlich, daß beide Begleiter die verborgensten Zentren der Lust erreichen und freilegen. Das heißt, es müssen alle Sinne angesprochen werden. Nicht nur das Sehen und Fühlen, auch das Hören, Riechen und Schmecken müssen angeregt werden. Alle fünf Sinne müssen aufs höchste erregt werden. Auf diese Weise wird die Lust gesteigert, wird die Kraft des Kreises verstärkt.

Worte und Symbole für die dritte Nacht

Der Führer spricht die tantrischen Worte:

AM ANFANG WAR EINER.
DANN WAREN ZWEI.
UND DIE ZWEI WAREN VIELE.
UND DIE VIELEN WURDEN ZUM EINEN.

Die Begleiter verharren schweigend.
  Der Führer spricht die tantrischen Worte:

JEDER VON UNS KOMMT ALS EINER.
WIR WERDEN ZUM KREIS.
DER KREIS SIND DIE VIELEN.
DER KREIS IST DER EINE.

Der Führer hebt das Glas.
  Die Begleiter heben ihr Glas.
  Dann sagt der Führer:

DER HIMMEL BERÜHRT DEN UNENDLICHEN
RAUM,
UND VIOLETT IST DIE FARBE,
UND JENSEITS DES VIOLETTEN
LIEGT DER GRENZENLOSE KOSMOS.

(Beim abgeänderten Farbprogramm ist die Farbe Rot.
  Der Führer sagt:

ROT IST DIE SENGENDE SONNE,
ROT IST DIE ENERGIE.
ROT IST DIE KRAFT,
DIE ZUM GRENZENLOSEN LICHT FÜHRT.)

Der Führer fährt fort:

Die dritte Nacht

Das Vorbereiten des Zentrums

Die Farbe der dritten Zeremonie ist Violett. Wird das abgeänderte Farbprogramm verwendet, ist die Farbe Rot.

Das klare Glasgefäß in der Mitte des Tischchens enthält violettes Wasser. (Den violetten Farbton erhält man durch Mischen einiger Tropfen blauen und roten Lebensmittelfarbstoffs in Wasser.) Beim abgeänderten Farbprogramm sollte das Wasser klar oder rot sein.

In das Gefäß sollte eine einzelne violette Blüte gelegt werden. Wird das abgeänderte Farbprogramm verwendet, sollte die Blüte rot sein.

Auch die Kerzen sind violett beziehungsweise rot.

Auch die bei der dritten Zeremonie gereichten Speisen sind violett. Violett verkörpert die Tiefe des Alls, den Punkt, wo die Erdatmosphäre der Unendlichkeit des Kosmos weicht. Der Kreis muß diesen Punkt durchschreiten, um zum Letzten vorzustoßen.

Vor Beginn der Zeremonie sollten auf jeden Teller einschließlich den des Führers einige violette Früchte gelegt werden, beispielsweise Pflaumen oder Weintrauben.

In die Gläser sollte violetter Likör gefüllt werden, zum Beispiel Parfait d'amour.

Beim abgeänderten Farbprogramm sollten die Früchte rot sein, und anstelle des Likörs sollte Rotwein eingeschenkt werden. Wird Wein gereicht, sind die Likör- durch Weingläser zu ersetzen.

Rot symbolisiert die Sonne und die Energie, die sie ausströmt und die allem Lebenden Licht und Kraft gibt.

Bei der Vorbereitung der Speisen gibt es kein Farbprogramm, doch sollten sie angenehm für das Auge, appetitlich und problemlos mit den Fingern zu essen sein.

Die Gewänder für die dritte Zeremonie sollten violett sein, beim abgeänderten Farbprogramm rot oder weiß. Das Gewand des Führers ist immer weiß.

nimmt mit fortschreitender Dauer der Zeremonien ständig zu. Jedes Gruppenmitglied ist selbst dafür verantwortlich, daß die natürlichen Techniken beherrscht werden, und sollte auch die volle Verantwortung dafür übernehmen. Wenn der Führer merkt, daß alle an der Woge der vom Kreis erzeugten Energie teilgehabt haben und daß jeder diese Energie für sich genutzt hat, spricht er laut das Mantra des Übergangs.

Die Begleiter wiederholen zusammen mit dem Führer laut das Mantra des Übergangs.

Der Führer wiederholt das Mantra des Übergangs sechsmal und spricht dann das Mantra der Kontrolle. Die Begleiter wiederholen zusammen mit dem Führer laut das Mantra der Kontrolle.

Der Führer gewährt einige Augenblicke der Ruhe, gibt die Hände frei und legt sein Gewand an.

Die Begleiter geben ebenfalls die Hände frei und legen ihre Gewänder an.

Es folgen das Fest und das Auseinandergehen, wie in der ersten Nacht.

so daß der Begleiter nach einem Orgasmus noch immer eine Menge angesammelter sexueller Energie in sich hat. Diese Energie kann mit der des Kreises verschmolzen werden, wenn sich der oder die Betreffende wieder in die Gruppe einreiht. Der Begleiter, der den Orgasmus erlebt hat, sollte also seinen Platz im neu formierten Kreis wieder einnehmen, als hätte er keinen Orgasmus gehabt.

Die Begleiter bilden den Kreis neu, indem sie sich mit dem Gesicht zur Mitte des Kreises setzen und sich wie schon früher die Hände reichen – die rechte Handfläche nach unten, die linke nach oben.

Wenn alle Begleiter außer dem Führer sich die Hände gereicht haben, schließen sie die Augen und wiederholen leise für sich das Mantra des Übergangs. Wenn sie den Wunsch verspüren, können sie auch das Mantra der Kontrolle sprechen.

Hat sich der Kreis neu formiert, nimmt der Führer seinen alten Platz wieder ein. Laut spricht er das Mantra der Kanalisierung:

AHH NAHH YAHH TAUNNN

Der Führer reicht den Begleitern zur Rechten und zur Linken die Hand.

Verhalten beginnt der Führer, das Mantra der Kanalisierung zu wiederholen.

Die Begleiter schließen sich dem Führer an und wiederholen das Mantra der Kanalisierung.

Alle Mitglieder des Kreises, Begleiter wie Führer, lassen jetzt die gemeinsame Energie der Gruppe durch den Kreis fließen, und jeder zapft diesen Strom an und lenkt ihn in die gewünschte Richtung.

Welches Ziel das Kanalisieren auch hat, es muß von jedem Mitglied kontrolliert werden, was bedeutet, daß jedes Mitglied die Methoden des Mantras der Kontrolle, des Mantras der Kanalisierung und der yantrischen Bilder anwenden muß, die diese Kontrolle hervorrufen. Falls sich jemand diesen Fertigkeiten nicht gewachsen fühlt, sollte er sich vor der Teilnahme am Kreis in ihnen üben. Die Notwendigkeit einer festen Kontrolle und innerer Disziplin

Der Führer muß die gleichen Rituale wie die übrigen Begleiter ausüben oder, wenn das nicht möglich ist, zur gleichen Zeit wie sie den Höhepunkt erleben. Denn es sei noch einmal daran erinnert, daß der Führer einer der Begleiter ist und ein äußerst wichtiges Glied im neu formierten Kreis darstellt.

Welche Methode der Führer anwendet, um zur höchsten Erregung zu gelangen, bleibt ihm überlassen.

Der Kreis der Kraft

Wenn der Führer das Gefühl hat, daß die Gruppe den Punkt höchster sexueller Erregung erreicht hat, sollte er anfangen, das Mantra des Übergangs zu wiederholen:

OMMM DAHHH AHH

Das ist das Zeichen für die Begleiter, sich die Hände zu reichen und den Kreis neu zu formieren.

Wenn die Begleiter den Führer das Mantra des Übergangs sprechen hören, sollten sie es laut wiederholen und anfangen, den Kreis neu zu bilden. Wann genau jeder Begleiter die eigenen Aktionen einstellt und den anderen wieder die Hände reicht, steht allein in seinem Ermessen. Es sei noch einmal wiederholt: Der Grund für das Bestehen des Kreises ist, die geballte sexuelle Energie gemeinsam mit der ganzen Gruppe zu erleben und dadurch die Kraft zu steigern, die dem Einzelnen zur Verfügung steht. Ein selbstsüchtiges Zurückhalten dieser Energie durch ein Mitglied aus welchem Grund auch immer ist im Tantra-Kreis ganz und gar unangebracht.

Erwähnen sollten wir jedoch, daß sich ein Begleiter verschätzen kann und tatsächlich einen Orgasmus erlebt, bevor sich der Kreis neu formiert hat. Das sollte man nicht als ein Zurückhalten von Energie betrachten, sondern lediglich als eine schlechte zeitliche Abstimmung. Jedem kann das passieren. Außerdem setzt ein Orgasmus nicht sofort die gesamte angestaute Sexualenergie frei, soll aber auch nicht zulassen, daß die Energie, die sie erzeugt hat, abkühlt und verlorengeht.

Falls sich das abzeichnet, bevor sich der Kreis neu formiert, um mit dem Kanalisieren zu beginnen, sollte sie ihre Klitoris erneut stimulieren, bis sie sich wieder an den Rand des Orgasmus gebracht hat.

Der Mann führt seine Hand langsam nach unten an die Basis des Penis. Er umschließt ihn mit den Fingern und beginnt, sich zu stimulieren. Er spricht zwei Mantras der Kontrolle.

Der Mann sollte die Finger an seinem Penis als die Finger seines Partners und die des ganzen Kreises empfinden. Er sollte das Yantra der sich berührenden Dreiecke wahrnehmen und die Spitzen als den Punkt konzentrierter Energie zweier Menschen erkennen, die sich berühren und einander kennen.

Wenn der Mann kurz vor dem Orgasmus steht, sollte er das Mantra der Kontrolle wiederholen und all die Methoden zur Vermeidung des Orgasmus anwenden, die er von den grundlegenden Ritualen her kennt.

Der Mann sollte nicht zulassen, daß er einen Orgasmus bekommt, soll aber auch nicht zulassen, daß die Energie, die er erzeugt hat, abkühlt und verlorengeht. Falls sich das abzeichnet, sollte er wieder anfangen zu masturbieren, bis er erneut kurz vor dem Orgasmus steht.

Wenn beide Partner den Höhepunkt erreicht haben, sollten sie regungslos verharren und laut das Mantra der Kontrolle wiederholen.

Der Führer muß genau über den Zustand jedes Begleiters Bescheid wissen, der sich dem Orgasmus nähert. Falls etwas darauf schließen läßt, daß der Betreffende die Kontrolle verliert, sollte der Führer gemeinsam mit den Begleitern das Mantra der Kontrolle sprechen, um dem Begleiter wieder zur Kontrolle zu verhelfen.

Bemerkt der Führer, daß ein oder mehrere Begleiter absichtlich das Erreichen höchster Erregung hinauszögern, so daß die ganze Gruppe Gefahr läuft, das Kanalisieren der gemeinsamen Kraft zu verpassen, muß er den säumigen Begleiter in aller Ruhe darauf aufmerksam machen, daß der Kreis seinetwegen warten muß.

Hand entgegen.

Der Mann läßt die Augen offen, ergreift die Hand der Frau und führt sie an seine Stirn.

Die Frau wiederholt das Mantra der Wahrnehmung bei jedem Schritt des Rituals, und der Mann muß es abwarten, bevor er fortfährt.

Der Mann führt den Finger an seine Stirn, das Gesicht hinunter über die Lippen und das Kinn zur Brustmitte, erst zur rechten, dann zur linken Brust, den Bauch hinunter zum Rand des Schamhaars und zur Basis des Penis.

Die Frau wiederholt das Mantra der Wahrnehmung.

Der Mann läßt die Hand der Frau los, und sie zieht sie langsam zurück und legt sie wieder auf ihr Knie.

Beide Partner wiederholen das Mantra der Wahrnehmung.

Beide Partner wiederholen das Mantra der Kontrolle. Beide Partner schließen die Augen. Ganz langsam wiederholen sie die Bewegung ihrer Hände und Finger, diesmal jedoch auf dem eigenen Körper.

Erhalten Sie das Bild des Yantra aufrecht, und spüren Sie die Finger als die des anderen, dann als die des ganzen Kreises.

Die Finger gleiten von der Stirn über das Gesicht hinunter zur Brust und weiter zum Rand des Schamhaars.

Die Frau führt den Finger langsam nach unten und läßt ihn zwischen die Schamlippen gleiten. Sie sucht die Klitoris und stimuliert sie ganz behutsam. Sie spricht das Mantra der Kontrolle.

Die Frau stimuliert weiter ihre Klitoris und nähert sich dem Orgasmus. Das yantrische Bild sollte lebhaft sein, und die sich berührenden Dreiecke sollten Energie erzeugen und ausstrahlen. Wie zwei stark aufgeladene Elemente, die sich kaum berühren, deren Berührung jedoch ein plötzliches und deutliches Ansteigen der Spannung bewirkt.

Wenn man merkt, daß der Orgasmus kurz bevorsteht, sollte man das Mantra der Kontrolle sprechen und all die Methoden zur Vermeidung des Orgasmus anwenden, die man von den grundlegenden Ritualen her kennt.

Die Frau soll nicht zulassen, daß sie einen Orgasmus bekommt,

»spüren« und sollte erigiert und bereit sein.

Die Frau zieht ihre Hand langsam zurück und legt sie auf ihr Knie.

Beide Partner wiederholen das Mantra der Wahrnehmung.

Der Mann schließt die Augen und streckt seine Hand der Frau entgegen.

Die Frau läßt die Augen offen, ergreift die Hand des Mannes und führt sie an ihre Stirn.

Der Mann wiederholt das Mantra der Wahrnehmung, wenn er zum nächsten Schritt bereit ist.

Die Frau führt die Hand des Mannes mit dem ausgestreckten Zeigefinger an ihre Stirn, so daß er sie tatsächlich berührt.

Der Mann spricht das Mantra der Wahrnehmung, wenn er zum nächsten Schritt bereit ist.

Die Frau führt seine Fingerspitze ihr Gesicht hinunter über ihre Lippen bis zum Kinn, dann weiter nach unten über den Hals bis zwischen ihre Brüste.

Der Mann spricht das Mantra der Wahrnehmung, wenn er zum nächsten Schritt bereit ist.

Die Frau führt die Fingerspitze über ihre rechte Brust, wo sie sie in einem Kreis um die Brustwarze bewegt. Wenn der Mann das Mantra der Wahrnehmung erneut gesprochen hat, führt die Frau seinen Finger zur anderen Brust und umkreist wieder die Brustwarze.

Beide Partner können jederzeit das Mantra der Kontrolle sprechen, falls das notwendig ist.

Die Frau führt den Finger des Mannes über ihren Bauch zum oberen Rand der Schamhaare.

Der Mann wiederholt das Mantra der Wahrnehmung. Die Frau führt den Finger durch die Schamhaare weiter nach unten, bis er auf den Schamlippen liegt. Der Mann wiederholt das Mantra der Wahrnehmung. Die Frau läßt die Hand des Mannes los, und er zieht sie langsam zurück und legt sie wieder auf sein Knie. Beide Partner wiederholen das Mantra der Wahrnehmung und das Mantra der Kontrolle.

Dann schließt die Frau die Augen und streckt dem Mann die

Die Frau sollte den Finger des Mannes unmittelbar vor der Öffnung ihrer Vagina »spüren« und sich dessen bewußt sein, daß sie offen und bereit für ihn ist. Der Mann zieht seine Hand langsam zurück und legt sie auf sein Knie.

Dann hebt die Frau eine Hand und bewegt langsam den Zeigefinger auf das Gesicht des Mannes zu. Sie berührt es nicht wirklich, läßt ihre Fingerspitze aber ganz nahe kommen, und ihr Geist vollendet den Kontakt.

Der Mann bewegt sich nicht und läßt seinen Geist den Kontakt zwischen dem Finger der Frau und seinem Gesicht vollenden. Er »fühlt« ihre Berührung, die so lange anhalten sollte, wie ihr Finger seinem Gesicht oder Körper nah ist.

Beginnend bei der Stirn des Mannes fährt die Frau ganz langsam mit dem Finger über sein Gesicht nach unten, folgt dabei dem Umriß der Nase, der Lippen und des Kinns. Und wieder berührt sie den Mann zu keiner Zeit wirklich. Durch die geistige Verbindung muß sie wissen, wie er sich anfühlt.

Beide Partner sollten das Mantra der Wahrnehmung nutzen, um die Empfindung der tatsächlichen Berührung zu verstärken.

Die Frau fährt mit der Hand weiter nach unten bis zur rechten Brust. Die Fingerspitze sollte die Brust des Partners beinahe berühren und sich in kleinen Kreisen um die Brustwarze bewegen.

Der Mann sollte den Finger der Frau »spüren«, bis sich die Brustwarze unter Umständen wirklich versteift, als würde sie tatsächlich berührt.

Die Frau führt den Finger zur linken Brust und wiederholt die umkreisende Bewegung.

Die Frau fährt mit dem Finger von der Brust zum Nabel und vom Nabel zum oberen Rand des Schamdreiecks. Wenn der Mann die Berührung wirklich »spürt«, wird er aufpassen müssen, daß er nicht lachen muß oder seine Bauchmuskeln einzieht, wenn die Fingerspitze der Frau seinen Bauch »kitzelt«.

Die Frau bewegt den Finger langsam weiter nach unten, bis er direkt unter der Basis des Penis des Mannes auf dem Boden zur Ruhe kommt.

Der Mann sollte den Finger der Frau an der Basis seines Penis

Die Partner der einzelnen Paare rücken jetzt so weit vor, daß sich ihre Knie fast berühren. Sie können mit gekreuzten Beinen dasitzen oder knien.

Wir gehen beim folgenden Ritual von der Annahme aus, daß die Paare des Kreises jeweils aus Mann und Frau bestehen. Bilden zwei Männer oder zwei Frauen ein Paar, ist das Ritual entsprechend abzuändern.

Der Mann hebt eine Hand und bewegt langsam den Zeigefinger auf ihr Gesicht zu. Er berührt es zwar nicht, kommt mit der Fingerspitze jedoch ganz nah, und sein Geist vollendet den Kontakt.

Die Frau bewegt sich nicht und läßt ihren Geist den Kontakt zwischen dem Finger des Mannes und ihrem Gesicht vollenden. Sie »fühlt« seine Berührung, die so lange anhalten sollte, wie sein Finger ihrem Gesicht oder ihrem Körper nah ist.

Beginnend bei der Stirn der Frau fährt der Mann mit dem Finger ganz langsam über das Gesicht nach unten, folgt dabei dem Umriß der Nase, der Lippen und des Kinns. Und wieder berührt er die Frau zu keiner Zeit wirklich. Durch die geistige Verbindung muß er wissen, wie sie sich anfühlt.

Beide Partner sollten das Mantra der Wahrnehmung nutzen, um die Empfindung der tatsächlichen Berührung zu verstärken.

Der Mann fährt mit der Hand weiter nach unten bis zur rechten Brust. Die Fingerspitze sollte die Brust des Partners beinahe berühren und sich in kleinen Kreisen um die Brustwarze bewegen.

Die Frau soll den Finger des Mannes »spüren«, bis die Brustwarzen sich versteifen, so als würden sie tatsächlich berührt.

Der Mann führt seinen Finger zur linken Brust und wiederholt die umkreisende Bewegung.

Der Mann fährt mit dem Finger von der Brust zum Nabel und vom Nabel zum oberen Rand des Schamdreiecks. Wenn die Frau die Berührung wirklich »spürt«, wird sie aufpassen müssen, daß sie nicht lachen muß, wenn die Fingerspitze auf ihrem Weg den Bauch »kitzelt«.

Der Mann bewegt den Finger langsam weiter nach unten, bis er direkt vor der Vagina der Frau auf dem Boden zur Ruhe kommt.

Trägt der Begleiter andere Kleidung, steht er auf und legt seine Sachen ab und kehrt dann zurück, um sich seinem Partner gegenüber niederzusetzen.

Beide sprechen sie dreimal das Mantra der Wahrnehmung.

Beide folgen sie mit den Augen einem Pfad von der Stirn ihres Partners über die Nase nach unten zu den Lippen.

Beide sprechen das Mantra der Wahrnehmung.

Beide Begleiter konzentrieren sich auf die Lippen ihres Partners und sprechen noch einmal das Mantra der Wahrnehmung.

Dann lassen sie ihre Augen nach unten auf die Brust des anderen wandern. Wieder sprechen beide das Mantra der Wahrnehmung. Jeder vertieft sich ganz in die Brustwarzen des anderen. Dann gleitet der Blick weiter abwärts zum Nabel.

Der Nabel ist das Symbol für den Punkt des Anfangs. Unterhalb des Nabels liegt das Dreieck des Yantra. Jeder Begleiter sollte seine Augen abwärts zum Dreieck des Yantra wandern lassen und das Mantra der Wahrnehmung wiederholen. Wenn beide Partner sitzen, bildet das aus den Schamhaaren bestehende Dreieck die unmittelbare Grundlage, auf welcher der Mensch ruht. Dies steht im Einklang mit den grundlegenden Chakras des gesamten Tantra. Jeder Begleiter sollte das spüren und erkennen, daß von eben dieser Grundlage alle Energie und Kraft ausgeht. Jeder sollte sich auf das Dreieck des Yantra konzentrieren, dann die Augen schließen und das Yantra ganz deutlich vor seinem Hintergrund sehen.

Wenn das Bild des Yantra klar vor Ihnen steht, lassen Sie das wirkliche Dreieck an die Stelle des abstrakten treten. Das weiche Schamhaar und der Penis beziehungsweise die Vagina verleihen dem yantrischen Bild Leben.

Jeder läßt, die Augen noch immer geschlossen, die Hand nach unten gleiten und leicht das eigene Dreieck berühren. Lassen Sie die Finger die Umrisse des Schamhaars nachfahren, dann Umriß und Gestalt von Penis beziehungsweise Vagina erkunden.

Lassen Sie dann das yantrische Bild auch das zweite Dreieck mit einbeziehen, so daß es jetzt das erste Dreieck berührt und die beiden das Yantra bilden. Jetzt setzen sich beide Begleiter aufrecht, falten die Hände über dem Bauch und öffnen die Augen.

Führers, dafür zu sorgen, daß alle Mitglieder des Kreises über das Wesen der Zeremonie aufgeklärt sind und der Partnerschaft zustimmen.

Der Tantra-Kreis besteht im allgemeinen aus Paaren unterschiedlichen Geschlechts, deren Partner entweder verheiratet sind oder sich sonst sehr nahestehen. Wenn das der Fall ist, sollten diese Paare die Rituale gemeinsam ausüben, so wie sie die Paar-Rituale vollziehen würden.

Eins sollte jedoch unmißverständlich klar sein: Wenn die Paare sich öffnen, um weitere Begleiter aufzunehmen, wird jedes Mitglied des Kreises im erweiterten Paar akzeptiert. Wenn damit zu rechnen ist, daß das Paar sich öffnet – in der Zeremonie der fünften Nacht –, ist natürlich längst völlige Vertrautheit mit jedem Mitglied des Kreises hergestellt, und jedes Mitglied ist jedem willkommen.

Ist die Zahl der Mitglieder des Kreises ungerade, sollte sich der Begleiter, der dem Führer bei der Demonstration geholfen hat, wieder in den Kreis einordnen und das unvollständige Paar ergänzen.

Hat der Führer keinen ständigen Partner, bleibt er allein im Zentrum des Kreises, nachdem der Begleiter, der bei der Demonstration geholfen hat, zu seinem Begleiter zurückgekehrt ist. Ist die Zahl der Begleiter jedoch ungerade, reiht sich der Führer in den Kreis ein und ergänzt das unvollständige Paar. Es soll noch einmal gesagt werden, daß Tantra Platz für alle hat. So kann es sein, daß die Partner des einen oder anderen Paares das gleiche Geschlecht haben oder sich vor der Zusammenkunft des Kreises nicht gekannt haben. Die Kraft des Tantra-Kreises überwindet alle Bedenken, die ein Mitglied vielleicht hat, denn gemeinsam an der Kraft des Kreises teilzuhaben bringt vielfachen Lohn und sollte nicht leichthin abgetan werden. Tantra ist nichts für einschränkende Verhaltensweisen oder Geistesverfassungen. Tantra bedeutet Erweiterung, bedeutet das Strömen gewaltiger Energien, die in jedem ruhen und sich durch die Vielen zum unendlichen Einen entfalten.

Tantra ist das Erkennen.

Jeder Begleiter öffnet sein Gewand und läßt es zu Boden gleiten.

Das Ritual der Begleiter

Der Führer und der Begleiter bleiben in der Mitte des Kreises, um das Ritual auszuführen. Von dieser Position kann der Führer sowohl das Ritual vollziehen wie auch die Ausübung der Begleiter verfolgen und lenkend eingreifen, wenn das notwendig ist.

Der Führer spricht das Mantra der Wahrnehmung.

Die Begleiter wiederholen es.

Die Begleiter schließen die Augen und berühren mit den Zeigefingern langsam die Stirn.

Sie wiederholen das Mantra der Wahrnehmung.

Die Begleiter fahren mit den Zeigefingern von der Stirn nach unten über die Nasenspitze und lassen sie auf den Lippen ruhen.

Sie wiederholen das Mantra der Wahrnehmung und legen dann die Hände wieder in den Schoß.

Die Begleiter wiederholen diesen Prozeß, spüren aber diesmal nur das eigene Gesicht, als wären die Finger, die sie berühren, nicht ihre eigenen.

Sie wiederholen das Mantra der Wahrnehmung und vollführen das Ritual erneut. Diesmal gehören die Finger den Begleitern, aber das Gesicht ist das eines anderen. Lassen Sie die Finger das Gesicht erkunden. Lassen Sie die Finger die Augen sein, die unter die Oberfläche blicken und noch tiefer.

Ist dieses Ritual beendet, falten die Begleiter die Hände im Schoß und sitzen ruhig und mit geschlossenen Augen da.

Wenn der Führer sieht, daß alle Begleiter die Hände im Schoß liegen haben, sagt er:

DU SOLLST DEN KÖRPER
DES ANDEREN
WIE DEINEN EIGENEN BETRACHTEN.

Die Begleiter öffnen die Augen, wenden sich dann, noch immer sitzend, dem Begleiter zu, mit dem sie das Ritual vollziehen.

Die Auswahl des Partners für diese Rituale sollte nicht der zufälligen Sitzordnung im Kreis überlassen werden. Sie sollte bereits vor der ersten Zeremonie erfolgt sein. Es ist Aufgabe des

Das Ritual des Erkennens

Demonstration

Der Führer und der Begleiter, der als Hilfe für diese Demonstration ausgewählt worden ist, erheben sich und gehen in die Mitte des Kreises, wo sie sich, einander zugewandt, hinsetzen.

Je nach Anzahl der Begleiter des Kreises bleiben die Begleiter entweder dort, wo sie sitzen, oder rücken etwas nach hinten, damit mehr Platz für die Demonstration ist.

Der Führer hat den Begleiter, der ihm bei der Demonstration helfen möchte, bereits vor Beginn der ersten Zeremonie ausgewählt. Jede Einzelheit der Zeremonie ist besprochen und vielleicht auch geprobt worden, denn wahrscheinlich ist der Begleiter der Ehepartner des Führers oder eine sonst sehr nahestehende Person, und es ist durchaus denkbar, daß die beiden schon des längeren die Paar-Rituale ausüben. Vertrautheit führt aber, wie beim Tantra generell, nicht zu einer Abnahme des Interesses oder des Verlangens, sondern erhöht die Fähigkeit, sexuelle Energie zu erzeugen und die notwendige Kontrolle auszuüben.

Der Führer und der Begleiter führen das Ritual vor, das die anderen Begleiter dann vollziehen. Der Führer ruft dann das Bild des bei der Zeremonie gebrauchten Yantra in die Erinnerung zurück. Das kann dadurch geschehen, daß das gegenständliche Bild dem Kreis noch einmal gezeigt wird, oder dadurch, daß die Form und die Bedeutung lediglich mit Worten wiedergegeben werden.

Wenn der Führer der Meinung ist, daß alle Begleiter bereit sind, mit dem Ritual zu beginnen, wiederholt er die Worte des Willkommens:

DIESE NACHT IST DIE ZWEITE NACHT VON
SIEBEN,
DIE NACHT DES ERKENNENS,
DIE NACHT DER ZWEI,
DIE ZUM KREIS WERDEN.

verwendet wird, es sollte mit der symbolischen Bedeutung der Zeremonie übereinstimmen. Der Führer sollte erklären, daß das Symbol des Weiblichen – das mit der Spitze nach unten weisende Dreieck – und das Symbol des Männlichen – das mit der Spitze nach oben weisende Dreieck – sich nur berühren, was den Anfang der Vereinigung der zwei symbolisiert. Die zwei befinden sich innerhalb des Kreises.

Der Führer beantwortet alle Fragen, die eventuell gestellt werden, und entfernt dann das Yantra wieder.

Yantra für die Zeremonie der zweiten Nacht

Mantras und Yantra für die zweite Nacht

Der Führer stellt die Mantras, die bei den Ritualen verwendet werden, mit diesen Worten vor:

> DIESE MANTRAS WERDEN DIE LAUTE SEIN,
> DIE UNS FÜHREN WERDEN:
> DAS MANTRA DER WAHRNEHMUNG:
> OMMM AHDI OMMM
> DAS MANTRA DER KONTROLLE:
> PAHHH SAHHH O-MAHMMM
> DAS MANTRA DES ÜBERGANGS:
> OMMM DAHHH AHH
> DAS MANTRA DER KANALISIERUNG:
> AHH NAHH YAHH TAUNN

Die Begleiter wiederholen jedes Mantra. Da diese Mantras sowohl bei den beiden grundlegenden Ritualen (ausgenommen das Mantra des Übergangs) wie auch bei der ersten Zeremonie vorkommen, dürfte es nicht schwerfallen, sie sich einzuprägen. Das Aufsagen dient hier lediglich dem Zweck, die Mantras noch einmal ins Bewußtsein zu rufen, damit man sich während des Rituals besser an sie erinnert.

Der Führer beantwortet alle Fragen, die eventuell gestellt werden, und stellt dann das Yantra mit folgenden Worten vor:

> DIESES YANTRA ZEIGT DIE VEREINIGUNG
> DER ZWEI,
> DIE DER ANFANG IST
> VOM ERKENNEN DES KREISES.

Dann stellt der Führer das Yantra in die Mitte des Kreises. Dieses Yantra kann ein Abbild des Yantra sein, wie es in den *Erläuterungen* am Ende dieses Buches beschrieben ist, es kann aber auch eine eigene Erfindung des Führers sein. Gleichgültig, welches Yantra

DIESE NACHT IST DIE ZWEITE NACHT VON
SIEBEN,
DIE NACHT DES ERKENNENS.
DIE NACHT DER ZWEI,
DIE ZUM KREIS WERDEN.

Das sich anschließende Ritual läuft genau wie in der ersten Nacht
ab.

Die Worte des Tantra für die zweite Nacht lauten:

KEINEN GEHEIMEN TEIL VON EUCH
SOLLT IHR VOREINANDER VERBERGEN.
IHR SOLLT DEN KÖRPER DES ANDEREN
BETRACHTEN
WIE EUREN EIGENEN.
DIE LUST DES ANDEREN BETRACHTEN
WIE EURE EIGENE.
TEILT AUCH DEN KLEINSTEN TEIL VON EUCH.
DARIN LIEGEN DIE FREUDEN
UND DIE KRÄFTE, DIE EUER SEIN KÖNNEN.

Der Führer interpretiert die Bedeutung dieser Worte dahingehend, daß die Kräfte des Kreises nur durch die Vereinigung der
Mitglieder mobilisiert werden können. Der erste Schritt dieser
Vereinigung besteht darin, daß zwei Menschen den Körper des
anderen genauestens kennenlernen. Und durch das Kennenlernen
des Körpers lernt man den Geist kennen, und durch den Geist das
Herz, und durch das Herz Alles. Machte die erste Zeremonie mit
dem Anfang bekannt, geschieht es bei der zweiten Zeremonie zum
erstenmal, daß sie ihr Augenmerk vom eigenen Körper und der
eigenen Lust weg und nach außen wenden. Sie schenken einem
anderen Lust und empfangen Lust von anderen, und über diese
Lust kommen sie zu einem intensiveren Kanalisieren, als es bei der
ersten Zeremonie möglich war.

Worte und Symbole für die zweite Nacht

Der Führer spricht die tantrischen Worte:

AM ANFANG WAR EINER.
DANN WAREN ZWEI.
UND DIE ZWEI WAREN VIELE.
UND DIE VIELEN WURDEN ZUM EINEN.

Die Begleiter verharren schweigend.
  Der Führer spricht die tantrischen Worte:

JEDER VON UNS KOMMT ALS EINER.
WIR WERDEN ZUM KREIS.
DER KREIS SIND DIE VIELEN.
DER KREIS IST DER EINE.

Die Begleiter verharren schweigend.
  Der Führer hebt das Glas.
  Die Begleiter heben ihr Glas.
  Dann sagt der Führer:

BLAU IST DER HIMMEL,
UND DER HIMMEL STEIGT EMPOR ZUR SONNE
UND ÜBER DIE SONNE HINAUS
ZUM UNENDLICHEN LICHT.

(Beim abgeänderten Farbprogramm ist die Farbe Rot. Der Führer
sagt:

ROT IST DIE MORGENDÄMMERUNG
DIE LICHT AM HIMMEL VERBREITET
UND ÜBER DIE SONNE HINAUS
ZUM UNENDLICHEN LICHT)

Die zweite Nacht

Das Vorbereiten des Zentrums

Die Farbe der zweiten Zeremonie ist Blau. Wird das abgeänderte Farbprogramm verwendet, ist die Farbe Rot. Die Vorbereitungen entsprechen denen der ersten Nacht.

Das klare Glasgefäß in der Mitte des Tischchens enthält blaues Wasser. Wird das abgeänderte Farbprogramm verwendet, sollte das Wasser rot sein. Die Blüte in dem Glasgefäß ist blau, beim abgeänderten Farbprogramm rot.

Auch die Kerzen sind blau beziehungsweise rot beim abgeänderten Farbprogramm.

Die während des Willkommens gereichten Speisen sind symbolisch. Bei der zweiten Zeremonie stellt die Farbe Blau den Himmel dar. Sie symbolisiert das Ziel des Kreises, zur letzten Quelle der Energie und Kraft emporzusteigen.

Schon vor der Ankunft der Begleiter sollten einige blaue Früchte, etwa Heidelbeeren oder Pflaumen, auf die einzelnen Teller einschließlich den des Führers gelegt werden. In die Gläser wird zur gleichen Zeit blauer Likör gegossen, beispielsweise blauer Curaçao.

Wird das abgeänderte Farbprogramm verwendet, sollten die Früchte rot sein, etwa Kirschen oder Äpfel, und anstelle des Likörs sollte man Rotwein nehmen. Wird Wein gereicht, sind die Likör- durch Weingläser zu ersetzen.

Das Rot symbolisiert die Farbe der Morgendämmerung, wenn sich am Horizont das erste Licht zeigt, das sich dann über den ganzen Himmel ausbreitet.

Da die Speisen für das Fest keine symbolische Bedeutung haben und nur zur Feier des Festes dienen, gibt es für die Vorbereitung kein Farbprogramm.

Die Gewänder sollten blau sein, beim abgeänderten Farbprogramm rot oder weiß. Das Gewand, das der Führer trägt, ist bei allen Zeremonien weiß.

Die Begleiter wiederholen das Mantra des Übergangs. Der Führer löscht seine Kerze, erhebt sich dann und geht zur Tür am Eingang, wo er auch schon stand, als die Begleiter eintrafen und er sie begrüßte. Es wird nicht gesprochen.

Wenn jeder Begleiter für sich das Gefühl hat, daß es Zeit ist zu gehen, löscht er seine Kerze, steht auf, geht in den Raum, wo seine Sachen liegen, schlüpft in die Straßenkleidung und begibt sich zur Tür am Eingang. Der Führer öffnet dem scheidenden Begleiter die Tür, sagt aber nichts.

Falls es noch etwas zwischen dem Führer und einem Begleiter zu besprechen gibt, kann der Begleiter sitzen bleiben, bis alle anderen gegangen sind. Dann können beide offen miteinander reden. Falls ein Begleiter dem Führer an der Tür noch etwas sagen will, kann er das zwar tun, doch der schweigende Aufbruch bezweckt, jedes Mitglied des Kreises noch einmal die ganze Kraft der Zeremonie erleben zu lassen, ohne daß oberflächliche Reden und nichtssagende Abschiedsfloskeln sie verwässern.

Die Begleiter gehen.

Der Kreis besteht nicht mehr, bis er sich bei der nächsten Zeremonie neu bildet.

Der Führer trinkt aus dem Glas und gibt es dann an den Begleiter zur Linken weiter.

Der Begleiter zur Linken des Führers nimmt das Glas und wiederholt die Worte des Führers. Dann trinkt der Begleiter aus dem Glas und gibt es an den Begleiter zu seiner Linken weiter. Dieser Begleiter wiederholt seinerseits die Worte, trinkt und reicht das Glas weiter. Der letzte Begleiter – der Begleiter zur Rechten des Führers – wiederholt die Worte, leert das Glas und reicht das Glas dem Führer.

Der Führer nimmt das leere Glas, gießt aus der Karaffe nach und sagt:

WIR FEIERN DIE ERSTE ZEREMONIE DES KREISES.

Das Feiern beginnt. Jetzt darf geredet und gelacht werden, denn der Kreis ist vereint, das Verstärken der sexuellen Energie ist verwirklicht und das Kanalisieren der gewaltigen Kraft der Vielen erreicht worden. Ist das Fest zu Ende, räumt der Führer das Geschirr ab und bringt eine Schüssel mit warmem, parfümiertem Wasser und ein sauberes Handtuch, die der Reihe nach an die Begleiter weitergereicht werden.

Wenn alle Begleiter Hände und Mund gewaschen und abgetrocknet haben, trägt der Führer Schüssel und Handtuch fort und gesellt sich wieder zum Kreis.

Kontemplation und Abschied

Die Begleiter kehren zur Stille zurück. Jeder sollte diese Augenblicke nutzen, um noch einmal das Sichbilden des Kreises, die Erzeugung der Energie und das Kanalisieren der großen Kraft an sich vorbeiziehen zu lassen.

Wenn der Führer merkt, daß alle Begleiter bereit sind, spricht er laut das Mantra des Übergangs. Diesmal soll das Mantra des Übergangs ein Weg für den Begleiter sein, auf dem er den Kreis verläßt und wieder in die Welt draußen hinaustritt.

zusammen mit dem Führer. Der Führer verharrt einige Augenblicke in völliger Ruhe, gibt die Hände frei und legt sein Gewand an. Die Begleiter geben ebenfalls die Hände frei und legen ihre Gewänder an.

Das Fest

Die Mitglieder des Kreises sitzen schweigend da. Ungeachtet der Tatsache, daß ihre Hände nicht mehr miteinander vereint sind, sollten sie das Gefühl des Kreises und seiner Einheit in sich bewahren und dieses Verhältnis nicht übereilt auflösen.

Wenn der Führer spürt, daß die Kraft der Energie abgeklungen ist und die Begleiter sich allmählich entspannen, erhebt er sich.

Auch die Begleiter, die noch immer schweigen, stehen auf. Sie gehen zu dem Tischchen und stellen es zurück in die Mitte des Raums. Sie tragen ihre Kerzen wieder zum Tischchen und setzen sich an ihre alten Plätze.

Der Führer stellt das Gefäß mit der Blüte mitten auf das Tischchen zurück, dann die Kerze. Er stellt die Hintergrundmusik wieder an und zündet die Kerzen an, wenn gewünscht wird, das Fest bei Kerzenlicht zu feiern. Dann reicht der Führer die Speisen und den Wein.

Die erste Zeremonie schreibt vor, daß die Speisen auf einzelnen Tellern gereicht werden und jeder Begleiter sein eigenes Glas hat.

Die Begleiter schweigen, wenn die Speisen und der Wein gereicht werden. Dies ist die Zeit, die ungeheuer starke Kraft der in der Gruppe zusammengeströmten Energie abklingen zu lassen. Es ist die Zeit, sich zu entspannen.

Dies ist die Zeit, den Kreis zu feiern.

Wenn alle Begleiter Speisen und Getränk vor sich stehen haben, gesellt sich der Führer wieder zum Kreis. Er sagt:

DER KREIS IST FREUDE,
DER KREIS IST VERSTÄNDNIS,
DER KREIS IST KRAFT.

Vielleicht verspüren sie auch den Wunsch, das Mantra der Kontrolle zu sprechen.

Sobald die Begleiter den Kreis neu gebildet haben, nimmt der Führer seinen Platz im Kreis ein. Laut spricht er das Mantra der Kanalisierung:

AHH NAHH YAHH TAUNNN

Der Führer vereinigt seine Hände mit denen der Begleiter rechts und links von ihm.

Der Führer fängt an, leise das Mantra der Kanalisierung zu wiederholen.

Die Begleiter schließen sich dem Führer an und wiederholen ebenfalls das Mantra der Kanalisierung. Alle Mitglieder des Kreises, Begleiter wie Führer, lassen die angesammelte Energie durch den Körper strömen und lenken sie in die gewünschte Richtung. Wie schon erwähnt, kann diese Energie kanalisiert werden, um ein bestimmtes Problem zu lösen. Sie kann aber auch dazu benutzt werden, das Ziel eines Paares oder der ganzen Gruppe zu verwirklichen. Aber unabhängig vom Ziel muß jedes Mitglied des Kreises diese Kanalisierung kontrollieren. Daher muß jeder die Methoden des Mantras der Kontrolle, des Mantras der Kanalisierung und gleichzeitig die yantrischen Bilder einsetzen, um die notwendige Kontrolle ausüben zu können. Es ist jetzt ohne weiteres verständlich, warum alle Mitglieder der Gruppe sich vor der Teilnahme an einem Tantra-Kreis in tantrischen Ritualen geübt haben sollten. Je besser die einzelnen Mitglieder des Kreises in der Lage sind, die Energie des Kreises als Ganzem zu kontrollieren und zu kanalisieren, desto größer ist die verfügbare Kraft. Wenn der Führer merkt, daß alle an der Woge der vom Kreis erzeugten Energie teilgehabt haben und daß jedes Mitglied diese Energie in eine individuelle Verwendung gelenkt hat, spricht der Führer laut das Mantra des Übergangs. Die Begleiter wiederholen es zusammen mit dem Führer.

Hat der Führer das Mantra des Übergangs sechsmal wiederholt, spricht er das Mantra der Kontrolle. Die Begleiter wiederholen es

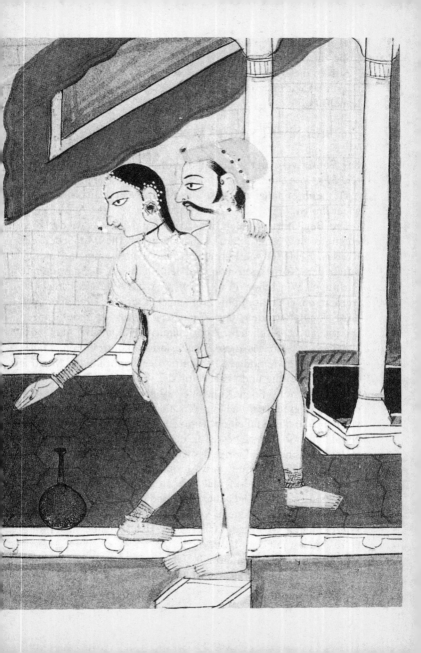

Es muß daran erinnert werden, daß der Führer auch ein Begleiter ist und am Kanalisieren der Gruppe teilhat. Er sollte daher die gleichen Rituale wie die übrigen Begleiter vollziehen, um den Punkt höchster Erregung zur gleichen Zeit zu erreichen wie die anderen Mitglieder des Kreises.

Der Führer ist höchstwahrscheinlich in den Ritualen des Tantra bestens bewandert und wird daher vielleicht nicht alle Phasen des Rituals durchlaufen müssen, um zum Punkt höchster Erregung zu kommen. In diesem Fall ist jede Methode des Führers annehmbar, solange nur der Augenblick höchster Erregung mit dem der übrigen Mitglieder des Kreises zusammenfällt.

Der Kreis der Kraft

Wenn der Führer spürt, daß die Gruppe den Punkt höchster sexueller Erregung erreicht hat, sollte er anfangen, das Mantra des Übergangs zu sprechen:

OMMM DAHHH AHH

Das ist das Zeichen für die Begleiter, durch das Vereinen der Hände den Kreis neu zu bilden. Wann genau der einzelne Begleiter mit seinen Aktionen aufhört und die Hände seinen Begleitern rechts und links entgegenstreckt, liegt ganz bei ihm, aber der Grund für das Bestehen des Kreises ist der, die Ansammlung sexueller Energie gemeinsam mit der ganzen Gruppe zu erleben und durch dieses gemeinsame Erleben die Kräfte des Einzelnen unendlich zu steigern. Im Tantra-Kreis ist kein Platz für diejenigen, die diese Energie aus selbstsüchtigen Gründen zurückhalten.

Die Begleiter setzen sich aufrecht, vereinigen wie zuvor die Hände – die rechte Handfläche nach oben, die linke nach unten gehalten – und bilden so den neuen Kreis.

Wenn die Begleiter ihre Hände vereint haben, schließen sie die Augen und wiederholen still für sich das Mantra des Übergangs.

zügeln der Kreis gebildet wurde.

Wenn der Begleiter unmittelbar vor dem Orgasmus steht, sollte er sich aufrichten und laut das Mantra der Kontrolle sprechen. Er soll nicht zulassen, daß der Orgasmus eintritt, soll aber auch nicht zulassen, daß die Energie, die er erzeugt hat, erkaltet und verlorengeht. Wenn sich das abzeichnet, bevor der Kreis sich neu ordnet und mit dem Kanalisieren beginnt, sollte sich der Begleiter wieder hinlegen und das Masturbieren wieder aufnehmen, bis er erneut den höchsten Grad sexueller Erregung erreicht hat.

Dann richtet er sich wieder auf und wiederholt das Mantra der Kontrolle. Dem Führer kommt bei diesen Ritualen eine sehr zurückhaltende Aufgabe zu. Er könnte den gesamten Kreis zwar Schritt für Schritt durch das Ritual führen, aber das würde alle Begleiter zwingen, das gleiche Tempo zu beachten, was vielen schwerfallen dürfte und Spannungen hervorrufen könnte, was abträglich wäre.

Daher ist es ratsam, daß der Führer die Begleiter beobachtet und denen hilft, denen der Ablauf des Rituals ins Gedächtnis zurückgerufen werden muß oder die Schwierigkeiten haben, ihn einzuhalten. Sobald der Führer spürt, daß sich die sexuelle Energie aufbaut, beginnt er leise, aber deutlich das Mantra der Kontrolle zu sprechen.

Die Begleiter wiederholen das Mantra der Kontrolle, wenn sie sich dem Orgasmus nähern. Bevor sie ihn erreichen, brechen sie jede Betätigung ab, wiederholen laut das Mantra der Kontrolle und schreiben das Mantra der Kontrolle auf die schwarze leere Fläche des Yantra.

Sobald sich die Begleiter dem Orgasmus nähern, sollte der Führer diejenigen anspornen, die noch nicht soweit sind, und mit denen gemeinsam das Mantra der Kontrolle sprechen, die diesen Punkt zu früh erreicht haben. Das Ziel des Führers ist es, der Gruppe dabei zu helfen, gleichzeitig zum Punkt höchster sexueller Energie zu gelangen. Das erscheint vielleicht unmöglich, doch sollte alles versucht werden, diesem Ziel so nah zu kommen, wie die Gruppe dies vermag. Mit Geduld und Kontrolle ist das machbar.

den Oberkörper nach hinten auf den Boden legen. Der Begleiter liegt nun auf dem Rücken, den Kopf vom Kreis weg, die Füße auf sein Zentrum weisend.

Schließen Sie die Augen.

Lassen Sie vor Ihrem geistigen Auge den schwarzen Hintergrund des Yantra erscheinen. Nur das Schwarz soll vorherrschen, ohne das Symbol. Sprechen Sie das Mantra der Wahrnehmung. Lassen Sie mitten auf dem schwarzen Hintergrund des Yantra einen einzelnen leuchtenden Punkt erscheinen. Lassen Sie ihn anfangen sich zu drehen, eine Spirale zu beschreiben. Lassen Sie die Spirale größer werden und sich langsam drehen. Spüren Sie die sich ansammelnde Energie innerhalb der Spirale. Empfinden Sie, wie sie sich befreien will.

Führen Sie beide Hände nach unten zur Basis des Penis. Umschließen Sie den Penis mit Daumen und Fingern. Sprechen Sie das Mantra der Wahrnehmung. Daumen und Finger, die den Penis umfassen, werden den Schaft entlang über die Eichel nach oben gezogen.

Sofort kehren Daumen und Finger zur Basis des Penis zurück, umschließen ihn unter leichtem Druck und werden wieder den Schaft entlang bis zur Spitze nach oben gezogen und vom Penis weggeführt.

Sprechen Sie zweimal das Mantra der Wahrnehmung. Sprechen Sie das Mantra der Kontrolle.

Beginnen Sie, langsam eine Hand oder beide den Schaft des Penis hinauf- und hinabgleiten zu lassen. Bringen Sie das Yantra der wachsenden Spirale zur Entfaltung. Lassen Sie die Finger und den Penis die Energie freisetzen, welche die Spirale in ihrer Bewegung vorwärts treibt.

Beginnen Sie, das Mantra der Kontrolle zu wiederholen. Schaffen Sie ein Gleichgewicht zwischen dem Aufladen der Spirale mit Energie und der Kontrolle des Orgasmus. Wenn man spürt, daß der Orgasmus unmittelbar bevorsteht, das Mantra der Kontrolle sprechen und die erforderlichen Techniken anwenden, die bei den grundlegenden Ritualen eingesetzt wurden, um den Orgasmus zu verhindern. Der Orgasmus verschwendet die Energie, die zu

Dann festigt er im Geist das Yantra der Spirale und konzentriert sich ganz darauf, diese gebündelte Energie zu erreichen und sie tief in sich freizusetzen. Dazu muß er sich bis an den Rand des Orgasmus bringen, darf ihn aber nicht überschreiten und zulassen, daß die Energie vergeudet wird und für den Kreis verloren ist.

Zweimal das Mantra der Wahrnehmung sprechen.

Zweimal das Mantra der Kontrolle sprechen.

Die Hände werden vom Bauch zur Stirn geführt, und beide Zeigefinger berühren die Stirn. Dabei wird das Mantra der Wahrnehmung gesprochen.

Mit den Zeigefingern auf der Stirn nach außen fahren, seitlich der Augen nach unten und zur Nasenspitze, wo sie sich wieder treffen. Nochmals das Mantra der Wahrnehmung sprechen.

Fahren Sie mit den Zeigefingern nach unten bis zur Mitte der Lippen und führen Sie sie dann sanft jeweils nach rechts und links zu den Mundwinkeln. Das Mantra der Wahrnehmung sprechen.

Beide Hände werden wieder zurück auf den Bauch gelegt.

Halten Sie einige Augenblicke inne.

Führen Sie beide Hände an die Brust. Nehmen Sie die beiden Brustwarzen zwischen Daumen und Zeigefinger, reiben Sie sie leicht und erzeugen Sie dadurch ein stimulierendes, angenehmes Gefühl. Sprechen Sie zwei Mantras der Wahrnehmung.

Beide Hände wieder zurück auf den Bauch legen.

Konzentrieren Sie sich auf das Yantra der Spirale und spüren Sie, wie es anfängt, sich mit Leben zu füllen. Es beginnt zu glühen vor Hitze, denn die Wärme der Erregung dringt immer tiefer vor.

Lassen Sie beide Hände über den Bauch nach unten gleiten und die Fingerspitzen auf beiden Seiten der Penisbasis zur Ruhe kommen. Sprechen Sie zweimal das Mantra der Wahrnehmung. Die Zeigefinger unten um den Penis schließen. Verengen Sie den Kreis der Finger. Wiederholen Sie dabei das Mantra der Wahrnehmung und lassen Sie im Geist das Yantra der Spirale erscheinen.

Die Hände entspannen und wieder zum Bauch führen. Das Bild der Spirale sollte sich allmählich mit Energie aufladen.

Die gekreuzten Beine ausstrecken (vorausgesetzt, Sie haben bisher in dieser Haltung gesessen), die Füße leicht spreizen und

Die männlichen Begleiter

Die männlichen Begleiter vollziehen das Ritual folgendermaßen:

Man führt die linke Hand zur rechten Brust, konzentriert sich auf die Brustwarze und übt genügend Druck aus, um eine angenehme Empfindung hervorzurufen. Bei fast allen Männern versteifen sich die Brustwarzen wie bei den Frauen. Das Mantra der Wahrnehmung wird zweimal leise wiederholt. Die linke Hand neben dem Körper ruhen lassen. Jetzt führen Sie die rechte Hand zur linken Brust. Die linke Brust leicht streicheln und zweimal das Mantra der Wahrnehmung wiederholen.

Die rechte Hand neben dem Körper ruhen lassen. Dann die linke und rechte Hand zusammenführen und falten, so daß sie auf dem Bauch liegen. Sprechen Sie das Mantra der Wahrnehmung, lösen Sie langsam die Hände und fahren Sie mit ihnen über den Bauch durch das Schamhaar zur Basis des Penis. Die Hände sollten dabei soviel Druck ausüben, daß Sie die Berührung deutlich spüren.

Umfassen Sie jetzt den Penis an der Basis mit Daumen und Zeigefinger. Während Sie das Mantra der Wahrnehmung sprechen, verengen Sie den Kreis der Finger.

Nun werden beide Hände vom Penis genommen, ohne daß dabei die Eichel berührt wird. Beide Hände neben dem Körper ruhen lassen.

Schließen Sie die Augen.

Wiederholen Sie die erste Phase des Rituals, doch stellen Sie sich diesmal vor, daß die Hände, die Sie berühren, andere Hände sind. Stellen Sie sich vor, es seien die Hände des Kreises. Stellen Sie sich vor, daß der Einzelne innerhalb des Körpers ist, während die Berührung von außen kommt.

Wiederholen Sie diese Phase des Rituals, doch gehören die Hände jetzt dem Einzelnen, und der Körper gehört dem Kreis.

Wiederholen Sie bei jedem Schritt des Rituals das Mantra der Wahrnehmung.

Die Hände werden dann wieder auf den Bauch gelegt, und der Begleiter sitzt einige Augenblicke ruhig da.

den Punkt erscheinen. Lassen Sie ihn anfangen sich zu drehen. Lassen Sie ihn anfangen, eine Spirale zu beschreiben. Lassen Sie die Spirale größer werden und sich langsam drehen. Spüren Sie die sich ansammelnde Energie innerhalb der Spirale. Empfinden Sie, wie sie sich befreien will.

Führen Sie beide Hände nach unten zur Vagina. Die Daumen öffnen die Lippen, und die Finger drücken gegen die Klitoris. Sprechen Sie das Mantra der Wahrnehmung.

Beginnen Sie, mit beiden Fingern langsam die Klitoris zu stimulieren. Bringen Sie das Yantra der wachsenden Spirale zur Entfaltung. Lassen Sie die Empfindung der Finger und der Vagina die Energie freisetzen, die die Spirale in ihrer Bewegung vorwärts treibt.

Beginnen Sie damit, das Mantra der Kontrolle zu sprechen. Schaffen Sie ein Gleichgewicht zwischen dem Aufladen der Spirale mit Energie und der Kontrolle des Orgasmus. Wenn man spürt, daß der Orgasmus unmittelbar bevorsteht, das Mantra der Kontrolle sprechen und die erforderlichen Techniken anwenden, die bei den grundlegenden Ritualen angewandt wurden, um den Orgasmus zu verhindern. Der Orgasmus vergeudet die Energie, die zu zügeln der Kreis gebildet wurde.

Wenn die Begleiterin unmittelbar vor dem Orgasmus steht, sollte sie sich aufrichten und laut das Mantra der Kontrolle sprechen. Sie soll nicht zulassen, daß der Orgasmus eintritt, soll aber auch nicht zulassen, daß die Energie, die sie erzeugt hat, erkaltet und verlorengeht. Wenn sich das abzeichnet, bevor der Kreis sich neu ordnet und mit dem Kanalisieren beginnt, sollte sich die Begleiterin wieder hinlegen und das Masturbieren wieder aufnehmen, bis sie erneut den höchsten Grad sexueller Erregung erreicht hat.

Dann richtet sie sich wieder auf und wiederholt das Mantra der Kontrolle.

spitze, wo sie sich wieder treffen. Das Mantra der Wahrnehmung sprechen.

Mit den Fingern nach unten bis zur Mitte der Lippen fahren und sie dann sanft nach außen zu den Mundwinkeln führen. Das Mantra der Wahrnehmung sprechen.

Beide Hände werden wieder zurück auf den Bauch gelegt.

Man hält einige Augenblicke inne.

Dann führt man beide Hände an die Brüste. Die Finger sanft über die Brüste nach oben gleiten lassen, bis sie die Brustwarzen erreichen. Die Brustwarzen umkreisen, bis sie sich aufrichten, und die harten Brustwarzen dann zart zwischen den Fingern reiben. Zweimal das Mantra der Wahrnehmung sprechen. Beide Hände werden wieder zurück auf den Bauch gelegt.

Konzentrieren Sie sich auf das Yantra der Spirale und spüren Sie, wie es anfängt, sich mit Leben zu füllen. Es beginnt zu glühen vor Hitze, denn die Wärme der Erregung dringt immer tiefer vor.

Lassen Sie jetzt beide Hände über den Bauch nach unten gleiten und die Fingerspitzen neben der Öffnung der Vagina zur Ruhe kommen. Die Daumen öffnen die Schamlippen, und die Zeigefinger drücken auf die Klitoris. Es sollten zwei Mantras der Wahrnehmung gesprochen werden, und Sie sollten wieder das Yantra der Spirale sehen.

Die Hände entspannen, damit sich die Schamlippen wieder schließen können.

Die Hände wieder auf den Bauch legen.

Das Bild der Spirale sollte sich allmählich mit Energie aufladen.

Die gekreuzten Beine ausstrecken (vorausgesetzt, Sie haben bisher in dieser Haltung gesessen), die Füße leicht spreizen und den Oberkörper nach hinten auf den Boden legen. Die Begleiterin liegt dann auf dem Rücken, den Kopf vom Kreis weg, die Füße auf sein Zentrum weisend.

Schließen Sie die Augen.

Lassen Sie im Geist den schwarzen Hintergrund des Yantra erscheinen. Nur das Schwarz soll vorherrschen, ohne das Symbol. Sprechen Sie das Mantra der Wahrnehmung. Lassen Sie mitten auf dem schwarzen Hintergrund des Yantra einen einzelnen leuchten-

55

Die rechte Hand neben dem Körper hängen lassen. Dann werden die linke und die rechte Hand zusammengeführt und gefaltet, so daß sie auf dem Bauch liegen.

Man spricht das Mantra der Wahrnehmung, löst langsam die Hände und fährt mit ihnen über den Bauch durch das Schamhaar zur Vagina. Die Hände sollten dabei soviel Druck ausüben, daß man die Berührung deutlich spürt.

Beide Hände werden sanft auf die Schamlippen gedrückt. Dabei wird zweimal das Mantra der Wahrnehmung wiederholt.

Die Hände entspannen und neben dem Körper ruhen lassen. Die Augen schließen.

Die erste Phase des Rituals wird wiederholt, stellen Sie sich jedoch diesmal vor, die Hände, die Sie berühren, wären andere Hände. Es sind die Hände des Kreises. Der Einzelne ist innerhalb des Körpers, aber die Berührung kommt von außen.

Diese Phase des Rituals wird noch einmal wiederholt, doch gehören die Hände jetzt dem Einzelnen, während Brüste, Bauch und Vagina allen Frauen des Kreises gehören. Ihre Brustwarzen sind es, die berührt und gestreichelt werden und sich versteifen. Ihr Bauch ist es, der fest und warm ist. Ihre Vagina ist es, die sich öffnet und weich ist.

Bei jedem Schritt des Rituals wird das Mantra der Wahrnehmung wiederholt.

Dann legt die Begleiterin die Hände wieder auf den Bauch und sitzt einige Augenblicke ruhig da.

Dann festigt sie im Geist das Yantra der Spirale und konzentriert sich ganz darauf, diese gebündelte Energie zu erreichen und sie tief in sich freizusetzen. Dazu muß sie sich bis an den Rand des Orgasmus bringen, darf ihn aber nicht überschreiten und zulassen, daß die Energie vergeudet wird und für den Kreis verloren ist.

Zweimal das Mantra der Wahrnehmung sprechen. Zweimal das Mantra der Kontrolle sprechen.

Die Hände werden vom Bauch zur Stirn geführt, und beide Zeigefinger berühren die Stirn. Dabei wird nochmals das Mantra der Wahrnehmung gesprochen. Mit den Zeigefingern auf der Stirn nach außen fahren, seitlich der Augen nach unten und zur Nasen-

Sie wiederholen das Mantra der Wahrnehmung.

Die Begleiter fahren mit dem Zeigefinger unter der Nase über die Oberlippe, bis er zwischen den geschlossenen Lippen liegt.

Sie wiederholen das Mantra der Wahrnehmung. Die Augen bleiben geschlossen.

Der ganze Prozeß wird wiederholt. Doch diesmal konzentrieren sich die Begleiter auf das Bild ihres Gesichts, wie wenn es in einem Spiegel erschiene, und übertragen die Empfindung vom Zeigefinger direkt auf ihr Gesicht, so als gehörte der Finger einem anderen und nur das Gesicht ihnen.

Ist dieses Ritual beendet, falten die Begleiter die Hände im Schoß und sitzen ruhig da.

Wenn der Führer sieht, daß alle Begleiter die Hände im Schoß liegen haben, sagt er:

ERKENNT DIE ZENTREN EURER LUST.

Die Begleiter öffnen die Augen und legen die Gewänder ab. Sie können die Gewänder einfach lockern und zu Boden gleiten lassen, ohne dabei aufstehen zu müssen. Haben sie allerdings andere Kleidung an, werden sie sich erheben müssen, um sich auszuziehen. Das sollte schnell und ohne Sprechen geschehen. Die Begleiter sitzen wieder mit dem Gesicht zur Mitte des Kreises. Die Augen bleiben offen.

Die weiblichen Begleiter

Die Begleiterinnen vollziehen das Ritual folgendermaßen:

Man führt die linke Hand zur rechten Brust, konzentriert sich auf die Brustwarze und übt genügend Druck aus, um eine angenehme Empfindung hervorzurufen. Die Brustwarze leicht streicheln und ganz bewußt wahrnehmen, wie sie sich versteift. Das Mantra der Wahrnehmung zweimal leise wiederholen.

Die linke Hand neben dem Körper hängen lassen. Jetzt führt man die rechte Hand zur linken Brust. Die linke Brust leicht streicheln und zweimal das Mantra der Wahrnehmung sprechen.

Der Führer beantwortet die Fragen und wiederholt dann die Mantras, die bei der Zeremonie verwendet wurden.

Die Begleiter sprechen dem Führer die Mantras nach. Der Führer ruft das Bild des bei der Zeremonie gebrauchten Yantra in die Erinnerung zurück. Das kann dadurch geschehen, daß das gegenständliche Bild noch einmal hereingebracht wird, um es erneut kurz zu betrachten, oder dadurch, daß die Form und die Bedeutung mit Worten wiedergegeben werden. Wenn der Führer der Meinung ist, daß alle Begleiter bereit sind, mit dem Ritual zu beginnen, wiederholt er die Worte des Willkommens:

DIESE NACHT IST DIE ERSTE NACHT
VON SIEBEN,
DIE NACHT DER WAHRNEHMUNG,
DIE NACHT DES ANFANGS,
DIE NACHT, IN DER JEDER ZUM KREIS WIRD.

Das Ritual der Begleiter

Der Führer geht in die Mitte des Kreises, um dieses Ritual auszuführen. Von dieser Position kann er die Ausübungen der Begleiter verfolgen und lenkend eingreifen, wenn das notwendig ist.

Die Begleiter bleiben sitzen, das Gesicht der Mitte des Kreises zugewandt.

Der Führer spricht das Mantra der Wahrnehmung.

Die Begleiter wiederholen dreimal.

Die Begleiter schließen die Augen und berühren mit dem Zeigefinger ganz langsam die Stirn.

Sie wiederholen das Mantra der Wahrnehmung laut, aber mit sanfter Stimme.

Die Begleiter fahren mit dem Zeigefinger von der Stirn zum Punkt zwischen den geschlossenen Augen. Sie wiederholen das Mantra der Wahrnehmung.

Die Begleiter fahren mit dem Zeigefinger die Nase hinunter bis zur Spitze.

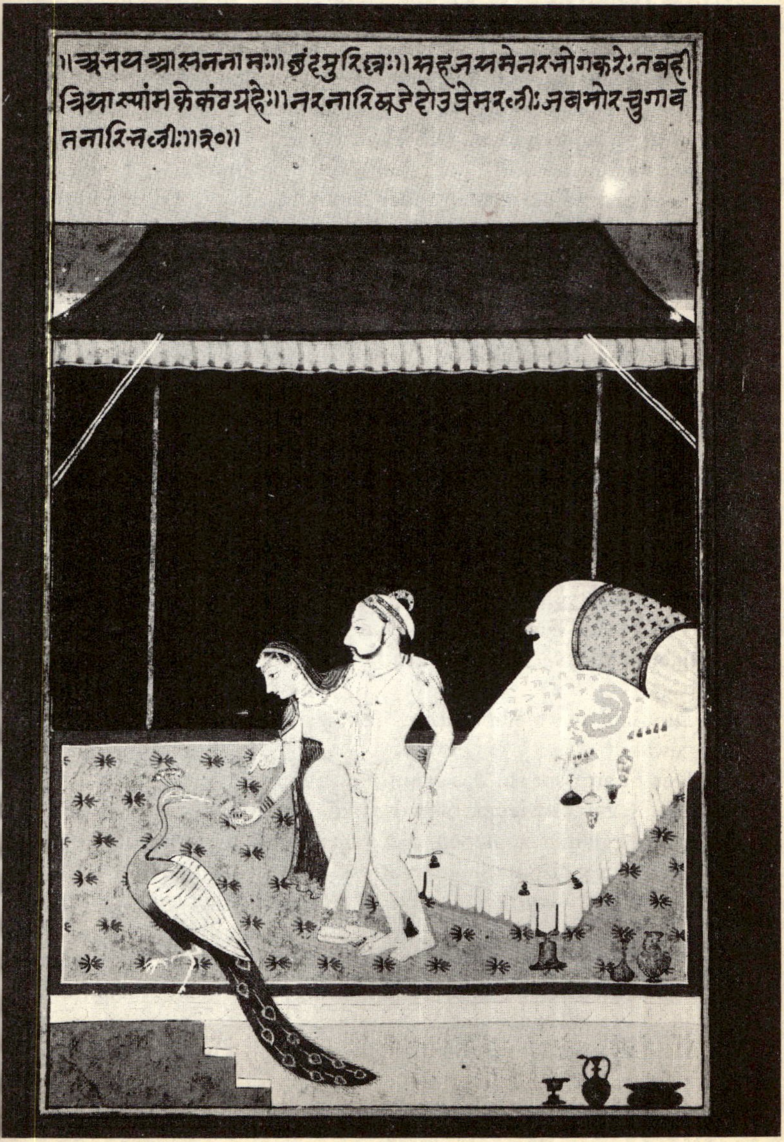

DIESES YANTRA WIRD DER SAMEN
ALLER YANTRISCHEN BILDER SEIN.

Dann stellt der Führer das Yantra in die Mitte des Kreises. Dieses
Yantra kann ein Abbild des Yantra sein, wie es in den *Erläuterungen* am Ende dieses Buches beschrieben ist, es kann aber auch eine
eigene Erfindung des Führers sein. Gleichgültig, welches Yantra
verwendet wird, es muß mit der symbolischen Bedeutung der
Zeremonie übereinstimmen.

Der Führer sollte erklären, daß das Spiralen-Yantra das alte
Symbol der spiraligen Macht des Kosmos ist und auch die stärkste
Kraft im menschlichen Körper. Diese Kraft muß durch die geistigen Kräfte des Einzelnen aktiviert und freigesetzt werden. Wird
diese Kraft geweckt, kann der Einzelne über sich hinauswachsen
und eins mit den Vielen werden.

Die Begleiter sollten das Yantra im Geiste festigen. Dann
können sie Fragen stellen.

Der Führer beantwortet alle Fragen und entfernt dann das
Yantra wieder.

Demonstration

Der Führer sollte die Begleiter anhalten, mit ihren Fragen zu
warten, bis das Ritual vorgeführt worden ist.

Der Führer legt das Gewand ab, indem er es von den Schultern
zu Boden gleiten läßt.

Je nach Anzahl der Begleiter und Größe des Kreises bleiben die
Begleiter entweder dort, wo sie sitzen, oder rücken etwas nach
hinten, damit mehr Platz für die Demonstration ist.

Der Führer führt das Ritual vor, das die Begleiter vollziehen
sollen.

(Man beachte: Die Demonstration des Rituals des Führers ist
identisch mit der des Rituals der Begleiter. Kleinere Ergänzungen
sind bei der Darstellung des Rituals der Begleiter festgehalten.)

Nach einem kurzen Augenblick des Kanalisierens am Ende der
Demonstration erklärt der Führer, daß er bereit ist, Fragen zu
beantworten.

den. Letztere gehen wahrscheinlich gar nicht auf philosophische
Besorgnisse zurück – sie sollten eigentlich in den Gesprächen vor
der Einladung eingehend erörtert werden –, sondern auf die
Ängste und die Nervosität derjenigen, die sich darauf einlassen.
Der Führer sollte alle Fragen kurz beantworten, aber jeden
Versuch verhindern, zu diesem Zeitpunkt eine ausführliche Dis-
kussion zu beginnen. Falls es wirklich Fragen philosophischer Art
gibt, die die Gruppe interessieren, spreche man nach den Ritualen,
während des Festes oder irgendwann später darüber.

Mantras und Yantra

Wenn alle Fragen beantwortet sind, erklärt der Führer die Mantras, die bei den Ritualen verwendet werden, mit diesen Worten:

> DIESE MANTRAS WERDEN DIE LAUTE SEIN,
> DIE UNS FÜHREN WERDEN:
> DAS MANTRA DER WAHRNEHMUNG:
> OMMM AHDI OMMM
> DAS MANTRA DER KONTROLLE:
> PAHHH DAHHH O-MAHMMM
> DAS MANTRA DES ÜBERGANGS:
> OMMM DAHHH AHH
> DAS MANTRA DER KANALISIERUNG:
> AHH NAHH YAHH TAUNNN.

Die Begleiter wiederholen jedes Mantra, bis sie es sich eingeprägt
haben. Selbstverständlich sind diese Mantras identisch mit denen
der grundlegenden Rituale, mit Ausnahme des Mantra des Übergangs, das im Kreis beim Übergang von der Kontrolle zur Kanalisierung helfen soll. Die Begleiter sollten sich diese Mantras nach
Möglichkeit schon einprägen, bevor sie den Zeremonien bei-
wohnen.

Fragen dürfen gestellt werden.

Der Führer beantwortet alle Fragen und stellt dann das Yantra
mit folgenden Worten vor:

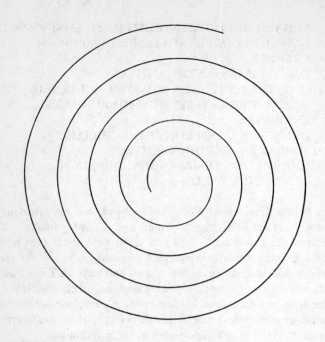

Yantra für die Zeremonie der ersten Nacht

Begleiter sich im voraus mit den Einzelheiten der Zeremonie vertraut gemacht haben. Diese Vertrautheit wird auch die Zahl der Fragen in Grenzen halten. Fragen wird es wahrscheinlich zu den Einzelheiten geben, die bei der Lektüre der Zeremonie nicht verstanden worden sind. Auch wenn jede Zeremonie die Demonstration und das Fragen vorsieht, ist der wichtigste Punkt doch der, daß die Begleiter das Ritual ausführen. Durch dieses Ausüben entfaltet sich der Einzelne, und die Kräfte der Gruppe können genutzt werden.

Es geht durchaus in Ordnung, daß Fragen gestellt werden, doch ausufernde philosophische Diskussionen sollten vermieden wer-

SOBALD IHR DIE ZENTREN EURER LUST KENNT,
KÖNNT IHR DIE LUST BESSER GEMEINSAM
ERLEBEN.
DAS IST DAS GANZE TANTRA,
DASS IHR ERKENNEN MÜSST, WAS IHR SEID,
INDEM IHR EUCH SELBST UND EURE LUST
ERKENNT,
DENN NUR DANN KÖNNT IHR DIE LUST
SCHENKEN, DIE IHR SUCHT,
UND DIE LUST EMPFANGEN, DIE EUCH
GESCHENKT WIRD.

Der Führer deutet diese Worte dahingehend, daß jeder Begleiter
den Kreis in sich selbst beginnen muß. Durch das Verständnis der
Zentren der sexuellen Lust in sich selbst kann diese Lust nach
außen gekehrt werden. Wenngleich alle Mitglieder des Kreises
wahrscheinlich schon zuvor die Allein- und viele auch die Paar-
Rituale praktiziert haben, so besteht doch ein erheblicher Unterschied, ob man diese Rituale allein oder mit einem nahestehenden
Menschen erlebt oder sexuelle Rituale in Gegenwart einer Gruppe
vollzieht, in der einem viele vielleicht völlig fremd sind.

Die Rituale des Tantra-Kreises tragen dieser Situation Rech-
nung, und das Ritual der ersten Nacht soll mögliche Ängste oder
Bedenken bei den Begleitern zerstreuen. Dadurch, daß die sexuellen Rituale der ersten Nacht auf den einzelnen beschränkt sind, hat
jeder Begleiter die Gelegenheit, sexuelle Lust in einer Gruppe zu
erleben, und doch wird nicht erwartet, daß er einem anderen dazu
verhilft. Das muß nicht heißen, daß man nicht wenigstens visuell
gemeinsam Lust erlebt. Es bedeutet nur, daß von keinem Begleiter
verlangt wird, beim Ritual der ersten Nacht sexuell mit einem
anderen zu verkehren.

Die Auslegung der Worte des Tantra läuft also auf die Erkenntnis hinaus, daß jeder Begleiter gelöst und sich der eigenen Sexualität innerhalb der Gruppe bewußt sein muß, bevor er diese Sexualität auf andere ausdehnt.

Die Begleiter können jetzt Fragen stellen. Eigentlich sollte jeder

Rechten aufzunehmen. Die linke Handfläche wird nach unten gehalten, damit sie auf die rechte Hand des Begleiters zur Linken gelegt werden kann.

Die Augen bleiben geschlossen.

Der Führer muß warten, bis aller Hände sich berühren – ihn selbst ausgenommen. Das kann einige Zeit dauern, vor allem bei der ersten Zeremonie, denn die Begleiter haben unterschiedlich starke Streßerlebnisse in der Welt draußen hinter sich, und viele werden bestimmte Vorstellungen hinsichtlich des Kreises selbst haben, die den Übergang von der Spannung zum Frieden doppelt schwermachen.

Selbstverständlich können der Führer und der Kreis nicht unbegrenzt warten. Wenn also ein Begleiter zu lange damit zögert, die Hände auszustrecken, kann der Führer in sanftem Ton sagen: »Der Kreis muß sich jetzt bilden. Bitte reicht euch die Hände.« Das sollte genügen, daß alle Begleiter die Hände ausstrecken. Wenn der Führer sieht, daß sich bis auf seine eigenen die Hände aller Begleiter berühren, ergreift auch er die Hände der rechts und links von ihm Stehenden, und der Kreis ist geschlossen.

Das Ritual der Wahrnehmung

Worte des Tantra

Wenn der Führer bereit ist, mit seinem Ritual zu beginnen, läßt er die Hände, die er hält, los. (Wenn von *dem* Führer oder *dem* Begleiter die Rede ist, kann es sich selbstverständlich auch um eine Frau handeln. Diese Ausdrucksform wurde lediglich aus Gründen der Einfachheit gewählt.)

Wenn die Begleiter rechts und links des Führers spüren, daß ihre Hände losgelassen werden, lassen auch sie die Hände der rechts und links von ihnen Stehenden los. Alle Begleiter tun dies und öffnen die Augen.

Der Führer spricht die folgenden Worte des Tantra:

Die Begleiter erheben sich.

Der Führer nimmt seine Kerze und trägt sie zu einem Tisch an der Seite, wo sie für die Dauer der Rituale bleibt.

Die Begleiter nehmen ihre Kerze und stellen sie auf den Tisch mit der Kerze des Führers.

Der Führer entfernt das Gefäß mit der Blüte vom Tischchen in der Mitte.

Die Begleiter sammeln sich um das Tischchen, heben es hoch und tragen es zum einen Ende des Raums. Liegt in der Mitte des Raums ein Tischtuch, nehmen die Begleiter zunächst ihre Teller und Gläser weg, stellen sie auf den Tisch mit den Kerzen, tragen dann das Tischtuch zum Ende des Raums und breiten es dort wieder auf dem Boden aus.

Der Führer stellt das Gefäß mit der Blüte wieder mitten in den Raum und trägt die Teller und Gläser nach draußen.

Die Begleiter kehren zu ihren Plätzen mitten im Raum zurück und setzen sich wieder. Obwohl das Tischchen nicht mehr an seinem Platz steht, nehmen die Begleiter ihre vorige Stellung wieder ein, als wäre das Tischchen noch da.

Der Führer kommt in den Raum zurück und nimmt seinen alten Platz im Kreis wieder ein.

Der Führer fordert alle auf, die Augen zu schließen, und tut es selbst auch.

Das ist der Augenblick des endgültigen Übergangs von der äußeren Welt des Alltags zur inneren Welt, von der, gelenkt durch Tantra, die Stärke und die Lust ausgehen. Jeder Begleiter sollte die Augen schließen und sich auf den einen Punkt im Unendlichen konzentrieren.

Den Punkt allen Anfangs.

Wenn jeder Begleiter das Gefühl hat, den Zustand erreicht zu haben, wo die äußere Welt weit genug von ihm entfernt ist, und ihn die Empfindung inneren Friedens durchströmt, ist er bereit zum Bilden des Kreises.

Das geschieht durch Ausstrecken der Hände, so daß sie sich mit denen der Begleiter links und rechts treffen. Die rechte Handfläche weist dabei nach oben, um die linke Hand des Begleiters zur

(Beim abgeänderten Programm ist die Farbe Rot. Der Führer sagt dann:

> ROT IST DIE FARBE DES BLUTES DER GEBURT DES UNIVERSUMS etc.)
>
> DIESE NACHT IST DIE ERSTE NACHT
> VON SIEBEN,
> DIE NACHT DER WAHRNEHMUNG,
> DIE NACHT DES ANFANGS,
> DIE NACHT, IN DER JEDER ZUM KREIS WIRD.

Der Führer trinkt.

Die Begleiter trinken.

Der Führer nimmt ein kleines Stück Obst vom Teller und ißt es.

Die Begleiter nehmen von den Früchten auf ihrem Teller und essen.

Die Begleiter und der Führer sollten diesen Teil der Zeremonie dazu benutzen, alle Spannungen, Ängste und Sorgen der Außenwelt abgleiten und sich verflüchtigen zu lassen. Im Einklang mit diesem geistigen Prozeß sollten alle langsam und bedacht essen und trinken und jedes Stück Obst und jeden Schluck als das betrachten und würdigen, was sie sind.

Die verschiedenen Teile der Zeremonie sind zwar dazu bestimmt, den Übergang von der äußeren Welt zu den inneren Welten zu erleichtern, doch liegt es letztlich beim einzelnen Begleiter, alle Gedanken an das Äußerliche abzulegen und sich auf das Innere und den Kreis zu konzentrieren.

Wenn die Speisen und Getränke verzehrt sind, wird das leere Glas auf den leeren Teller gestellt, und alle sitzen ruhig da.

Der Übergang

Wenn der Führer das Gefühl hat, daß die Begleiter einen Punkt erreicht haben, an dem sie nicht mehr mit den Spannungen der Außenwelt ringen, und daß sie sich allmählich einem gewissen inneren Frieden nähern, erhebt er sich.

und die Hektik der Welt draußen abzuschütteln. Vielleicht möchten sie der Musik lauschen, die Flamme ihrer Kerze betrachten und sich dem Duft hingeben, der in der Luft liegt. Das Zentrum ist ein Ort, an dem sie all das finden können, was sie brauchen, um den Alltagsstreß zu besiegen, tief in ihr Selbst zu tauchen, die Quellen der Stärke und Energie zu erkunden und sie sich langsam entwickeln zu lassen, damit sich ein Potential bildet, das größere Kraft und Klarheit und ein tieferes Verständnis schafft. Wenn sich der letzte Begleiter gesetzt hat, stellt der Führer die Hintergrundmusik ab und gesellt sich zur Gruppe. Die Unterhaltung, sofern es eine gegeben hat, sollte abklingen und der Stille weichen. Wenn alle still sind, beginnt der Führer mit dem feierlichen Willkommen.

Das Willkommen

Der Führer wartet, bis alle Mitglieder des Kreises ihre Unterhaltung beendet und sich niedergelassen haben, damit die nächste Phase der Zeremonie beginnen kann, und spricht dann die tantrischen Worte:

AM ANFANG WAR EINER.
DANN WAREN ZWEI.
UND DIE ZWEI WAREN VIELE.
UND DIE VIELEN WURDEN ZUM EINEN.

Die Begleiter verharren schweigend. Der Führer fährt fort:

JEDER VON UNS KOMMT ALS EINER.
WIR WERDEN ZUM KREIS.
DER KREIS SIND DIE VIELEN.
DER KREIS IST DER EINE.

Die Begleiter verharren schweigend.
Der Führer hebt das Glas.
Die Begleiter heben ihr Glas.
Dann sagt der Führer:

GRÜN WIE DIE TIEFEN DER WASSER DES LEBENS.
GRÜN IST DER ANFANG.

grundsätzlich von »Gewand« sprechen), begibt er sich zum Führer, um sich in den Kreis geleiten zu lassen. Selbst wenn man sieht, daß schon andere Begleiter um den Tisch in der Mitte des Zentrums sitzen, sollte man zum Führer gehen, um sich von ihm seinen Platz zeigen zu lassen.

Der Führer bringt den Begleiter also in den Raum, wo die Zeremonie stattfinden soll, und zeigt ihm den Platz, der zuvor für ihn ausgewählt worden ist. Bei der Sitzordnung sollten sich Männer und Frauen nach Möglichkeit abwechseln. Ehepaare sollten nebeneinander sitzen, sofern sie nicht ausdrücklich einen anderen Wunsch haben.

Die Sitzplätze um den Tisch in der Mitte sollten gleich weit voneinander entfernt sein und zusammen den Kreis bilden.

Der Begleiter wird den anderen nicht mit Namen vorgestellt, wenngleich man denjenigen, die sich untereinander kennen, erlauben kann, sich beim Namen zu nennen. Es gibt im Tantra-Kreis zwar keine Bestrebungen, die Namen der Teilnehmer zu verheimlichen, doch bemüht man sich, den Übergang von der äußeren zur inneren Welt zu erleichtern, und dabei wirkt es störend, den Namen zu nennen. Der Begleiter kann andere Begleiter, die er kennt, begrüßen oder einfach die Formel »Willkommen, Begleiter« gebrauchen.

Die Begleiter sollten sich so setzen, wie es ihnen am bequemsten ist. Sind Sitzkissen vorhanden, dürfte es nicht schwer sein, eine angenehme Stellung zu finden. Vielen wird es am leichtesten fallen, mit gekreuzten Beinen zu sitzen. Diese Haltung kann man zur Lotus-Stellung abändern. Ein anderer kniet vielleicht lieber oder legt die Beine seitwärts.

Tantra kennt keine festen, unverrückbaren Regeln für die Stellung, die die Begleiter heutzutage in einem Tantra-Kreis einzunehmen haben.

Wenn die Begleiter sich gesetzt haben, können sie sich unterhalten oder auch schweigend dasitzen. Wer sich aber unterhält, sollte dies leise tun, damit diejenigen, die die Ruhe vorziehen, nicht gestört werden.

Die Begleiter sollten diese Gelegenheit nutzen, die Spannungen

anderen kommt und sich vor anderen auszieht oder ob man Teil
einer seelisch verbundenen Gruppe ist, wo das Ablegen des
Gewands Bestandteil der Zeremonie ist. Letztere ist die Art des
Entkleidens, die unter dem Schutz des Tantra steht. Erstere fällt
unter die Verantwortung des Führers.

Die Zusammenkunft

Die Begleiter treffen sich zu der in der Einladung angegebenen
Zeit im Zentrum. Jeder sollte sich darüber im klaren sein, daß die
anderen warten müssen, falls er zu spät kommt. Der Kreis kann
nicht »ohne dich anfangen« und den zu spät Kommenden alles
nachholen lassen.

Der Führer öffnet die Tür und empfängt jeden Begleiter, der
ankommt, persönlich. Eine formelle Begrüßung gibt es an dieser
Stelle nicht, da der Übergang von der äußeren zur inneren Welt
noch nicht wirklich stattgefunden hat. Das offizielle Willkommen
erfolgt, nachdem die Gruppe gebadet und sich umgekleidet hat
und an ihrem Platz sitzt.

Es muß keine absolute Ruhe herrschen, doch sollte der Empfang
möglichst schweigend geschehen, damit die Begleiter, die bereits
angekommen sind und im Zentrum sitzen, nicht gestört werden.

Es sollte alles so eingerichtet sein, daß die Begleiter das Gefühl
haben, willkommen zu sein und sich ungezwungen bewegen zu
können. Über die Zeremonie zu sprechen ist nicht nötig. Es fördert
vielleicht sogar den Übergang vom Draußen zum Drinnen, solche
Gespräche auf später zu verschieben und die Begleiter einfach
hereinzubitten, ihnen die Hand zu reichen und sie zu dem Raum zu
geleiten, wo sie sich umziehen können. Falls man auf dem Weg ins
Zentrum ins Schwitzen gekommen ist, sollte man sich nochmals
duschen, selbst dann, wenn man zuvor schon zu Hause ein Bad
genommen hatte, was auf jeden Fall zu den hygienischen Vorbereitungen gehört.

Hat der Begleiter das Gewand angelegt (wir wollen im folgenden
unabhängig von der bei der Zeremonie getragenen Kleidung

jemand seins vergessen hat oder aus anderem Grund nicht in der Lage ist, sich eins zu beschaffen. Wenn der Führer die Gewänder stellt, sollten sie griffbereit für die Begleiter dahängen, nachdem diese sich entkleidet haben.

Die Gewänder sollten grün, im Fall des abgeänderten Farbprogramms rot oder weiß sein. Der Führer trägt bei sämtlichen Zeremonien ein weißes Gewand. Er sollte ein Bad nehmen und das Gewand anlegen, bevor der erste Begleiter eintrifft, es sei denn, die Tür geht auf die Straße hinaus. Dann sollte der Führer das Gewand erst anlegen, wenn alle Begleiter angekommen sind und sich gesetzt haben.

Die Gewänder können aus Samt, Frottee oder einem anderen Stoff sein. Sie sollten nicht so lang sein, daß sie die Bewegungsfreiheit einschränken, und es sollte auch nicht schwierig sein, sie abzulegen. Am besten sind die Gewänder, die nur durch einen Gürtel gehalten werden.

Man sollte seinen Ehrgeiz nicht dareinsetzen, in einem kostspieligen oder ausgefallenen Gewand zu erscheinen, denn das kann zu Spannungen unter den Begleitern führen, die unter Umständen den Erfolg des Kreises gefährden. Das Gewand sollte, unabhängig vom Material, ganz schlicht sein.

Wenn die Gruppe keine Gewänder trägt, sollten die Begleiter einfache Kleidung mitbringen: Die Männer einfarbige Hemden und Hosen, die Frauen Bluse und Rock oder ein schlichtes Kleid. Während der Zeremonie werden weder Unterwäsche noch Schuhe getragen.

Man sollte darauf achten, daß die Kleidung für die Zeremonie nicht dieselbe ist wie die, mit der man zum Zentrum kommt. Die Gewänder für die Zeremonie sollen frisch gereinigt und gebügelt sein und mit ins Zentrum gebracht und erst dort angezogen werden. Dieses Wechseln der Kleidung stellt eine Verpflichtung dar, den Übergang von der äußeren zur inneren Welt zu vollziehen, und muß von allen Begleitern durchgeführt werden.

Es ist natürlich, beim Umkleiden in Gegenwart anderer Schamgefühl zu empfinden, doch sollte man bedenken, daß es ein Unterschied ist, ob man in das Haus oder die Wohnung eines

40

Zentrum benutzt wird. Das ist in den meisten Fällen eine Küche. Bei warmem Wetter sollte man die Speisen im Kühlschrank frischhalten. Ist es jedoch nicht besonders warm, wird empfohlen, die Speisen nicht zu kalt zu reichen, da sich der Geschmack kalter Gerichte nicht so gut entfaltet, und Tantra ist gegen jede Abschwächung sinnlicher Genüsse.

Die einzelnen Platten sollten abgedeckt werden, bis man sie braucht. Der Wein sollte je nach Art gekühlt sein oder Zimmertemperatur haben. Er sollte in Karaffen umgefüllt werden, damit die Begleiter sich nachschenken können, wenn sie möchten.

Vorschläge für Speisen und Getränke sind in den *Erläuterungen* am Ende des Buches enthalten. In Übereinstimmung mit den alten Tantra-Riten sollte jedoch mindestens eine Sorte Fleisch, eine Sorte Fisch oder andere Meerestiere und eine Sorte Getreidekost gereicht werden.

Die Kleidung

Fast immer braucht man einen Raum, wo sich die Begleiter ausziehen und wo sie ihre Straßenkleidung während der Zeremonie lassen können. Es sollte einen Raum für die Männer und einen für die Frauen geben, denn dies ist nicht der Zeitpunkt, sein Schamgefühl abzulegen, sondern nur die Kleidung. Hier kommen am ehesten zwei Schlafzimmer in Frage, da sie die nötigen Vorrichtungen zum Aufhängen der Kleidung bieten.

Auch Bademöglichkeiten sollten vorhanden sein. Wenn die Begleiter sich im Schlafzimmer entkleiden, ist das Bad wahrscheinlich sowieso in der Nähe. Aber gleichgültig, wo sich das Bad befindet – Wanne oder Dusche –, es muß sauber und mit frischen Handtüchern, Badeöl und Toiletten- oder Kölnischwasser ausgestattet sein.

Die Gewänder, welche die Begleiter tragen, können von den Begleitern selbst mitgebracht oder vom Führer gestellt werden. Diese Frage muß bei der Einladung geklärt worden sein, so daß es hier nicht die geringsten Schwierigkeiten gibt. Es ist vielleicht ratsam, wenn der Führer ein Gewand in Reserve hat, falls irgend

Musik aus dem Radio sollte man nicht spielen, denn es darf unter gar keinen Umständen eine Störung durch Stimmen von außerhalb geben.

Der Führer sollte alles bestens geregelt haben und die Musik anstellen, bevor der erste Begleiter ankommt.

Speisen und Getränke

Auch die Speisen und Getränke, die bei jeder Zeremonie gereicht werden, dienen einem doppelten Zweck. Zum einen sind sie Symbole, zum anderen Nahrung bei der Feier.

Die Speisen, die während des Willkommens gereicht werden, sind symbolisch. In der ersten Zeremonie verkörpert die Farbe Grün den Anfang. Das Wasser des Lebens. Aus der grünen Tiefe des Wassers stieg das Leben empor zur Sonne. Aus dem kalten Dunkel der See zum gleißenden Weiß unendlicher Hitze. Es ist die Farbe des Frühlings. Daher beginnen die sieben Zeremonien mit der Farbe Grün.

Schon vor der Ankunft der Begleiter sollten einige grüne Früchte, zum Beispiel Trauben oder Feigen, auf jeden Teller auf dem Tischchen in der Mitte des Raums gelegt werden. In die einzelnen Gläschen sollte man zur gleichen Zeit grünen Likör gießen, z. B. Crème de menthe oder Chartreuse.

Wird das abgeänderte Farbprogramm verwendet, sollten die Früchte rot sein, etwa Kirschen oder Himbeeren, und anstelle des Likörs sollte man Rotwein nehmen. Wird Wein gereicht, sind die Likör- durch Weingläser zu ersetzen.

Die Farbe Rot steht für ein anderes Symbol. Sie ist das alte Symbol für das Rot des Blutes bei der Geburt und eignet sich daher für die Geburt des Kreises.

Der zweite Verwendungszweck für die Speisen und Getränke, die Feier, verlangt kein eigenes Farbprogramm, weil hier keine Symbolik beabsichtigt ist. Es geht lediglich um den Ritus, mit denen zu feiern, die man Begleiter nennt.

Die Speisen für das Fest sollten vor Beginn der Zeremonie fertiggestellt werden und in der Nähe des Raums stehen, der als

gut duften. Auch das eine oder andere Kölnischwasser für Männer ist geeignet. Die im Handel erhältlichen »Frischluft«-Sprühdosen enthalten häufig die billigsten Parfums und eignen sich für diesen Zweck oft nicht.

Vorsicht beim Abbrennen von Weihrauch! Da sich während der Zeremonie keine Gelegenheit bietet, das Abbrennen des Weihrauchs zu überwachen, muß unbedingt sichergestellt werden, daß kein Feuer ausbrechen kann, selbst wenn der Weihrauch sehr lange brennen sollte.

Führern, die den Geruchssinn sehr intensiv nutzen wollen, wird empfohlen, im Eingangsbereich, den Umkleideräumen, den Bädern und dem Zentrum selbst verschiedene Duftnoten einzusetzen. Man kann eine Abstufung vornehmen, die beim Übergang von der Welt draußen zur inneren Welt des Tantra behilflich ist. Wie die einzelnen Parfums duften, sollte vor Beginn der Zeremonie genau getestet werden, wobei auf Vorlieben und Abneigungen der teilnehmenden Begleiter einzugehen ist.

Die Musik

Während der Zeremonie sollte zweierlei Musik verwendet werden. Die erste Musik als Untermalung für das Bilden des Kreises, die zweite als Untermalung für das Feiern des Festes.

Die Hintergrundmusik für den Anfang sollte einschmeichelnd und verlockend sein – sie sollte die Begleiter fort vom Lärm und der Hektik der Welt draußen führen, ihnen helfen, ins Universum des Tantra einzutreten. Im Osten wird meistens Sitar-Musik gespielt, doch es eignet sich auch klassische westliche Musik z.B. von Skrjabin, Bruckner, Richard Strauss oder Lukas Foss. Abstraktere Möglichkeiten wären der Gesang der Wale oder Sphärenklänge. Der Führer sollte das Programm sehr sorgfältig auswählen und darauf achten, daß es so lang ist wie nötig. Das heißt, es sollten so viele Platten parat liegen oder ein so langes Band verwendet werden, daß von der Ankunft der Begleiter bis zum Bilden des Kreises Musik erklingt. Das kann eine halbe Stunde oder länger dauern, und entsprechend sollte vorgesorgt sein.

Tablett im Haus ist, kann man ein rundes Tischtuch auf die Erde legen, wobei darauf zu achten ist, daß es ganz glatt liegt. In die Mitte des Tischchens sollte ein klares Glasgefäß mit grünem Wasser gestellt werden. Zum Färben des Wassers nimmt man am besten einige Tropfen Nahrungsmittelfarbstoff. Wird das abgeänderte Farbprogramm verwendet, ist rotes oder klares Wasser das richtige.

In das Gefäß sollte eine einzelne grüne Knospe oder Blüte gelegt werden. Wird das abgeänderte Farbprogramm verwendet, sollte die Blüte rot sein. Um das Gefäß mit der Blüte werden in gleichmäßigem Abstand grüne Kerzen gestellt, für jeden Begleiter und den Führer eine Kerze. Wird das abgeänderte Farbprogramm verwendet, müssen die Kerzen rot sein. Die Kerzen sollten in stabilen, sicheren Kerzenhaltern stehen, denn sie werden während der Zeremonie zweimal bewegt. Große Kerzen eignen sich am besten und brennen außerdem die ganzen ersten sechs Zeremonien. Für die siebente Zeremonie braucht man neue Kerzen.

Vor jede Kerze sollte ein kleiner Teller und ein kleines, klares Likörglas gestellt werden, die den Platz markieren, an dem die Begleiter und der Führer sitzen. Die Kerzen sollten angezündet sein.

Der Duft

Die Luft sollte weich und entweder mit natürlichen oder künstlichen Duftstoffen angereichert sein. Dazu sollten früh am Morgen Blumen in den Raum gebracht werden, wo die Zeremonie stattfindet, und bis unmittelbar vor Ankunft der Begleiter dort bleiben. Flieder eignet sich hier besonders gut.

Als künstliche Duftstoffe kommen Weihrauch, Parfum oder im Handel erhältliche Duftsprüher in Frage.

Jeder hat seine Vor- und Nachteile. Er kann außerdem den ziemlich empfindlichen Geschmackssinn beeinträchtigen, was beim Tantra-Kreis auf jeden Fall vermieden werden muß. Die angenehmsten Parfums, die mit Hilfe des Zerstäubers versprüht werden können, sind oft sehr teuer, während die billigeren nicht so

Die erste Nacht

Das Vorbereiten des Zentrums

Das Anordnen und Ausschmücken

Die Farbe der ersten Zeremonie ist Grün. Wird das abgeänderte Farbprogramm verwendet, ist die Farbe Rot.

Alle Anordnungen und Dekorationen sollten vor Beginn der Zeremonie abgeschlossen sein. Das ist Aufgabe des Führers, der sich von einem Begleiter helfen lassen kann.

Der Raum, in dem die Zeremonie abgehalten wird, sollte gereinigt und soweit wie möglich ausgeräumt werden, damit sich der Kreis bilden kann und die Begleiter genügend Platz haben, um sich frei zu bewegen. Die Fenster sollten geschlossen, die Vorhänge zugezogen werden, um ein ungestörtes Zusammensein zu sichern.

Als Sitzgelegenheit für die Begleiter sollten Sitz- und Kopfkissen oder auch weiche Unterlagen wie etwa Steppdecken im Raum ausgebreitet werden. Genau in der Mitte muß ein freier Platz bleiben.

An den Wänden des Raums sind mittelstarke (etwa 60 Watt) abgeschirmte Lampen anzubringen, für jeden Begleiter eine. Man sollte keine farbigen Glühbirnen nehmen, da sie sehr oft das Aussehen der Gegenstände verändern, und eine Verfremdung der Wirklichkeit ist nicht im Sinne des Tantra.

Die Temperatur im Raum soll so sein, daß sich Menschen ohne Kleidung darin wohl fühlen. Dafür muß rechtzeitig vor dem Eintreffen der Begleiter gesorgt werden.

Genau in die Mitte des Raums sollte ein flacher runder Tisch gestellt werden, der groß genug ist zum Abstellen der Teller und Gläser der Begleiter, die an der Zeremonie teilnehmen.

Falls kein niedriges Tischchen zur Hand ist, kann auch ein großes, rundes Tablett verwendet werden, das nach Möglichkeit etwas erhöht stehen sollte. Wenn weder ein Tischchen noch ein

Zweiter Teil

Die sieben Zeremonien

Der Tantra-Kreis umfaßt heute sieben Zeremonien. Mit »Zeremonie« ist das gesamte Gefüge einer Zusammenkunft einer Gruppe tantrischer Begleiter gemeint, von ihrer Ankunft im Zentrum bis zu dem Augenblick, wo sie nach vollendetem Zusammensein wieder auseinandergehen.

Die sieben Zeremonien werden an sieben Abenden innerhalb von sieben Wochen abgehalten. Kann der wöchentliche Rhythmus aus irgendwelchen Gründen nicht eingehalten werden, macht das nichts. Man kann dann auf einen zwei- oder dreiwöchentlichen Rhythmus ausweichen. Der einmal vorgesehene Zeitplan sollte aber auf jeden Fall eingehalten werden. Unregelmäßigkeiten sollte man nicht durchgehen lassen, denn die Form ist für das gesamte Tantra von größter Bedeutung; Unordnung und Chaos sind Feinde.

Jede der sieben Zeremonien besteht aus sieben aufeinanderfolgenden Teilen, denen ein Muster zugrunde liegt, das jedoch zeremonienspezifische Abweichungen aufweist. Die Teile der einzelnen Zeremonien sind: das Bilden, das Willkommen, das Ritual des Führers, das Ritual der Begleiter, das Kanalisieren der Energie, das Fest und das Auseinandergehen.

So einfach ist das: Bei jeder Zeremonie sollte die Zahl der Begleiter nicht gerade sein.

Die ideale Zahl ist sieben, wie die Anzahl der Zeremonien. Es können weniger, aber auch einige Teilnehmer mehr sein, wenngleich alles, was sieben überschreitet, eher einer *An*sammlung als einer *Ver*sammlung von Begleitern gleicht. Theoretisch ist die kleinstmögliche Zahl zwar drei, doch sollten es wenigstens fünf sein. Drei geht doch mehr in Richtung »Paar« als »Viele«, aber das Wichtigste beim Kreis ist, an der Energie der Vielen teilzuhaben.

Die Einladung zu einem Tantra-Kreis hat keine besondere Form. Sie kann aus einigen Worten, einem Anruf oder einem formellen Brief bestehen. Sie wird ausgesprochen durch den Führer, sobald feststeht, wie sich der Kreis zusammensetzt.

Ist die Form der Einladung auch frei, sollte es doch keinen Zweifel daran geben, was sie sagen will. Wenn irgend jemand das Wesen der feierlichen Handlungen falsch versteht, kann der ganze Kreis auseinanderbrechen. Um sicherzugehen, daß sich jeder Begleiter über das Wesen der Zeremonien, an denen er teilnimmt, völlig im klaren ist, sollte er oder sie dieses Buch genau lesen. Falls unklar ist, ob der Begleiter ein Exemplar hat oder nicht, sollte es ihm mit der Einladung zugeschickt werden.

Das ist keine beiläufige Frage. Möglichkeiten für Irrtümer oder Mißverständnisse gibt es genug, und es ist unnötig, den Kreis zu gefährden, nur weil irgend jemand nicht umfassend informiert war und nicht wußte, was ihn erwartet. Oder, was wahrscheinlicher ist, etwas Bestimmtes erwartete, aber etwas anderes vorfand. Solche Pannen zu vermeiden ist die Aufgabe des Führers, und er sollte sie sehr ernst nehmen. Unabhängig von der Form sollte die Einladung also solche Einzelheiten wie Zeit, Ort, Kosten, Kleidung und was für den Begleiter sonst noch wissenswert ist, enthalten. Sie sollte in jeder Hinsicht Klarheit über die Art der Zeremonie schaffen, damit die Teilnehmer bei ihrer Ankunft im Zentrum keine unliebsame Überraschung erleben. Das stellt sicher, daß nur die als Begleiter dienen, die den aufrichtigen Wunsch haben, das Reich der Vielen zu betreten.

Die Einladung

Die erste Regel

Die größten Schwierigkeiten, wenn man einen Tantra-Kreis bilden will, wird es wohl machen, die geeigneten Begleiter zu finden. Es gibt in der westlichen Welt nur relativ wenige Tantriker – wenn ihre Zahl auch zunimmt –, und Kontakt zu ihnen aufzunehmen ist wahrscheinlich nicht ganz einfach. Diese Umstände können den einen oder anderen dazu verleiten, die Grundsätze des Tantra etwas aufweichen zu wollen, um genügend Leute für einen Kreis zusammenzubekommen. Es besteht zwar eine gewisse Flexibilität in Fragen der Ausschmückung, der Kleidung und anderer nebensächlicher Aspekte der Zeremonie, doch gibt es einen Grundsatz, der unter keinen Umständen verletzt werden darf:

Die erste Regel des Tantra besagt, daß niemand gegen seinen Willen dazu gebracht werden sollte, an einem der Rituale teilzunehmen.

Diese Regel ist mehr als das Verbot, jemandem eine sexuelle Handlung aufzuzwingen. Es wird vorausgesetzt, daß kein Tantriker jemals körperliche Gewalt anwendet, denn das wäre eine völlige Entstellung der Ziele und des Geistes des Tantra. Das mag selbstverständlich erscheinen, und es *ist* auch selbstverständlich. Aber trotzdem können Situationen eintreten, in denen die Versuchung stark ist, diese Regel zu durchbrechen. Wenn beispielsweise einer von zwei Partnern sich einem Tantra-Kreis anschließen möchte, der andere aber nicht, wird die Versuchung groß sein, den widerstrebenden Partner zu überreden nachzugeben.

Die zweite Regel

Die zweite Regel ist weniger absolut. Sie bezieht sich auf die Zahl der Begleiter, die man für einen Tantra-Kreis braucht.

Die Zahl sollte ungerade sein.

Das Zentrum

Das Zentrum befindet sich höchstwahrscheinlich in der Wohnung oder im Haus eines der Gruppenmitglieder. Das ist meistens die ungestörteste, angenehmste und bequemste Möglichkeit. Es gibt aber auch Ausnahmen. Vielleicht hat die Gruppe Zugang zu einem konventionelleren Ort, irgendeiner Halle oder einem Konferenzraum, oder auch zu einem weniger konventionellen Ort, etwa einem Feld, einem Wald oder Strand. Solche Plätze können angenehm und ausreichend in der Größe sein, bergen allerdings das Risiko, nicht ungestört genug für einen Tantra-Kreis zu sein.

Tantra verlangt für den Kreis eine Umgebung, die vollkommen ungestört und für Unbeteiligte unzugänglich ist. Eine Privatwohnung erfüllt diese Anforderungen am ehesten.

Der Ort, an dem man sich trifft, sollte eine für die Zahl der Begleiter angemessene Größe haben. Ein zu großer Raum kann atmosphärelos wirken, ein zu kleiner ist leicht vollgestopft. Es gibt keine Vorschrift für die Größe des Raums, doch der Führer sollte in der Lage sein, den richtigen auszusuchen, sobald die Zahl der Begleiter und die Art der Zeremonie bekannt sind.

Die unmittelbare Umgebung sollte außerdem psychologisch beruhigend wirken. Das könnte man so interpretieren, daß sich der Raum den Gruppenmitgliedern nicht aufdrängt – er sollte so wandelbar sein, daß er ihren Bedürfnissen angepaßt werden kann. Ein großes Wohnzimmer mit schweren Möbeln, die sich nicht bewegen lassen, wäre nicht annehmbar. Ein Wohnzimmer dagegen, dessen Möbel sich an die Wand rücken lassen, so daß in der Mitte viel Platz für den Kreis entsteht, wäre ausgezeichnet.

Übungen der grundlegenden Rituale den Weg zu einem anderen Kreis findet. Tantra braucht Zeit, und Tantra gewährt seinen Anhängern soviel Zeit, wie sie brauchen.

Für diejenigen, die bereit sind, an den feierlichen Handlungen in der geforderten Reihenfolge und Art teilzunehmen, sei noch einmal wiederholt, daß jedes Mitglied gleichermaßen verantwortlich für die geistigen wie materiellen Seiten der Zeremonien ist, denn der Kreis ist eine Zusammenkunft von Begleitern, nicht von Meister und Schülern. Die Vorbereitungen für die unmittelbare Umgebung im Kreis verursachen Kosten und Mühen, die alle Mitglieder zu gleichen Teilen tragen sollten. Falls der Führer zögert, um eine Beteiligung zu bitten, sollten die Begleiter selbst die Situation erkennen und ihren für alle gleichen Beitrag anbieten.

Die Begleiter

Der Begriff »Begleiter« vermittelt die Assoziation des Reisens *mit* jemandem, im Gegensatz zum Alleinsein. Das ist das wesentliche des Tantra-Kreises. Der Kreis ist eine Vereinigung von Menschen, die gemeinsam den Weg des Tantra gehen wollen. Und sie wollen sowohl die Erfahrung als auch die Kraft teilen, die durch die sexuelle Energie der Vielen erzeugt werden. Dazu muß sich jeder Begleiter ganz über seine Rolle im klaren sein, die er bei den feierlichen Handlungen des Kreises spielt.

Der Tantra-Kreis ist nichts, was aus der Distanz beobachtet oder objektiv erforscht wird. Er muß, wie jedes tantrische Ritual, mit aller Hingabe selbst erlebt werden, damit er Bedeutung erlangt. Der Kreis lebt nur durch die einzelnen Mitglieder. Er ist nichts, über das man nachdenkt oder spricht. Er ist etwas, das man zusammen mit anderen *wird*.

Jedes Mitglied des Kreises muß also darauf vorbereitet sein, an allen Teilen der Rituale teilzunehmen, aus denen sich die Zeremonie zusammensetzt. Wenn die Zeremonie etwas enthält, wobei der Begleiter nicht mitmachen will, sollte er sich vor der Zusammenkunft darüber klarwerden und sich für diesen Abend entschuldigen.

Es wäre allerdings am besten, wenn jeder Begleiter des Kreises die Rituale im voraus kennen und akzeptieren würde und einverstanden wäre, an allen teilzunehmen. Auf diese Weise wird die Kontinuität des Kreises gewahrt, und der wachsende Energiestrom kann von Zeremonie zu Zeremonie aufgebaut werden, bis er den absoluten Höchstpunkt erreicht. Der nicht unterbrochene Kreis ist am stärksten und wirkungsvollsten.

Wenn sich jemand im voraus mit den Ritualen beschäftigt und das Gefühl hat, daß sie mehr fordern, als er zu geben bereit ist, sollte er sich zurückziehen, bevor der Kreis sich bildet. Vielleicht ist es nur ein Zeichen, daß er noch nicht bereit ist. Es ist durchaus denkbar, daß der oder die Betreffende nach weiteren Studien und

Begleiter zu bleiben, dürfen keinerlei Druck ausgesetzt werden. Tantra ist ein Weg zur sexuellen und geistigen Freiheit, der ohne jeden Zwang auskommt. Niemand sollte jemals aufgefordert werden, etwas zu tun, was er nicht möchte.

Wenn aber andere als Führer dienen möchten, kann die Rolle getauscht werden. Der bisherige Führer wird dann einfach einer der Begleiter. Das ist keine Degradierung oder Entmachtung, denn im Tantra-Kreis gibt es keine hierarchische Ordnung, und es geht nie darum, Macht über andere auszuüben. Die einzigen Hierarchien im Tantra sind die abgestuften Ebenen der Wahrnehmung und Erfahrung, und die einzige Demonstration von Macht ist die der Macht über das eigene Ich.

Der Führer als Dirigent und Dolmetscher

Auch wenn der Tantra-Kreis nicht von einem tantrischen Meister geleitet wird, ist seine Zusammenkunft doch kein spontanes Ereignis. Jeder Schritt der feierlichen Handlungen wird ebenso sorgfältig geplant wie jedes der tantrischen Rituale für den Einzelnen oder das Paar. Man muß sich genauso streng an sie halten wie an die Rituale, denn gerade in den Ritualen kann die Kontinuität der frühesten Vergangenheit gefunden und aufrechterhalten werden.

Es liegt in der Verantwortung des Führers, darauf zu achten, daß diese Rituale wie vorgeschrieben ausgeübt werden. Der Führer lehrt die Rituale nicht, sondern dient als Dirigent und Dolmetscher. Alle Gruppenmitglieder sollten sich vor der Zusammenkunft über das Wesen jeder Zeremonie voll im klaren sein. Der Führer geleitet die Gruppe also durch alle Phasen der feierlichen Handlung und interpretiert sie, wenn Fragen aufkommen.

Das wird in einigen Phasen der Zeremonien dazu führen, daß der Führer der Gruppe bei bestimmten Ritualen vorausgeht und einige Handlungen demonstriert, damit die Gruppe es ihm gleichtun kann.

Der Führer als Begleiter

Wir dürfen nie vergessen, daß der Führer kein tantrischer Meister ist, sondern ein Gleicher unter Gleichen, der sich nur durch die Rolle unterscheidet, die er oder sie ausübt. Wenn die Gruppe dies wünscht, kann der Führer nach einiger Zeit und einigen feierlichen Handlungen wechseln. Wenn sich jedes Gruppenmitglied auf die Rolle des Führers vorbereitet hat, kann jeder diese Funktion wahrnehmen.

Man sollte jedoch wissen, daß nicht jeder, der an einem Tantra-Kreis teilnimmt, den Wunsch haben wird, die Rolle eines Führers zu übernehmen. Diese Haltung muß respektiert werden. Das oder die Mitglieder, die es vorziehen, während des ganzen Kreises

Der Führer

Im allgemeinen ist derjenige der Führer, der den Kreis ins Leben gerufen hat. Und es ist auch angemessen, denn die Studien, die dazu befähigen, die Funktionen des Führers auszuüben, wecken auch den Wunsch, die tantrische Reise durch den Kreis und über ihn hinaus weiter zu vermitteln.

Der Führer als Gastgeber

Es gehört zu den Pflichten des Führers, Gastgeber für diejenigen zu sein, die zu einem Tantra-Kreis zusammenkommen. Diese Aufgabe umfaßt, einen geeigneten Ort für das Zentrum zu finden, sich um die Einladungen zu kümmern, das Zentrum für die Zusammenkunft vorzubereiten und sich um die Vorbereitung jedes einzelnen Gruppenmitglieds zu kümmern.

Es ist nicht erforderlich, daß sich das Zentrum im Haus oder der Wohnung des Führers befindet, doch das ist oft der Fall, insbesondere am Abend der ersten feierlichen Handlung. Da das Zentrum eines Tantra-Kreises jedoch weniger eine Frage des Körperlichen als des Geistigen, Emotionalen und Seelischen ist, muß es nicht immer an einem Ort bleiben, sondern kann den Umständen entsprechend wandern. Das bietet anderen Gruppenmitgliedern die Möglichkeit, ihre Wohnung oder einen anderen geeigneten Platz für die Zusammenkünfte zur Verfügung zu stellen. Was für den Ort des Zentrums gilt, gilt auch für die Nahrung, den Wein und die Dekoration. Man sollte nicht vom Führer verlangen, daß er die Kosten für diese Dinge trägt oder sie für alle sieben Zeremonien beschafft. Wir sollten uns daran erinnern, daß der Führer lediglich jemand ist, der als lenkende Kraft fungiert.

Über diese Voraussetzungen – Ort des Zentrums, Kostenbeteiligung und das Beschaffen sonstiger Dinge – sollten sich alle einig sein. Es sollte alles organisiert sein, bevor der Kreis sich bildet.

anpaßt, damit sie in der heutigen Welt wirken können.

An die Stelle des Tempels ist das Center getreten, an die Stelle des Meisters der »Führer«. Die Jünger sind durch »Begleiter« und die Riten durch feierliche Handlungen oder Zeremonien ersetzt worden.

Aber das Wesen des Tantra durchströmt den Kreis ebenso stark wie alle anderen Formen, die es im Lauf der Zeit schon angenommen hat.

aufgetragen, man trank Wein, unterhielt sich über die Rituale des Abends und bekam Fragen beantwortet.

Ein Chakrapuja konnte zwischen drei und zwölf Stunden dauern. Und immer wurde es dadurch beendet, daß die Geschichte der Schöpfung aus den tantrischen Schriften vorgelesen wurde, damit niemand den Anfang und das Ende aus den Augen verlor, ganz im Sinne des Tantra.

Vielleicht gelingt es dem Leser, in einem tantrischen Tempel einen tantrischen Meister aufzuspüren, der klassische Chakrapujas abhält. Vielleicht wird er dort willkommen geheißen, und vielleicht erlebt er die ganze Lust und Kraft, die Tantra hervorrufen kann. Aber es wird gegenwärtig kaum möglich sein, in der westlichen Welt einen solchen Meister in einem solchen Tempel zu finden. Sehr viel wahrscheinlicher ist es, daß der Tantra-Schüler einen Punkt erreicht, an dem er die Möglichkeiten des Chakrapuja zwar erkennt, aber nicht in der Lage ist, irgendwo an einer solchen feierlichen Handlung teilzunehmen. »Der Kreis« ist eine moderne Deutung der klassischen Rituale des Chakrapuja, die angepaßt und abgestimmt wurden auf den Menschen von heute. Es ist keine Ablehnung des Althergebrachten, sondern eine Ausweitung und Weiterentwicklung alter Traditionen, um den Anforderungen und Möglichkeiten des Neuen gewachsen zu sein.

Die Lust und die Kräfte, die im Chakrapuja wohnen, sind erhalten geblieben, während die Riten selbst neugestaltet wurden, damit jeder Heutige, der sich ernsthaft mit Tantra beschäftigt, die Vereinigung mit den vielen anstreben oder an ihr teilhaben kann.

Für diejenigen, welche die Allein- und Paar-Rituale durchlaufen haben, gibt es oft keinen Ort, wo sie ihre Studien und Erfahrungen des Tantra weiter vertiefen könnten. Es gibt nur wenige tantrische Tempel im Westen und auch nur wenige tantrische Meister, die sie hüten könnten. Das *klassische* Chakrapuja wird nur noch sehr selten ausgeübt und ist für die meisten Menschen nicht erlebbar.

In Erkenntnis dieser Umstände wird »der Kreis« als der nächste Schritt auf dem Weg zur allumfassenden Erleuchtung vorgestellt. Es ist ein Ritual, das die ganze Weisheit und die alten Riten bewahrt, gleichzeitig aber viele ihrer Einzelheiten überträgt und

Das Chakrapuja

Dem Tantra zufolge war das Chakrapuja ursprünglich ein »Treffen der Meister und Schüler«. Versammelt waren die tantrischen Meister, die Tantriker (die Tantra studiert und ausgeübt, es aber noch nicht gemeistert hatten) und jene Anfänger, für die die Rituale, ihre Bedeutungen und Ergebnisse noch neu waren.

Aber diese »Treffen« waren nie formlos. Wie die Rituale waren auch die Chakrapuja-Treffen streng geregelt. Bei der Ankunft wurden Früchte und Wein gereicht, alle in der gleichen Farbe, die der Meister zuvor bestimmt hatte. Auch Farbe und Art der Kleidung, die man trug, waren vorgeschrieben.

Waren der Wein und die Früchte verzehrt, sprach der Meister über einen bestimmten Aspekt des Tantra, meistens über ein fortgeschrittenes Ritual oder den Sinn eines Rituals. Dann wählte der Meister einen Tantriker aus, mit dem zusammen er das Ritual für die anderen vorführte. Diese Vorführung begann jedoch erst, wenn aller Wein und die Früchte beiseite geräumt worden waren, so daß sich alle ganz auf die Demonstration konzentrieren konnten.

Der Meister, meistens eine Frau, legte die Kleider ab und entkleidete den Tantriker, den sie als Partner auserwählt hatte.

War die Vorführung beendet, stellten die Zuschauer Fragen. Danach legten alle ihre Kleidung ab, und der Meister bestimmte einige Paare, die das vorgeführte Ritual nachvollziehen sollten.

Die Rituale wurden genauestens befolgt und hinterher vom Meister und den Tantrikern kritisch gewürdigt. An einem Abend wurden für gewöhnlich mehrere Rituale ausgeübt. Alle nahmen daran teil, allerdings nur unter der Aufsicht und Leitung des Meisters. Das Chakrapuja war (und ist) ein sehr streng geregeltes Ereignis.

Nachdem alle Rituale des Abends von allen Anwesenden ausgeführt worden waren, rief der Meister »die Zeit der Worte, der Nahrung und der Getränke« aus. Dann wurde etwas zu essen

Beteiligen sich mehr als zwei Personen gemeinsam an den tantrischen Ritualen, ist üblicherweise vom »Chakrapuja« die Rede, was hier soviel heißt wie »Der Kreis«.

Der Begriff »Chakrapuja« wird jedoch von vielen unterschiedlich gedeutet. Diejenigen mit nur geringen Kenntnissen sahen darin eine Art »Orgie«, etwas Ähnliches wie »Partnertausch« oder »Gruppensex«, wo alles nur um des »Kitzels« willen geschieht. Und andere, die noch weniger von allem begriffen haben, behaupten, Chakrapuja bestehe aus mystischen Riten, die von Anhängern eines geheimen Kults betrieben würden, in dessen Mittelpunkt perverse sexuelle Handlungen stünden.

Aber das klassische Chakrapuja hat nichts mit alldem zu tun. Es ist ein Komplex feierlicher Handlungen, die ebenso gewissenhaft vollzogen und kontrolliert werden wie jeder andere Aspekt des Tantra auch. Die feierlichen Handlungen sind zwar sexueller Art, wie stets beim Tantra, doch es gibt weder Ausschweifungen noch Perversitäten, denn Tantra duldet weder das eine noch das andere.

Es ist wohl am besten, daß wir hier zunächst die ursprüngliche Form des Chakrapuja beschreiben, bevor wir beginnen, über die Form zu sprechen, die dieses Buch lehren soll.

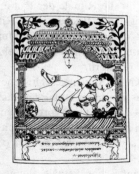

energie bezweckt. Sowohl die Rituale für den Einzelnen wie die für das Paar haben ihren eigenen Wert, aber auch einen Wert als Vorbereitung zum Eintritt in die nächste Phase auf dem Weg zu umfassendem Verständnis und umfassender Wahrheit – zum Eintritt in den Kreis.

Der Kreis

Und die Zwei waren Viele. Das heißt, das Paar öffnet sich und wird weit, um andere mit einzuschließen. Noch höher zu steigen als nur bis zu der Stufe, die ein tantrisches Paar erreichen kann, erfordert, daß sich die Kräfte von mehr als zwei Menschen vereinen. Es verlangt, daß die sexuelle Energie vieler Geister und Körper erschlossen wird. Drei oder vier oder mehr müssen verschmelzen. So wie sich der Einzelne vom Selbst zum Paar entfaltete, muß sich das Paar vom Einen zu vielen entfalten.

Und Tantra hält die Rituale bereit, die notwendig sind, um die Entfaltung und Vereinigung vieler Energien zu erreichen. Diese Rituale bilden das sogenannte *Chakrapuja* – den Kreis, der die höchste Lebensenergie hervorbringt und wirksam werden läßt. Für den Kreis gilt, wie für die Rituale der Paare, die Zahl *Sieben*.

Es ist die Absicht dieses Buches, diese Rituale ausführlich zu beschreiben, damit diejenigen, die den Mut und die Disziplin aufbringen, die Reise des Tantra bis ans Ziel fortzusetzen, sich in ihnen üben und sie meistern.

Die Rituale des Kreises sind in geschlossene feierliche Handlungen eingebettet, das Zusammenspiel der einzelnen Gruppenmitglieder im Reigen der Lust ist vorgegeben. Diese feierlichen Handlungen weisen zahlreiche Ähnlichkeiten zu den grundlegenden Ritualen auf, sollen jedoch von drei oder mehr Personen praktiziert werden.

Wenn man die tantrischen Rituale allein studiert und ausübt, gebrauchen wir die Bezeichnung »Der Mann allein« oder »Die Frau allein«. Üben zwei Personen die Rituale gemeinsam aus, sagen wir »Das Paar-Ritual« oder »Die sieben Nächte des Tantra«.

tantrischen Kreis ist es verständlicherweise am besten, wenn man Yantras verwendet, an denen jeder teilhaben kann.

Grundsätzlich sind die Rituale unkomplizierte geistige und körperliche Verhaltensweisen, die jeder erlernen kann, der den Willen und Wunsch hat, die Energie seines Sexualtriebs zu nutzen und die Lust und die Kraft zu spüren, die ein solches Ritual erzeugt.

Der Einzelne allein

Am Anfang war der Eine. Deshalb beginnt Tantra mit dem Einzelnen. Der Einzelne muß von unbedachten sexuellen Reaktionen und Verhaltensweisen zu kontrolliertem Bewußtsein gebracht werden, das zur Konzentration der Kraft und Energie führt. Das sollen die grundlegenden tantrischen Rituale beim Einzelnen bewirken.

Die Rituale beginnen mit der Erweckung, dann folgen die tantrische Wahrnehmung, die Sammlung, die vertiefte Sammlung, die körperliche Sammlung, die Kontrolle der Lust und der Kraft und die Konzentration oder Kanalisierung der Kraft und der Energie in eine bestimmte Richtung.

Wenngleich jedes dieser Rituale allein gemeistert werden soll, liegt ihr Zweck doch darin, den Einzelnen darauf vorzubereiten, in den Paar-Ritualen mit anderen zusammenzukommen.

Das Paar

Dann waren Zwei. Wenn zwei die Allein-Rituale geübt haben, bringen beide das Wissen und die Disziplin mit, die notwendig sind, um die Verheißung der Paar-Rituale zu erfüllen und zu erleben.

Die Paar-Rituale sind in die *Sieben Nächte des Tantra* unterteilt, von denen jede ein weiterer Schritt zur Verwirklichung der Lust und Kraft ist, die das Kontrollieren und Kanalisieren der Sexual-

Die Rituale –
Mantra und Yantra

Die tantrischen Rituale sind alt, doch jedesmal, wenn sie angewendet werden, sind sie wieder neu. Und jede Befolgung dieser Rituale bringt uns dem Ganzen näher.

Wenn man sich vor Augen hält, was sie bewirken können, sind die Rituale des Tantra trügerisch einfach. Sie erfordern weder jahrelange Studien mit Gurus aus fernen Ländern noch ein besonderes körperliches Training. Viele Menschen sind tantrischen Sekten auf Um- und Abwegen durch zweifelhafte und schwierige Übungen gefolgt – das eigentliche Tantra jedoch ist für jeden offen und zugänglich.

Die Rituale verlangen den Gebrauch von *Mantras* und *Yantras,* die beide leicht zu erklären sind. Ein Mantra ist ein besonderer Laut, der im allgemeinen keinen Wortsinn hat und verwendet wird, um geistige Bilder, Empfindungen oder Energien hervorzubringen. Es ist ein Weg, das Bewußtsein durch Selbstkonditionierung auf etwas einzustellen, das vom verwirrenden und beschwerlichen Umgang mit der Welt draußen befreit und befähigt, ausschließlich die eigene innere Welt wahrzunehmen. Es ist eine Art Losungswort, das uns den Übergang vom Alltäglichen zum Außergewöhnlichen erlaubt, zur tantrischen Konzentration auf die Lust.

Das Yantra dient im wesentlichen dem gleichen Zweck, ist jedoch visuell. Es kann ein Bild, eine Zeichnung oder ein realer Gegenstand sein, der bestimmte Vorstellungen erweckt. Es kann sich aber auch auf rein geistiger Ebene manifestieren. In jedem Fall verkörpert oder vergegenwärtigt das Yantra einen grundlegenden Aspekt der tantrischen Wahrnehmung des Universums.

Ein geistiges Yantra-Bild mag am stärksten und nützlichsten sein, denn es kann nicht verlorengehen, verlegt werden oder aus irgendeinem anderen Grund nicht zur Hand sein. Man kann es jederzeit aus dem Gedächtnis abrufen. Doch es ist schwierig, andere an einem solchen geistigen Bild teilhaben zu lassen, und im als nur zwei Wesen. Denn eine Lust, der die Energien von mehr als nur einem einzigen Mann oder einer einzigen Frau hinzugefügt werden und aufeinander einwirken, steigert sich nicht mehr in arithmetischer, sondern in geometrischer Reihe. Die Empfindungen beruhen nun auf der Kraft, die von der ganzen Gruppe, nicht länger nur von einem Paar ausgelöst wird. Die Kräfte aller bestehenden Wesen im Kosmos strömen und wirbeln durcheinander und bilden das Eine. Und es ist das eigentliche Ziel des Tantra, einen jeden zum Teil dieses Einen werden zu lassen.

betreten, von dessen Existenz nur wenige überhaupt wissen und das noch weniger Menschen erreichen. Denn wenn die Lust, die im Sex wohnt, durch einen erfahrenen und disziplinierten Geist und Körper geübt wird, intensiviert und erweitert sie sich, bis sie sich in einem überirdischen Glücksgefühl entlädt. Sie verläßt das Körperliche und geht ins Geistige über. Sie ist nicht länger etwas, das man *tut* – sie wird zu etwas, das man *ist*.

Wir müssen begreifen, daß Tantra kein Selbstzweck ist. Es ist das *Mittel*. Tantra ist keine Ansammlung von Übungen, die um des Übens willen durchgeführt werden, und es verwandelt uns auch nicht augenblicklich in eine höhere Seinsform. Die tantrischen Rituale sind im Lauf von Jahrhunderten entwickelt worden, um Geist und Körper zu lehren, wie sie sich ganz auf das innere Sein einstellen und sich mit Hilfe der von diesem Wissen herrührenden Kraft mit anderen vereinen können, um eine noch höhere Ebene der Kraft und des Verständnisses zu erreichen.

Es ist keine verborgene symbolische Bedeutung in der tantrischen Aussage: Am Anfang war Einer. Dann waren Zwei. Und die Zwei waren viele. Und die vielen wurden zum Einen.

Tantra zeigt den Weg, aber man kann nicht die ganze Reise allein zurücklegen. Denn so, wie der Sexualtrieb des Menschen nicht den Zweck hat, ein lustvolles Masturbieren zu ermöglichen, ist es auch nicht das Ziel des Tantra, dem Einzelnen auf einfachste Weise sexuelle Befriedigung zu verschaffen. Die Rituale sind dazu bestimmt, die *ganze* sexuelle Lust erleben zu lassen, die Kontrolle über die sexuelle Kraft zu steigern und die Sinne *ganz* auf die sexuelle Vereinigung zu richten. Sie sollen Schritt für Schritt von der völligen Unwissenheit über die langsam einsetzende Kontrolle und Konzentration zu dem Punkt führen, an dem die sexuelle Vereinigung eine Intensität der Lust und Kraft erfährt, die den üblichen Empfindungen bei der üblichen Begattung weit überlegen ist.

Die Paar-Rituale sind aber nur *ein* Schritt auf unserem Weg. Durch sie entstehen neue Lust und neue Energien, neue Sinneseindrücke und Bedeutungen. Und durch sie kommen wir zur nächsten Etappe unserer Reise. Wir gelangen über das *Paar* hinaus zu mehr

Die Antwort ist einfach. Tantra zeigt, wie der Mensch seinen stärksten Energiestrom zu kontrollieren vermag – die sexuelle Energie. Wenn sie kontrolliert wird, ist diese Energie die Quelle einer Kraft, die stärker ist als jede andere, weil sie die grundlegende Energie allen Lebens ist.

Der Urtrieb des Menschen ist der Sexualtrieb, dessen Kraft fast unbegrenzt ist. Beständig folgen wir den Befehlen dieses Triebes, doch weil wir seine Bedeutung verkennen, sind wir häufiger sein Opfer als sein Herr. Wir geben vor, etwas aus irgendwelchen rationalen Gründen zu tun, obwohl es in Wahrheit meist nur geschieht, um in irgendeiner Form den Sexualtrieb zu befriedigen.

Wenn wir die Bedeutung dieses Triebes leugnen, leugnen wir die Kraft in uns, die uns in die Lage versetzt, viel von dem zu verwirklichen, was den Menschen groß macht. Wir sind indessen imstande, den Trieb zu begreifen und seine Kraft zu beherrschen; wir können sein Herr sein statt sein Sklave.

Und darum geht es im wesentlichen bei den tantrischen Ritualen. Den Vorrang des Sexualtriebs anzuerkennen, nicht, ihn zu leugnen. Unserem wahren Wesen gegenüberzutreten. Zu begreifen, daß dieser Trieb eine fundamentale Naturkraft ist, die uns die schöpferische Energie liefert, mit Erfolg unmöglich erscheinende Aufgaben anzugehen. Sich hoffnungslosen Situationen zu stellen und sie zum Guten zu wenden. Mehr zu werden, als wir uns je erhofft haben. Dieser Trieb liegt aber einer noch größeren Kraft zugrunde. Der Kraft, sich mit anderen Menschen durch ein Band der Wunder und der Freude, des Glücks und des Lachens, der Liebe und des Verstehens zu vereinen.

Und diese Kraft ist es auch, die uns mit dem Universum vereint.

Es gibt unzählige Bücher über Sex, in denen über Variationen und Positionen, Gebote und Verbote, über Ja und Nein und Vielleicht geredet wird. Als Grundleitfaden für den rein körperlichen Akt haben diese Bücher ihren Wert. Aber der Sex des Tantra unterscheidet sich vom dort beschriebenen Sex dadurch, daß er als Mittel und nicht als Zweck dient. Als Mittel zur größten körperlichen Lust, als Mittel, die ganze Fülle der lebenspendenden inneren Kräfte freizusetzen, und auch als Mittel, das Reich des Geistes zu

Tantra – der Weg zum innersten Wesen

Der Mensch ist ein komplexes Wunderwerk mit schöpferischen und seelisch-geistigen Kräften, die weit stärker sind als alles, was die Biologen, Chemiker, Physiker und Psychologen bei ihren Untersuchungen je entdecken werden. Denn wie bei den meisten Dingen von wirklicher Bedeutung kommt man ihnen nicht mit dem Zollstock und der Logik bei. Sie sind für so primitive Mittel zu gewaltig. Man muß sich ihnen auf andere Art nähern.

Aber wie?

Es gibt viele Möglichkeiten.

Tantra ist eine davon.

Jahrtausende alt und doch noch immer neu. Wissenschaftlich nicht beglaubigt, doch der modernen wissenschaftlichen Entwicklung und Anpassung weit voraus. Das Ergebnis alter östlicher Mystik und doch den Menschen im Westen heute zugänglich.

Tantra – das ist »das innerste Wesen« und zugleich »der Weg zum Bewußtsein der inneren Kraft und die Selbstdisziplin, sie zu beherrschen, zu lenken und schöpferisch zu nutzen«.

Aber wie erlangt man als Wesen sowohl der westlichen Welt wie des 20. Jahrhunderts das volle Bewußtsein von dieser Kraft, und wie lernt man, sie den eigenen schöpferischen Zielen dienstbar zu machen?

Tantra ist *ein* Weg. Durch die Rituale des Tantra kann man sich tief im Innern erforschen und die Quelle seiner inneren Kraft erreichen. Dank der Disziplin des Tantra kann man diese Kraft kontrollieren und in alle Bereiche des Lebens lenken.

Diejenigen, die Tantra nur oberflächlich kennen, verbinden damit nicht mehr als ein paar ritualisierte Übungen, die zu erhöhter sexueller Befriedigung führen. Und sie fragen: Wie kann denn das Erlernen bestimmter sexueller Verhaltensweisen Selbstbewußtsein und Selbstverwirklichung bewirken? Wie kann ein verlängerter Orgasmus zu schöpferischen Einsichten führen?

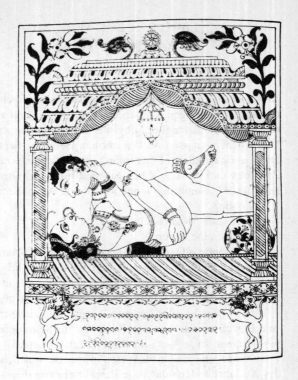

Erster Teil

Die siebente Nacht   144

Das Vorbereiten des Zentrums   144
Worte und Symbole für die siebente Nacht   144
Mantras und Yantra für die siebente Nacht   146
Das Ritual des Reigens   148

Erläuterungen   158

Farbprogramme   158
Speisen   159
Getränke   161
Gruppierung der Begleiter   162

Literaturverzeichnis   165

Bildquellennachweis   166

Die zweite Nacht   68

Das Vorbereiten des Zentrums   68
Worte und Symbole für die zweite Nacht   69
Mantras und Yantra für die zweite Nacht   71
Das Ritual des Erkennens   73
Der Kreis der Kraft   83

Die dritte Nacht   86

Das Vorbereiten des Zentrums   86
Worte und Symbole für die dritte Nacht   87
Mantras und Yantra für die dritte Nacht   89
Das Ritual der Hinnahme   90

Die vierte Nacht   99

Das Vorbereiten des Zentrums   99
Worte und Symbole für die vierte Nacht   99
Mantras und Yantra für die vierte Nacht   101
Das Ritual der Vereinigung   103

Die fünfte Nacht   110

Das Vorbereiten des Zentrums   110
Worte und Symbole für die fünfte Nacht   112
Mantras und Yantra für die fünfte Nacht   114
Das Ritual der Öffnung   116

Die sechste Nacht   126

Das Vorbereiten des Zentrums   126
Worte und Symbole für die sechste Nacht   126
Mantras und Yantra für die sechste Nacht   128
Das Ritual der Gemeinsamkeit   130

Inhalt

Erster Teil

Tantra – der Weg zum innersten Wesen   10

Die Rituale – Mantra und Yantra   15

Der Einzelne allein   16
Das Paar   16
Der Kreis   17

Das Chakrapuja   19

Der Führer   22

Der Führer als Gastgeber   22
Der Führer als Dirigent und Dolmetscher   24
Der Führer als Begleiter   24

Die Begleiter   26

Das Zentrum   28

Die Einladung   29

Die sieben Zeremonien   32

Zweiter Teil

Die erste Nacht   34

Das Vorbereiten des Zentrums   34
Die Zusammenkunft   41
Das Ritual der Wahrnehmung   46
Der Kreis der Kraft   62
Das Fest   65
Kontemplation und Abschied   66

ein Ullstein Buch
Nr. 22166
im Verlag Ullstein GmbH,
Frankfurt/M – Berlin
Titel der amerikanischen
Originalausgabe:
The Tantra Circle. The
Seven Sexual Ceremonies
of Chakrapuja
© 1983 by Ashley Thirleby
Einzig berechtigte Übersetzung
aus dem Amerikanischen
von Wolfgang Rhiel

Ungekürzte Ausgabe

Umschlagentwurf: Th. Bayer-Eynck
unter Verwendung einer
zeitgenössischen Illustration
Foto: Sally Chappell
Alle Rechte vorbehalten
Taschenbuchausgabe mit Genehmigung des
Scherz Verlags, Bern und München
Gesamtdeutsche Rechte beim
Scherz Verlag, Bern und München
Printed in Germany 1989
Gesamtherstellung: Ebner Ulm
ISBN 3 548 22166 1

Oktober 1989

Ashley Thirleby

TANTRA-REIGEN DER VOLLKOMMENEN LUST

Die Geheimnisse der
Vielfalt und der höchsten
Steigerungsform altindischer
Liebeskunst

ein Ullstein Buch

ÜBER DAS BUCH:

Der *Tantra-Reigen der vollkommenen Lust* bildet die höchste Steigerungsform der altindischen Liebeslehre, die in der westlichen Welt bisher
als ein erotisches oder gar anstößiges »Buch mit sieben Siegeln« galt. Der
bekannte Tantra-Forscher Ashley Thirleby hat die am sorgsamsten gehüte-
ten letzten Geheimnisse der alten Tantra-Meister aufs anschaulichste ent-
schlüsselt. Er verdeutlicht die unerschöpfliche Vielfalt phantasievoller Lie-
besspiele, bei denen Farben, Klänge, Düfte und Dekorationen, Speisen und
Getränke eine wichtige animierende Rolle spielen und die Intensität des
Genusses auf ungeahnte Weise zu steigern vermögen.
Die gemeinsame Erfahrung des Einswerdens von Mann und Frau in einer
durch Meditation harmonisch aufeinander eingestimmten Gruppe eröffnet
dem einzelnen neue Dimensionen des Liebesaktes, der sich dank Tantra
und »Chakrapuja« öfter, länger und lustvoller erleben läßt.

ein Ullstein Buch